ŒUVRES
COMPLÈTES

DE

J. J. ROUSSEAU

AVEC LES NOTES DE TOUS LES COMMENTATEURS.

NOUVELLE ÉDITION
ORNÉE DE QUARANTE-DEUX VIGNETTES,
GRAVÉES PAR NOS PLUS HABILES ARTISTES,

D'APRÈS LES DESSINS DE DEVÉRIA.

CORRESPONDANCE.
TOME II.

A PARIS,
CHEZ DALIBON, LIBRAIRE
DE S. A. R. MONSEIGNEUR LE DUC DE NEMOURS,
RUE HAUTEFEUILLE, N°. 10.

M DCCC XXVI.

ŒUVRES

COMPLÈTES

DE

J. J. ROUSSEAU.

TOME XXI.

PARIS. — IMPRIMERIE DE G. DOYEN,
RUE SAINT-JACQUES, N. 38.

CORRESPONDANCE.

CORRESPONDANCE.

SECONDE PARTIE.

DEPUIS LE 1ᵉʳ JANVIER 1758 JUSQU'AU 1ᵉʳ SEPTEMBRE 1762.

LETTRE CLXII.

A MADAME D'HOUDETOT.

Mont-Louis, janvier 1758.

Votre barbarie est inconcevable; elle n'est pas de vous. Ce silence est un raffinement de cruauté qui n'a rien d'égal. On vous dira l'état où je suis depuis huit jours. Et vous aussi! et vous aussi, Sophie, vous me croyez un méchant[1]! Ah Dieu! si vous le croyez, à qui donc en appellerai-je?...

---

[1] Notez que toutes les horribles noirceurs dont on m'accusoit se réduisoient à n'avoir pas voulu suivre à Genève madame d'Épinay. C'étoit uniquement pour cela que j'étois un monstre d'ingratitude, un homme abominable. Il est vrai qu'on m'accusoit de plus du crime horrible d'être amoureux de madame d'Houdetot, et de ne pouvoir me résoudre à m'éloigner d'elle. Que cela fût ou non, il est certain que j'avois une autre puissante raison pour ne pas suivre madame d'Épinay, qui m'en eût empêché quand je n'aurois eu que celle-là. Je ne pouvois, sans lui manquer, dire cette raison, qui

Mais pourtant comment se fait-il que la vertu me soit si chère?... que je sente en moi le cœur d'un homme de bien? Non: quand je tourne les yeux sur le passé, et que je vois quarante ans d'honneur à côté d'une mauvaise lettre, je ne puis désespérer de moi.

Je n'affecterai point une fermeté dont je suis bien loin; je me sens accablé de mes maux. Mon ame est épuisée de douleurs et d'ennuis. Je porte dans un cœur innocent toutes les horreurs du crime; je ne fuis point les humiliations qui conviennent à mon infortune; et, si j'espérois vous fléchir, j'irois, ne pouvant arriver jusqu'à vous, vous attendre à votre sortie, me prosterner au-devant de vous, trop heureux d'être foulé aux pieds des chevaux, écrasé sous votre carrosse, et de vous arracher au moins un regret à ma mort. N'en parlons plus: la pitié n'efface point le mépris; et si vous me croyez digne du vôtre, il faut ne me regarder jamais.

Ah! méprisez-moi si vous le pouvez; il me sera plus cruel de vous savoir injuste que moi déshonoré, et j'implore de la vertu la force de suppor-

---

n'avoit de rapport qu'à elle [1]. Ainsi réduit à taire les deux véritables raisons que j'avois pour rester, j'étois forcé, pour m'excuser, de battre la campagne, et de me laisser accuser, par madame d'Épinay et par ses amis, de l'ingratitude la plus noire, précisément parce que je ne voulois pas être ingrat ni la compromettre.

[1] * C'étoit la grossesse de madame d'Épinay qu'il falloit cacher à son mari. Ce voyage n'avoit pas d'autre but.

ter le plus douloureux des opprobres. Mais, pour m'avoir ôté votre estime, faut-il renoncer à l'humanité? Méchant ou bon, quel bien attendez-vous de mettre un homme au désespoir? Voyez ce que je vous demande; et, si vous n'êtes pire que moi, osez me refuser. Je ne vous verrai plus; les regards de Sophie ne doivent tomber que sur un homme estimé d'elle, et l'œil du mépris n'a jamais souillé ma personne. Mais vous fûtes, après Saint-Lambert, le dernier attachement de mon cœur : ni lui ni vous n'en sortirez jamais; il faut que je m'occupe de vous sans cesse, et je ne puis me détacher de vous qu'en renonçant à la vie. Je ne vous demande aucun témoignage de souvenir; ne parlez plus de moi; ne m'écrivez plus; oubliez que vous m'avez honoré du nom de votre ami, et que j'en fus digne. Mais ayant à vous parler de vous, ayant à vous tenir le sacré langage de la vérité, que vous n'entendrez peut-être que de moi seul, que je sois sûr au moins que vous daignerez recevoir mes lettres, qu'elles ne seront point jetées au feu sans les lire, et que je ne perdrai pas ainsi les chers et derniers travaux auxquels je consacre le reste infortuné de ma vie. Si vous craignez d'y trouver le venin d'une ame noire, je consens qu'avant de les lire vous les fassiez examiner, pourvu que ce ne soit pas cet honnête homme qui se complaît si fort à faire un scélérat de son ami [1]. Que la première où l'on trou-

[1] * Grimm.

vera la moindre chose à blâmer fasse à jamais révoquer la permission que je vous demande. Ne soyez pas surprise de cette étrange prière ; il y a si long-temps que j'apprends à aimer sans retour, que mon cœur y est tout accoutumé.

LETTRE CLXIII.

A M. VERNES.

Montmorency, le 18 février 1758.

Oui, mon cher concitoyen, je vous aime toujours, et, ce me semble, plus que jamais : mais je suis accablé de mes maux ; j'ai bien de la peine à vivre, dans ma retraite, d'un travail peu lucratif ; je n'ai que le temps qu'il me faut pour gagner mon pain, et le peu qui m'en reste est employé pour souffrir et me reposer. Ma maladie a fait un tel progrès cet hiver, j'ai senti tant de douleurs de toute espèce, et je me trouve tellement affoibli, que je commence à craindre que la force et les moyens ne me manquent pour exécuter mon projet. Je me console de cette impuissance par la considération de l'état où je suis. Que me serviroit d'aller mourir parmi vous ? Hélas ! il falloit y vivre. Qu'importe où l'on laisse son cadavre ? Je n'aurois pas besoin qu'on reportât mon cœur dans ma patrie ; il n'en est jamais sorti.

ANNÉE 1758.

Je n'ai point eu occasion d'exécuter votre commission auprès de M. d'Alembert. Comme nous ne nous sommes jamais beaucoup vus, nous ne nous écrivons point; et, confiné dans ma solitude, je n'ai conservé nulle espèce de relation avec Paris; j'en suis comme à l'autre bout de la terre, et ne sais pas plus ce qui s'y passe qu'à Pékin. Au reste, si l'article dont vous me parlez est indiscret et répréhensible, il n'est assurément pas offensant[1]. Cependant, s'il peut nuire à votre corps, peut-être fera-t-on bien d'y répondre, quoiqu'à vous dire le vrai j'aie un peu d'aversion pour les détails où cela peut entraîner, et qu'en général je n'aime guère qu'en matière de foi l'on assujettisse la conscience à des formules. J'ai de la religion, mon ami, et bien m'en prend; je ne crois pas qu'homme au monde en ait autant besoin que moi. J'ai passé ma vie parmi les incrédules, sans me laisser ébranler, les aimant, les estimant beaucoup, sans pouvoir souffrir leur doctrine. Je leur ai toujours dit que je ne les savois pas combattre, mais que je ne voulois pas les croire; la philosophie n'ayant sur ces matières ni fond ni rive, manquant d'idées primitives et de principes élémentaires, n'est qu'une mer d'incertitudes et de doutes, dont le métaphysicien ne se tire jamais. J'ai donc laissé là la raison, et j'ai consulté la na-

[1] * Il est question de l'article *Genève* dans l'Encyclopédie, par d'Alembert.

ture, c'est-à-dire le sentiment intérieur qui dirige ma croyance, indépendamment de ma raison. Je leur ai laissé arranger leurs chances, leurs sorts, leur mouvement nécessaire; et, tandis qu'ils bâtissoient le monde à coups de dés, j'y voyois, moi, cette unité d'intentions qui me faisoit voir, en dépit d'eux, un principe unique : tout comme s'ils m'avoient dit que l'Iliade avoit été formée par un jet fortuit de caractères, je leur aurois dit très-résolument : Cela peut être, mais cela n'est pas vrai; et je n'ai point d'autre raison pour n'en rien croire, si ce n'est que je n'en crois rien. Préjugé que cela! disent-ils. Soit; mais que peut faire cette raison si vague contre un préjugé plus persuasif qu'elle? Autre argumentation sans fin contre la distinction des deux substances; autre persuasion de ma part qu'il n'y a rien de commun entre un arbre et ma pensée; et ce qui m'a paru plaisant en ceci, c'est de les voir s'acculer eux-mêmes par leurs propres sophismes, au point d'aimer mieux donner le sentiment aux pierres que d'accorder une ame à l'homme.

Mon ami, je crois en Dieu, et Dieu ne seroit pas juste si mon ame n'étoit immortelle. Voilà, ce me semble, ce que la religion a d'essentiel et d'utile; laissons le reste aux disputeurs. A l'égard de l'éternité des peines, elles ne s'accordent ni avec la foiblesse de l'homme ni avec la justice de Dieu. Il est vrai qu'il y a des ames si noires, que je ne puis concevoir qu'elles puissent jamais goûter cette éternelle béatitude dont il me semble que le plus doux sentiment doit être le contentement de soi-même. Cela me fait soupçonner qu'il se pourroit bien que les ames des méchants fussent anéanties à leur mort, et qu'être et sentir fût le premier prix d'une bonne vie. Quoi qu'il en soit, que m'importe ce que seront les méchants ? Il me suffit qu'en approchant du terme de ma vie je n'y voie point celui de mes espérances, et que j'en attende une plus heureuse après avoir tant souffert dans celle-ci. Quand je me tromperois dans cet espoir, il est lui-même un bien qui m'aura fait supporter tous mes maux. J'attends paisiblement l'éclaircissement de ces grandes vérités qui me sont cachées, bien convaincu cependant qu'en tout état de cause si la vertu ne rend pas toujours l'homme heureux, il ne sauroit au moins être heureux sans elle ; que les afflictions du juste ne sont point sans quelque dédommagement ; et que les larmes mêmes de l'innocence sont plus douces au cœur que la prospérité du méchant.

Il est naturel, mon cher Vernes, qu'un solitaire souffrant et privé de toute société épanche son ame dans le sein de l'amitié, et je ne crains pas que mes confidences vous déplaisent. J'aurois dû commencer par votre projet sur l'histoire de Genève ; mais il est des temps de peines et de maux où l'on est forcé de s'occuper de soi, et vous avez bien que je n'ai pas un cœur qui veuille se déguiser. Tout ce que je puis vous dire sur votre entreprise, avec tous les ménagements que vous y voulez mettre, c'est qu'elle est d'un sage intrépide ou d'un jeune homme. Embrassez bien pour moi l'ami Roustan. Adieu, mon cher concitoyen; je vous écris avec une aussi grande effusion de cœur que si je me séparois de vous pour jamais, parce que je me trouve dans un état qui peut me mener très-loin encore, mais qui me laisse douter pourtant si chaque lettre que j'écris ne sera point la dernière.

LETTRE CLXIV.

A UN JEUNE HOMME

Qui demandoit à s'établir à Montmorency (où Rousseau demeuroit alors), pour profiter de ses leçons.

Vous ignorez, monsieur, que vous écrivez à un pauvre homme accablé de maux, et, de plus, fort occupé, qui n'est guère en état de vous répondre et qui le seroit encore moins d'établir avec vous la société que vous lui proposez. Vous m'honorez en pensant que je pourrois vous être utile, et vous êtes louable du motif qui vous la fait désirer; mais, sur le motif même, je ne vois rien de moins nécessaire que de venir vous établir à Montmorency. Vous n'avez pas besoin d'aller chercher si loin les principes de la morale : rentrez dans votre cœur, et vous les y trouverez; et je ne pourrai vous rien dire à ce sujet que ne vous dise encore mieux votre conscience quand vous voudrez la consulter. La vertu, monsieur, n'est pas une science qui s'apprenne avec tant d'appareil. Pour être vertueux, il suffit de vouloir l'être ; et si vous avez bien cette volonté, tout est fait, votre bonheur est décidé. S'il m'appartenoit de vous donner des conseils, le premier que je voudrois vous donner seroit de ne point vous livrer à ce goût que vous dites avoir pour la vie contemplative, et qui n'est qu'une paresse de l'ame condamnable à tout âge, et surtout au vôtre. L'homme n'est point fait pour méditer, mais pour agir : la vie laborieuse que Dieu nous impose n'a rien que de doux au cœur de l'homme de bien qui s'y livre en vue de remplir son devoir, et la vigueur de la jeunesse ne vous a pas été donnée pour la perdre à d'oisives contemplations. Travaillez donc, monsieur, dans l'état où vous ont placé vos parents et la Providence : voilà le premier précepte de la vertu que vous voulez suivre; et si le séjour de Paris, joint à l'emploi que vous remplissez, vous paroît d'un trop difficile alliage avec elle, faites mieux, monsieur, retournez dans votre province; allez vivre dans le sein de votre famille ; servez, soignez vos vertueux parents : c'est là que vous remplirez véritablement les soins que la vertu vous impose. Une vie dure est plus facile à supporter en province que la fortune à poursuivre à Paris, surtout quand on sait, comme vous ne l'ignorez pas, que les plus indignes manèges y font plus de fripons gueux que de parvenus. Vous ne devez point vous estimer malheureux de vivre comme fait monsieur votre père, et il n'y a point de sort que le travail, la vigilance, l'innocence et le contentement de soi ne rendent supportable, quand on s'y soumet en vue de remplir son devoir. Voilà, monsieur, des conseils qui valent tous ceux que vous pourriez venir prendre à Montmorency : peut-être ne seront-ils pas de votre goût, et je crains que vous ne preniez pas le parti de les suivre; mais je suis sûr que vous vous en repentirez un jour. Je vous souhaite un sort qui ne vous force jamais à vous en souvenir. Je vous prie, monsieur, d'agréer mes salutations très-humbles.

LETTRE CLXV.

A MADAME D'ÉPINAY.

Mont-Louis, 27 février 1758.

Je vois, madame, que mes lettres ont toujours le malheur de vous arriver fort tard. Ce qu'il y a de sûr, c'est que la vôtre du 17 janvier ne m'a été remise que le 17 de ce mois par M. Cahouet : apparemment que votre correspondant l'a retenue durant tout cet intervalle. Je n'entreprendrai pas d'expliquer ce que vous avez résolu de ne pas entendre, et j'admire comment avec tant d'esprit on réunit si peu d'intelligence ; mais je n'en devrois plus être surpris, il y a long-temps que vous vous vantez à moi du même défaut[1].

Mon dessein n'ayant jamais été de recevoir le remboursement des gages de votre jardinier, il n'y a guère d'apparence que je change à présent de sentiment là-dessus. Le consentement que vous objectez étoit de ces consentements vagues qu'on donne pour éviter des disputes, ou les remettre à d'autres temps, et valent au fond des refus. Il est vrai que vous envoyâtes au mois de septembre 1756 payer par votre cocher le précédent jardinier, et que ce fut moi qui réglai son compte.

Il est vrai aussi que j'ai toujours payé son successeur de mon argent. Quant aux premiers quartiers de ces gages que vous dites m'avoir été remis, il me semble, madame, que vous devriez savoir le contraire : ce qu'il y a de très-sûr, c'est qu'ils ne m'ont pas même été offerts. A l'égard des quinze jours qui restoient jusqu'à la fin de l'année quand je sortis de l'Ermitage, vous conviendrez que ce

[1] * Madame d'Épinay, qui rapporte cette lettre dans ses Mémoires, la trouva très-impertinente.

n'étoit pas la peine de les déduire. A Dieu ne plaise que je prétende être quitte pour cela de mon séjour à l'Ermitage! mon cœur ne sait pas mettre à si bas prix les soins de l'amitié; mais quand vous avez taxé ce prix vous-même, jamais loyer ne fut vendu si cher.

J'apprends les étranges discours que tiennent à Paris vos correspondants sur mon compte, et je juge par-là de ceux que vous tenez peut-être un peu plus honnêtement à Genève. Il y a donc bien du plaisir à nuire? à nuire aux gens qu'on eut pour amis? soit. Pour moi, je ne pourrai jamais goûter ce plaisir-là, même pour ma propre défense. Faites, dites tout à votre aise; je n'ai d'autre réponse à vous opposer que le silence, la patience, et une vie intègre. Au reste, si vous me destinez quelque nouveau tourment, dépêchez-vous; car je sens que vous pourriez bien n'en avoir pas long-temps le plaisir.

LETTRE CLXVI.

A M. DIDEROT.

Mont-Louis, 2 mars 1758.

Il faut, mon cher Diderot, que je vous écrive encore une fois en ma vie : vous ne m'en avez que trop dispensé; mais le plus grand crime de cet homme que vous noircissez d'une si étrange manière est de ne pouvoir se détacher de vous.

Mon dessein n'est point d'entrer en explication, pour ce moment-ci, sur les horreurs que vous m'imputez. Je vois que cette explication seroit à présent inutile; car, quoique né bon et avec une ame franche, vous avez pourtant un malheureux penchant à mésinterpréter les discours et les actions de vos amis. Prévenu contre moi comme vous l'êtes, vous tourneriez en mal tout ce que je pourrois dire pour me justifier, et mes plus ingénues explications ne feroient que fournir à votre esprit subtil de nouvelles interprétations à ma charge. Non, Diderot, je sens que ce n'est pas par-là qu'il faut commencer. Je veux d'abord proposer à votre bon sens des préjugés plus simples, plus vrais, mieux fondés que les vôtres, et dans lesquels je ne pense pas, au moins, que vous puissiez trouver de nouveaux crimes.

Je suis un méchant homme, n'est-ce pas? vous en avez les témoignages les plus sûrs; cela vous est bien attesté. Quand vous avez commencé de l'apprendre, il y avoit seize ans que j'étois pour vous un homme de bien, et quarante ans que je l'étois pour tout le monde. En pouvez-vous dire autant de ceux qui vous ont communiqué cette belle découverte? Si l'on peut porter à faux si long-temps le masque d'un honnête homme, quelle preuve avez-vous que ce masque ne couvre pas leur visage aussi bien que le mien? Est-ce un moyen bien propre à donner du poids à leur autorité que de charger en secret un homme absent, hors d'état de se défendre? Mais ce n'est pas de cela qu'il s'agit.

Je suis un méchant : mais pourquoi le suis-je? Prenez bien garde, mon cher Diderot; ceci mérite votre attention. On n'est pas malfaisant pour rien. S'il y avoit quelque monstre ainsi fait, il n'attendroit pas quarante ans à satisfaire ses inclinations dépravées. Considérez donc ma vie, mes passions, mes goûts, mes penchants; cherchez, si je suis méchant, quel intérêt m'a pu porter à l'être. Moi qui, pour mon malheur, portai toujours un cœur trop sensible, que gagnerois-je à rompre avec ceux qui m'étoient chers? A quelle place ai-je aspiré? à quelles pensions, à quels honneurs m'a-t-on vu prétendre? quels concurrents ai-je à écarter? Que m'en peut-il revenir de malfaire? Moi qui ne cherche que la solitude et la paix, moi dont le souverain bien consiste dans la paresse et l'oisiveté, moi dont l'indolence et les maux me laissent à peine le temps de pourvoir à ma subsistance, à quel propos, à quoi bon m'irois-je plonger dans les agitations du crime, et m'embarquer dans l'éternel manège des scélérats? Quoi que vous en disiez, on ne fuit point les hommes quand on cherche à leur nuire; le méchant peut méditer ses coups dans la solitude, mais c'est dans la société qu'il les porte. Un fourbe a de l'adresse et du sang-froid ; un perfide se possède et ne s'emporte point ; reconnoissez-vous en moi quelque chose de tout cela ? Je suis emporté dans la colère, et souvent étourdi de sang-froid. Ces défauts font-ils le méchant ? Non, sans doute ; mais le méchant en profite pour perdre celui qui les a.

Je voudrois que vous pussiez aussi réfléchir un peu sur vous-même. Vous vous fiez à votre bonté naturelle ; mais savez-vous à quel point l'exemple et l'erreur peuvent la corrompre ? N'avez-vous jamais craint d'être entouré d'adulateurs adroits qui n'évitent de louer grossièrement en face que pour s'emparer plus adroitement de vous sous l'appât d'une feinte sincérité ? Quel sort pour le meilleur des hommes d'être égaré par sa candeur même, et d'être innocemment, dans la main des méchants, l'instrument de leur perfidie ! Je sais que l'amour-propre se révolte à cette idée, mais elle mérite l'examen de la raison.

Voilà des considérations que je vous prie de bien peser : pensez-y long-temps avant que de me répondre. Si elles ne vous touchent pas, nous n'avons plus rien à nous dire ; mais si elles font quelque impression sur vous, alors nous entrerons en éclaircissements ; vous retrouverez un ami digne de vous, et qui peut-être ne vous aura pas été inutile. J'ai, pour vous exhorter à cet examen, un motif de grand poids, et ce motif le voici.

Vous pouvez avoir été séduit et trompé. Cependant votre ami gémit dans sa solitude, oublié de tout ce qui lui étoit cher. Il peut y tomber dans le désespoir, y mourir enfin, maudissant l'ingrat dont l'adversité lui fit tant verser de larmes, et qui l'accable indignement dans la sienne. Il se peut que les preuves de son innocence vous parviennent enfin, que vous soyez forcé d'honorer sa mémoire[1], et que l'image de votre ami mourant ne vous laisse pas des nuits tranquilles. Diderot, pensez-y. Je ne vous en parlerai plus.

LETTRE CLXVII.

A M. COINDET, à Paris.

Montmorency, mars 1758.

J'avois cent choses à vous écrire ; un tracas est survenu, j'ai tout oublié : ma pauvre tête affoiblie ne peut suffire à deux objets. Voilà, très à la hâte,

---

[1] Voyez, lecteurs, les notes insérées dans la *Vie de Sénèque*[1].

[1] « La rupture de ces deux hommes célèbres fut pendant quelque temps l'unique sujet de tous les entretiens dans la haute société de Paris. Chamfort nous apprend que M. de Castries en témoignoit un jour son étonnement en ces termes : « Mon Dieu ! partout où je vais, je n'entends parler que de ce Rousseau et de ce Diderot. Conçoit-on cela ? des « gens de rien, qui n'ont pas de maison, qui sont logés à un troisième étage ! En vérité, on « ne peut pas se faire à ces choses-là. »

le commencement de la note que vous m'avez demandée, nous ferons le reste à loisir; le prudent M. Rey n'est pas un homme avec lequel on ait besoin de précipitation. Cher Coindet, je suis sensible à votre zèle; il me semble que vous m'aimez, et cela me touche. Je donnerois tout au monde pour que vous me convinssiez tout-à-fait, car je n'imagine d'autre vrai bonheur dans la vie qu'une intimité sans réserve; mais il faut vous donner la sienne, et n'en point espérer de vous, cela n'est pas possible. Je sens que je vous aime l'hiver, parce que vous venez seul, et que je vous hais l'été parce que vous allez ramassant des cortéges d'importuns qui me désolent. Vous savez nos conventions dès le premier de l'année prochaine; songez-y, et songez-y sérieusement, car, malgré mon attachement pour vous, la première explication sera la dernière. Il me semble que si nous pouvions former entre le cher Carrion, vous et moi, une petite société exclusive où nul autre mortel au monde ne fût admis, cela seroit trop délicieux. Mais je ne puis me corriger de mes châteaux en Espagne. J'ai beau vieillir, je n'en suis que plus enfant. Oh! quand serai-je ignoré de la tourbe et aimé de deux amis?... Mais je serois trop heureux, et je ne suis pas fait pour l'être.

Cher Coindet, je cherche à vous aimer. Pour Dieu, ne gâtez pas cette fantaisie. Je me dis cent fois le jour que c'est une folie de chercher des convenances parfaites, et je suis bien loin de les trouver entre nous. Mais tâchons de nous accommoder l'un de l'autre tels que nous sommes, car en changeant, nous risquons d'être plus mal. C'est à vous, comme le plus jeune, à me supporter, et à ne pas choquer mes fantaisies : je vous dirai peut-être quelquefois des vérités dures, et il y a de quoi ; vous pouvez m'en rendre de plus dures aussi justement, et je ne m'en fâcherai jamais. Du reste, gardez votre liberté, et laissez-moi la mienne: Honorez nos liaisons par une probité inviolable, et, si vous aimez tant à cacher vos affaires, faites au moins que vous n'ayez jamais raison de me rien cacher. Adieu, je vous embrasse.

A la suite de la lettre se trouve cette note.

Code de la police, page 46.

« Si un spectacle n'a pour attrait qu'un mauvais principe, il est per-
« nicieux pour les spectateurs, de même que pour les acteurs; il attire
« et entretient dans un genre de vie frivole et condamnable les jeunes
« gens dont les talents pourroient être très-utiles à la société; et en gé-
« néral on peut dire que si, dans les grandes villes, les spectacles sont
« un amusement peut-être nécessaire pour éviter un plus grand mal, à
« l'égard des petites villes, on ne voit pas qu'il y ait une apparence d'uti-
« lité ou de mérite suffisante pour compenser le mal qui en résulte. »

Nous ignorons l'usage et le motif de la note jointe à cette lettre, qui paroît avoir quelque rapport avec la *Lettre à d'Alembert* sur les spectacles.

LETTRE CLXVIII.

A MADAME D'HOUDETOT.

Ce samedi 25 mars 1758.

En attendant votre courrier, je commence par répondre à votre lettre de vendredi, venue par la poste.

Je crois avoir à m'en plaindre, et j'ai peine à comprendre que vous l'ayez écrite avec l'intention que j'en fusse content. Expliquons-nous, et si j'ai tort, dites-le-moi sans détour.

Vous me dites que j'ai été le plus grand obstacle aux progrès de votre amitié. D'abord j'ai à vous dire que je n'exigeois point que votre amitié fît du progrès, mais seulement qu'elle ne diminuât pas, et certainement je n'ai point été la cause de cette diminution. En nous séparant, à notre dernière entrevue d'Eaubonne, j'aurois juré que nous étions les deux personnes de l'univers qui avoient le plus d'estime et d'amitié l'une pour l'autre, et qui s'honoroient le plus réciproquement. C'est, ce me semble, avec les assurances de ce mutuel sentiment que nous nous séparâmes, et c'est encore sur ce même ton que vous m'écrivîtes quatre jours après. Insensiblement vos lettres ont changé de style; vos témoignages d'amitié sont devenus plus réservés, plus circonspects, plus conditionnels; au bout d'un mois, il s'est trouvé, je ne sais comment, que votre ami n'étoit plus votre ami. Je vous ai demandé plusieurs fois la raison de ce changement, et vous m'obligez de vous la demander encore : je ne vous demande pas pourquoi votre amitié n'a point augmenté, mais pourquoi elle s'est éteinte. Ne m'alléguez pas ma rupture avec votre belle-sœur et son digne ami. Vous savez ce qui s'est passé ; et, de tout temps, vous avez dû savoir qu'il ne sauroit y avoir de paix entre J.-J. Rousseau et les méchants.

Vous me parlez de fautes, de foiblesses, d'un ton de reproche. Je suis foible, il est vrai; ma vie est pleine de fautes, car je suis homme. Mais voici ce qui me distingue des hommes que je connois; c'est qu'au milieu de mes fautes je me les suis toujours reprochées; c'est qu'elles ne m'ont jamais fait mépriser mon devoir, ni fouler aux pieds la vertu; c'est qu'enfin j'ai combattu et vaincu pour elle, dans les moments où tous les autres l'oublient. Puissiez-vous ne trouver jamais que des hommes aussi criminels !

Vous me dites que votre amitié, telle qu'elle est, subsistera toujours pour moi, tel que je sois, excepté le crime et l'indignité, dont vous ne me croirez jamais capable. A cela je vous réponds que j'ignore quel prix je dois donner à votre amitié, telle qu'elle est; que, quant à moi, je serai toujours ce que je suis depuis quarante ans ; qu'on ne commence pas si tard à changer ; et quant au crime et à l'indignité, dont vous ne me croirez jamais capable, je vous apprends que ce compliment est dur pour un honnête homme, et insultant pour un ami.

Vous me dites que vous m'avez toujours vu beaucoup meilleur que je ne me suis montré. D'autres, trompés par les apparences, m'estiment moins que je ne vaux, et sont excusables ; mais pour vous, vous devez me connoître : je ne vous demande que de me juger sur ce que vous avez vu de moi.

Mettez-vous un moment à ma place. Que voulez-vous que je pense de vous et de vos lettres? On diroit que vous avez peur que je ne sois paisible dans ma retraite, et que vous êtes bien aise de m'y donner, de temps en temps, des témoignages de peu d'estime, que, quoi que vous en puissiez dire, votre cœur démentira toujours. Rentrez en vous-même ; je vous en conjure. Vous m'avez demandé quelquefois les sentiments d'un père : je les sens en vous parlant, même aujourd'hui que vous ne me les demandez plus. Je n'ai point changé d'opinion sur votre bon cœur; mais je vois que vous ne savez plus ni penser, ni parler, ni agir par vous-même. Voyez au moins quel rôle on vous fait jouer. Imaginez ma situation. Pourquoi venez-vous contrister encore, par vos lettres, une ame que vous devez croire assez affligée de ses propres ennuis? Est-il si nécessaire à votre repos de troubler le mien? Ne sauriez-vous concevoir que j'ai plus besoin de consolations que de reproches? Épargnez-moi donc ceux que vous savez que je ne mérite pas, et portez quelque respect à mes malheurs. Je vous demande de trois choses, l'une : ou changez de style, ou justifiez le vôtre, ou cessez de m'écrire; j'aime mieux renoncer à vos lettres que d'en recevoir d'injurieuses. Je puis me passer que vous m'estimiez; mais j'ai besoin de vous estimer vous-même, et c'est ce que je ne saurois faire si vous manquez à votre ami.

Quant à Julie, ne vous gênez point pour elle. Soit que vous m'écriviez ou non, vos copies ne se feront pas moins; et si je les ai suspendues après un silence de trois semaines, c'est que j'ai cru que m'ayant tout-à-fait oublié vous ne vous souciiez plus de rien qui vînt de moi. Adieu : je ne suis ni changeant ni subjugué comme vous; l'amitié que vous m'avez demandée, et que je vous ai promise, je vous la garderai jusqu'au tombeau. Mais si vous continuez à m'écrire de ce ton équivoque et soupçonneux que vous affectez avec moi, trouvez bon que je cesse de vous répondre; rien n'est moins regrettable qu'un commerce d'outrages : mon cœur et ma plume s'y refuseront toujours avec vous.

LETTRE CLXIX.

A M. VERNES.

Montmorency, le 25 mars 1758.

Oui, mon cher Vernes, j'aime à croire que nous sommes tous deux bien aimés l'un de l'autre, et dignes de l'être. Voilà ce qui fait plus au soulagement de mes peines que tous les trésors du monde. Ah! mon ami! mon concitoyen! sache m'aimer, et laisse là tes inutiles offres; en me donnant ton cœur, ne m'as-tu pas enrichi? Que fait tout le reste aux maux du corps et aux soucis de l'ame? Ce dont j'ai faim, c'est d'un ami : je ne connois point d'autre besoin auquel je ne suffise moi-même. La pauvreté ne m'a jamais fait de mal; soit dit pour vous tranquilliser là-dessus une fois pour toutes.

Nous sommes d'accord sur tant de choses, que ce n'est pas la peine de nous disputer sur le reste. Je vous l'ai dit bien des fois, nul homme au monde ne respecte plus que moi l'Évangile; c'est, à mon gré, le plus sublime de tous les livres; quand tous les autres m'ennuient, je reprends toujours celui-là avec un nouveau plaisir; et quand toutes les consolations humaines m'ont manqué, jamais je n'ai recouru vainement aux siennes. Mais enfin c'est un livre, un livre ignoré des trois quarts du monde : croirois-je qu'un Scythe ou un Africain soient moins chers au père commun que vous et moi? et pourquoi croirois-je qu'il leur ait ôté, plutôt qu'à nous, les ressources pour le connoître? Non, mon digne ami, ce n'est point sur quelques feuilles éparses qu'il faut aller chercher la loi de Dieu, mais dans le cœur de l'homme, où sa main daigna l'écrire. O homme! qui que tu sois, rentre en toi-même, apprends à consulter ta conscience et tes facultés naturelles; tu seras juste, bon, vertueux, tu t'inclineras devant ton maître, et tu participeras dans son ciel à un bonheur éternel. Je ne me fie là-dessus ni à ma raison ni à celle d'autrui; mais je sens, à la paix de mon ame, et au plaisir que je sens à vivre et penser sous les yeux du grand Être, que je ne m'abuse point dans les jugements que je fais de lui, ni dans l'espoir que je fonde sur sa justice. Au reste, mon cher concitoyen, j'ai voulu verser mon cœur dans votre sein, et non pas entrer en lice avec vous; ainsi restons-en là, s'il vous plaît, d'autant plus que ces sujets ne se peuvent traiter guère commodément par lettres.

J'étois un peu mieux ; je retombe. Je compte pourtant un peu sur le retour du printemps, mais je n'espère plus recouvrer des forces suffisantes pour retourner dans la patrie. Sans avoir lu votre *Déclaration*, je la respecte d'avance; et me félicite d'avoir le premier donné à votre respectable corps des éloges qu'il justifie si bien aux yeux de toute l'Europe.

Adieu, mon ami.

LETTRE CLXX.

AU MÊME.

Montmorency, le 25 mai 1758.

Je ne vous écris pas exactement, mon cher Vernes, mais je pense à vous tous les jours. Les maux, les langueurs, les peines, augmentent sans cesse ma paresse; je n'ai plus rien d'actif que le cœur; encore, hors Dieu, ma patrie, et le genre humain, n'y reste-t-il d'attachement que pour vous; et j'ai connu les hommes par de si tristes expériences, que si vous me trompiez comme les autres, j'en serois affligé, sans doute, mais je n'en serois plus surpris. Heureusement je ne présume rien de semblable de votre part; et je suis persuadé que si vous faites le voyage que vous me promettez, l'habitude de nous voir et de nous mieux connoître affermira pour jamais cette amitié véritable que j'ai tant de penchant à contracter avec vous. S'il est donc vrai que votre fortune et vos affaires vous permettent ce voyage, et que votre cœur le désire, annoncez-le-moi d'avance, afin que je me prépare au plaisir de presser, du moins une fois en ma vie, un honnête homme et un ami contre ma poitrine.

Par rapport à ma croyance, j'ai examiné vos objections, et je vous dirai naturellement qu'elles ne me persuadent pas. Je trouve que, pour un homme convaincu de l'immortalité de l'ame, vous donnez trop de prix aux biens et aux maux de cette vie. J'ai connu les derniers mieux que vous, et mieux peut-être qu'homme qui existe; je n'en adore pas moins l'équité de la Providence, et me croirois aussi ridicule de murmurer de mes maux durant cette courte vie, que de crier à l'infortune pour avoir passé une nuit dans un mauvais cabaret. Tout ce que vous dites sur l'impuissance de la conscience se peut rétorquer plus vivement encore contre la révélation; car que voulez-vous qu'on pense de l'auteur d'un remède qui ne guérit de rien? Ne diroit-on pas que tous ceux qui connoissent l'Évangile sont de fort saints personnages, et qu'un Sicilien sanguinaire et perfide vaut beaucoup mieux qu'un Hottentot stupide et grossier?

Voulez-vous que je croie que Dieu n'a donné sa loi aux hommes que pour avoir une double raison de les punir? Prenez garde, mon ami; vous voulez le justifier d'un tort chimérique, et vous aggravez l'accusation. Souvenez-vous surtout que, dans cette dispute, c'est vous qui attaquez mon sentiment, et que je ne fais que le défendre; car d'ailleurs je suis très-éloigné de désapprouver le vôtre, tant que vous ne voudrez contraindre personne à l'embrasser.

Quoi! cette aimable et chère parente est toujours dans son lit! Que ne suis-je auprès d'elle! nous nous consolerions mutuellement de nos maux, et j'apprendrois d'elle à souffrir les miens avec constance; mais je n'espère plus faire un voyage si désiré; je me sens de jour en jour moins en état de le soutenir. Ce n'est pas que la belle saison ne m'ait rendu de la vigueur et du courage, mais le mal local n'en fait pas moins de progrès; il commence même à se rendre intérieurement très-sensible; une enflure qui croît quand je marche m'ôte presque le plaisir de la promenade, le seul qui m'étoit resté, et je ne reprends des forces que pour souffrir. La volonté de Dieu soit faite! Cela ne m'empêchera pas, j'espère, de vous faire voir les environs de ma solitude, auxquels il ne manque que d'être autour de Genève pour me paroître délicieux. J'embrasse le cher Roustan, mon prétendu disciple; j'ai lu avec plaisir son *Examen des quatre beaux siècles*[1], et je m'en tiens, avec plus de confiance, à mon sentiment, en voyant que c'est aussi le sien. La seule chose que je voudrois lui demander seroit de ne pas

---

[1] * Examen historique des quatre beaux siècles de M. de Voltaire, par Jacques-Antoine Roustan. 1 vol. in-8°. Genève, 1765.

s'exercer à la vertu à mes dépens, et de ne pas se montrer modeste en flattant ma vanité. Adieu, mon cher Vernes; je trouve de jour en jour plus de plaisir à vous aimer.

LETTRE CLXXI.

A M. ROMILLY [1].

...1758.

On ne sauroit aimer les pères sans aimer des enfants qui leur sont chers : ainsi, monsieur, je vous aimois sans vous connoître, et vous croyez bien que ce que je reçois de vous n'est pas propre à relâcher cet attachement. J'ai lu votre ode; j'y ai trouvé de l'énergie, des images nobles, et quelquefois des vers heureux : mais votre poésie paroît gênée; elle sent la lampe, et n'a pas acquis la correction. Vos rimes, quelquefois riches, sont rarement élégantes, et le mot propre ne vous vient pas toujours. Mon cher Romilly, quand je paie les compliments par des vérités, je rends mieux que ce qu'on me donne.

Je vous crois du talent, et je ne doute pas que vous ne vous fassiez honneur dans la carrière où

[1] * Jean-Edme, fils de l'horloger. Il fut ministre de la religion réformée, et mourut long-temps avant son père.

vous entrez. J'aimerois pourtant mieux, pour votre bonheur, que vous eussiez suivi la profession de votre digne père, surtout si vous aviez pu vous y distinguer comme lui. Un travail modéré, une vie égale et simple, la paix de l'ame et la santé du corps, qui sont le fruit de tout cela, valent mieux pour vivre heureux que le savoir et la gloire. Du moins en cultivant les talents des gens de lettres, n'en prenez pas les préjugés ; n'estimez votre état que ce qu'il vaut, et vous en vaudrez davantage. Je vous dirai que je n'aime pas la fin de votre lettre : vous me paroissez juger trop sévèrement les riches ; vous ne songez pas qu'ayant contracté dès leur enfance mille besoins que nous n'avons point, les réduire à l'état des pauvres ce seroit les rendre plus misérables qu'eux. Il faut être juste envers tout le monde, même envers ceux qui ne le sont pas pour nous. Eh ! monsieur, si nous avions les vertus contraires aux vices que nous leur reprochons, nous ne songerions pas même qu'ils sont au monde, et bientôt ils auroient plus besoin de nous que nous d'eux. Encore un mot, et je finis. Pour avoir droit de mépriser les riches, il faut être économe et prudent soi-même, afin de n'avoir jamais besoin de richesses.

Adieu, mon cher Romilly ; je vous embrasse de tout mon cœur.

LETTRE CLXXII.

A M. D'ALEMBERT.

Montmorency, le 25 juin 1758.

J'ai dû, monsieur, répondre à votre article *Genève* : je l'ai fait, et je vous ai même adressé cet écrit. Je suis sensible aux témoignages de votre souvenir, et à l'honneur que j'ai reçu de vous en plus d'une occasion; mais vous nous donnez un conseil pernicieux, et si mon père en avoit fait autant, je n'aurois pu ni dû me taire. J'ai tâché d'accorder ce que je vous dois avec ce que je dois à ma patrie; quand il a fallu choisir, j'aurois fait un crime de balancer. Si ma témérité vous offense, vous n'en serez que trop vengé par la foiblesse de l'ouvrage. Vous y chercherez en vain les restes d'un talent qui n'est plus, et qui ne se nourrissoit peut-être que de mon mépris pour mes adversaires. Si je n'avois consulté que ma réputation, j'aurois certainement supprimé cet écrit; mais il n'est pas ici question de ce qui peut vous plaire ou m'honorer; en faisant mon devoir, je serai toujours assez content de moi et assez justifié près de vous.

LETTRE CLXXIII.

A M. VERNES.

Montmorency, le 4 juillet 1758.

Je me hâte, mon cher Vernes, de vous rassurer sur le sens que vous avez donné à ma dernière lettre, et qui sûrement n'étoit pas le mien. Soyez sûr que j'ai pour vous toute l'estime et toute la confiance qu'un ami doit à son ami; il est vrai que j'ai eu les mêmes sentiments pour d'autres qui m'ont trompé, et que, plein d'une amertume en secret dévorée, il s'en est répandu quelque chose sur mon papier; mais, mon ami, cela vous regardoit si peu, que, dans la même lettre, je vous ai, ce me semble, assez témoigné l'ardent désir que j'ai de vous voir et de vous embrasser. Vous me connoissez mal : si je vous croyois capable de me tromper, je n'aurois plus rien à vous dire.

J'ai reçu l'exemplaire de M. Duvillard[1] ; je vous prie de l'en remercier. S'il veut bien m'en adresser deux autres, non pas par la même voie dont il s'est servi, mais à l'adresse de *M. Coindet*, chez

---

[1] * M. Duvillard, libraire à Genève, avoit, sans l'aveu de l'auteur, fait imprimer l'article *Économie politique* de l'Encyclopédie, qu'il publia sous le titre de *Discours sur l'Économie politique*.

MM. Thélusson, Necker et compagnie, rue Michel-le-Comte, je lui en serai obligé. Il a eu tort d'imprimer cet article sans m'en rien dire; il a laissé des fautes que j'aurois ôtées, et il n'a pas fait des corrections et additions que je lui aurois données.

J'ai sous presse un petit écrit [1] sur l'article *Genève* de M. d'Alembert. Le conseil qu'il nous donne d'établir une comédie m'a paru pernicieux; il a réveillé mon zèle, et m'a d'autant plus indigné que j'ai vu clairement qu'il ne se faisoit pas un scrupule de faire sa cour à M. de Voltaire à nos dépens. Voilà les auteurs et les philosophes! Toujours pour motif quelque intérêt particulier, et toujours le bien public pour prétexte. Cher Vernes, soyons hommes et citoyens jusqu'au dernier soupir. Osons toujours parler pour le bien de tous, fût-il préjudiciable à nos amis et à nous-mêmes. Quoi qu'il en soit, j'ai dit mes raisons; ce sera à nos compatriotes à les peser. Ce qui me fâche, c'est que cet écrit est de la dernière foiblesse; il se sent de l'état de langueur où je suis, et où j'étois bien plus encore quand je l'ai composé. Vous n'y reconnoîtrez plus rien que mon cœur; mais je me flatte que c'en est assez pour me conserver le vôtre. Voulez-vous bien passer de ma part chez M. Marc Chappuis, lui faire mes tendres amitiés, et lui de-

---

[1] * Cet écrit ne parut que le 2 octobre suivant. La date en est constatée dans la lettre du 22 octobre, à M. Vernes.

mander s'il veut bien que je lui fasse adresser les exemplaires de cet écrit que je me suis réservés, afin de les distribuer à ceux à qui je les destine, suivant la note que je lui enverrai?

Vous m'avez parlé ci-devant de madame d'Épinay; l'ami Roustan, que j'embrasse et remercie, m'en parle, et d'autres m'en parlent encore. Cela me fait juger qu'elle vous laisse dans une erreur dont il faut que je vous tire. Si madame d'Épinay vous dit que je suis de ses amis, elle vous trompe; si elle vous dit qu'elle est des miens, elle vous trompe encore plus : voilà tout ce que j'ai à vous dire d'elle.

Loin que l'ouvrage dont vous me parlez soit un roman philosophique, c'est au contraire un commerce de bonnes gens ¹. Si vous venez, je vous montrerai cet ouvrage; et si vous jugez qu'il vous convienne de vous en mêler, je l'abandonne avec plaisir à votre direction. Adieu, mon ami; songez non pas, grâces au ciel, aux ides de mars, mais aux calendes de septembre; c'est ce jour-là que je vous attends.

¹ * *La Nouvelle Héloïse.*

LETTRE CLXXIV.

A SOPHIE [1].

Le 13 juillet 1758.

Je commence une correspondance qui n'a point d'exemple et ne sera guère imitée : mais votre cœur n'ayant plus rien à dire au mien, j'aime mieux faire seul les frais d'un commerce qui ne seroit qu'onéreux pour vous, et où vous n'auriez à mettre que des paroles. C'est une fausseté méprisable de substituer des procédés à la place des sentiments, et de n'être honnête qu'à l'extérieur. Quiconque a le courage de paroître toujours ce qu'il est deviendra tôt ou tard ce qu'il doit être ; mais il n'y a plus rien à espérer de ceux qui se font un caractère de parade. Si je vous pardonne de n'avoir plus d'amitié pour moi, c'est parce que vous ne m'en montrez plus. Je vous aime cent fois mieux ainsi qu'avec ces lettres froides qui vouloient être

---

[1] * Sophie étoit un des prénoms de madame d'Houdetot ; cette circonstance, et plusieurs autres relatives à la liaison qui avoit existé entre Jean-Jacques et cette dame, font présumer que cette lettre lui est adressée. M. Petitain a tranché la difficulté en substituant le nom de madame d'Houdetot à celui de Sophie. Il nous semble qu'il y a plus d'exactitude à conserver celui que porte l'autographe. De plus, on n'a point acquis la certitude nécessaire pour autoriser cette substitution. Nous dirons même qu'il y a une objection grave tirée de la lettre du 25 mars 1758. (*Note de M. Musset Pathay.*)

obligeantes, et montroient, malgré vous, que vous songiez à autre chose en les écrivant. De la franchise, ô Sophie! il n'y a qu'elle qui élève l'ame, et soutienne, par l'estime de soi-même, le droit à celle d'autrui.

Mon dessein n'est pas de vous ennuyer de fréquentes et longues lettres. Je n'espère pas même, avec toute ma discrétion, que vous lisiez toutes celles que je vous écrirai; mais du moins aurai-je eu le plaisir de les écrire, et peut-être est-il bon, pour vous et pour moi, que vous ayez la complaisance de les recevoir. Je vous crois un bon naturel; c'est cette opinion qui m'attache encore à vous: mais une grande fortune sans adversité a dû vous endurcir l'ame; vous avez trop peu connu de maux pour être fort sensible à ceux des autres. Ainsi les douceurs de la commisération vous sont encore inconnues. N'ayant su partager les peines d'autrui, vous serez moins en état d'en supporter vous-même, si jamais il en vient; et il est toujours à craindre qu'il n'en vienne, car vous n'ignorez pas que la fortune même n'en garantit pas toujours; et, quand elles nous attaquent au milieu de ses faveurs, quelles ressources lui reste-t-il pour les guérir?

> Non fidarti della sorte,
> Ancor a me già fù grata,
> E tu ancor abandonata
> Sospirar potresti un dì.

Veuille le ciel tromper ma prévoyance! en ce cas, mes soins n'auront été qu'inutiles, et il n'y aura point de mal au moins à les avoir pris : mais si jamais votre cœur affligé se sent besoin de ressources qu'il ne trouvera pas en lui-même, si peut-être un jour d'autres manières de penser vous dégoûtent de celles qui n'ont pu vous rendre heureuse, revenez à moi si je vis encore, et vous saurez quel ami vous avez méprisé. Si je ne vis plus, relisez mes lettres; peut-être le souvenir de mon attachement adoucira-t-il vos peines; peut-être trouverez-vous dans mes maximes des consolations que vous n'imaginez pas aujourd'hui.

LETTRE CLXXV.

A M. JACOB VERNET.

Montmorency, le 18 septembre 1758.

J'ai lu, monsieur, avec d'autant plus de joie la dernière lettre dont vous m'avez honoré, que j'étois toujours dans quelque inquiétude sur l'effet de la mienne à M. d'Alembert, par rapport à ses imputations indiscrètes; car, pour bien traiter des matières aussi délicates, rien n'est moins suffisant que la bonne intention, et rien n'est plus commun que de tout gâter en pensant bien faire. L'assurance que vous me donnez, que je ne suis pas dans le cas, m'ôte un grand poids de dessus le cœur, et ce n'est pas peu d'ajouter au plaisir que m'auroit fait votre lettre dans tous les temps. Vous avez raison, monsieur, de croire que j'ai été content de votre déclaration ¹, mais *content* n'est pas assez dire. La modération, la sagesse, la fermeté, tout s'y trouve : je regarde cette pièce comme un modèle qui, malheureusement, ne sera pas imité par beaucoup de théologiens. Tout ce qu'il falloit étant fait de part et d'autre, j'espère que cette dangereuse tracasserie n'aura point de suites; et, quand elle en auroit, je pense que le silence est le meilleur moyen de la faire finir. Du moins, par rapport à moi, c'est le parti que je crois devoir prendre dans les critiques qui me pleuvent sur ce point et sur tous les autres. Il m'est d'autant moins difficile de n'y pas répondre, que je me suis imposé de n'en lire aucune. Il a pourtant fallu faire exception pour celle de l'abbé de La Porte, parce qu'il me l'a envoyée avec une lettre, et qu'il a bien fallu faire réponse à cette lettre; mais ce qui ne fait que s'écrire est bien différent de ce qui s'imprime. Voici tout ce que je lui ai dit à ce sujet : *Quant aux mots* CONSUBSTANTIEL, *de* TRINITÉ, *d'*INCARNATION, *que vous me dites être clair-semés dans nos livres, ils y sont tout aussi fréquents que*

¹ * La *Déclaration* des ministres de Genève, à l'occasion de l'article *Genève* de l'Encyclopédie.

dans l'Écriture; et nous nous consolons d'être hérétiques avec les apôtres de Jésus-Christ.

Il est incontestable, monsieur, par le reste de votre lettre, que vous avez vu le fond de la question plus nettement et plus clairement que moi [1]; d'ailleurs connoissant mieux le local, vous faites des distinctions plus justes; et je ne doute pas que, si j'avois eu quelque conversation avec vous sur cette matière avant que d'écrire mon livre, il n'en fût devenu meilleur. Si j'avois le bonheur de me retirer dans ma patrie, et que je me sentisse encore en état de travailler, je vous demanderois la permission de vous voir et de vous consulter quelquefois. Je n'aurois pas seulement besoin du secours de vos lumières, mais aussi de celui de votre sagesse; car je me sens emporté par un caractère ardent qui auroit souvent besoin d'être retenu. Je m'aperçois du bien que me font vos lettres, et je ne doute pas que votre conversation ne m'en fît encore davantage. Ce seroit satisfaire au besoin en me procurant un plaisir. Recevez, monsieur, les assurances de mon véritable et profond respect.

---

[1] * Rousseau, dans sa lettre à d'Alembert, s'étoit plus particulièrement occupé des spectacles, de leur danger, et du conseil que l'auteur de l'article *Genève* donnoit d'établir dans cette ville une salle de spectacle. Il avoit négligé le socinianisme dont Genève étoit accusée. J. Vernet, professeur de théologie, auroit désiré que Rousseau eût réfuté cette accusation. Dans la suite, on le verra (lettre à M. Moultou, du 8 octobre 1762) exiger de Jean-Jacques une rétractation de la *Profession de foi du vicaire savoyard;* ce qui fut cause de leur rupture. (*Note de M. Musset Pathay.*)

LETTRE CLXXVI.

A M. DELEYRE.

Montmorency, le 5 octobre 1758.

Enfin, mon cher Deleyre, j'ai de vos nouvelles. Vous attendiez plus tôt des miennes, et vous n'aviez pas tort ; mais pour vous en donner, il falloit savoir où vous prendre, et je ne voyois personne qui pût me dire ce que vous étiez devenu ; n'ayant et ne voulant avoir désormais pas plus de relation avec Paris qu'avec Pékin, il étoit difficile que je pusse être mieux instruit. Cependant, jeudi dernier, un pensionnaire des Vertus, qui me vint voir avec le père Curé, m'apprit que vous étiez à Liége ; mais ce que j'aurois dû faire il y a deux mois étoit à présent hors de propos, et ce n'étoit plus le cas de vous prévenir ; car je vous avoue que je suis et serai toujours de tous les hommes le moins propre à retenir les gens qui se détachent de moi.

J'ai d'autant plus senti le coup que vous avez reçu, que j'étois bien plus content de votre nouvelle carrière que de celle où vous êtes en train de rentrer. Je vous crois assez de probité pour vous conduire toujours en homme de bien dans les affaires, mais non pas assez de vertu pour préférer toujours le bien public à votre gloire, et ne dire jamais aux hommes que ce qu'il leur est bon de savoir. Je me complaisois à vous imaginer d'avance dans le cas de relancer quelquefois les fripons, au lieu que je tremble de vous voir contrister les ames simples dans vos écrits. Cher Deleyre, défiez-vous de votre esprit satirique; surtout apprenez à respecter la religion : l'humanité seule exige ce respect. Les grands, les riches, les heureux du siècle, seroient charmés qu'il n'y eût point de Dieu; mais l'attente d'une autre vie console de celle-ci le peuple et le misérable. Quelle cruauté de leur ôter encore cet espoir!

Je suis attendri, touché de tout ce que vous me dites de M. G....; quoique je susse déjà tout cela, je l'apprends de vous avec un nouveau plaisir; c'est bien plus votre éloge que le sien que vous faites ; la mort n'est pas un malheur pour un homme de bien, et je me réjouis presque de la sienne, puisqu'elle m'est une occasion de vous estimer davantage. Ah! Deleyre, puissé-je m'être trompé, et goûter le plaisir de me reprocher cent fois le jour de vous avoir été juge trop sévère!

Il est vrai que je ne vous parlai point de mon écrit sur les spectacles; car, comme je vous l'ai dit plus d'une fois, je ne me fiois pas à vous. Cet écrit est bien loin de la prétendue méchanceté dont vous parlez; il est lâche et foible; les méchants n'y sont plus gourmandés; vous ne m'y reconnoîtrez plus : cependant je l'aime plus que tous les autres, parce qu'il m'a sauvé la vie, et qu'il me servit de distraction dans des moments de douleur, où, sans lui, je serois mort de désespoir. Il n'a pas dépendu de moi de mieux faire; j'ai fait mon devoir, c'est assez pour moi. Au surplus, je livre l'ouvrage à votre juste critique. Honorez la vérité; je vous abandonne tout le reste. Il est vrai, M. Helvétius a fait un livre dangereux et des rétractations humiliantes. Mais il a quitté la place de fermier général; il a fait la fortune d'une honnête fille ; il s'attache à la rendre heureuse ; il a dans plus d'une occasion soulagé les malheureux; ses actions valent mieux que ses écrits. Mon cher Deleyre, tâchons d'en faire dire autant de nous. Adieu, je vous embrasse de tout mon cœur.

LETTRE CLXXVII.

A MADAME DE CRÉQUI.

Montmorency, 13 octobre 1758.

Quoi ! madame, vous pouviez me soupçonner d'avoir perdu le souvenir de vos bontés ! C'étoit ne rendre justice ni à vous ni à moi : les témoignages de votre estime ne s'oublient pas, et je n'ai pas un cœur fait pour les oublier. J'en puis dire autant de l'honneur que me fait M. l'ambassadeur; c'est un grand encouragement pour m'en rendre digne : l'approbation des gens de bien est la seconde récompense de la vertu sur la terre.

Je comprends, par le commencement de votre lettre, que vous voilà tout-à-fait dans la dévotion. Je ne sais s'il faut vous en féliciter ou vous en plaindre : la dévotion est un état très-doux, mais il faut des dispositions pour le goûter. Je ne vous crois pas l'ame assez tendre pour être dévote avec extase; et vous devez vous ennuyer durant l'oraison. Pour moi, j'aimerois encore mieux être dévot que philosophe; mais je m'en tiens à croire en Dieu, et à trouver dans l'espoir d'une autre vie ma seule consolation dans celle-ci.

Il est vrai, madame, que l'amitié me fait payer chèrement ses charmes, et je vois que vous n'en avez pas eu meilleur marché. Ne nous plaignons en cela que de nous-mêmes. Nous sommes justement punis des attachements exclusifs qui nous rendent aveugles, injustes, et bornent l'univers pour nous aux personnes que nous aimons. Toutes les préférences de l'amitié sont des vols faits au genre humain, à la patrie. Les hommes sont tous nos frères; ils doivent tous être nos amis.

Je conçois les inquiétudes que vous donne le dangereux métier de M. votre fils, et tout ce que votre tendresse vous porte à faire pour lui donner un état digne de son nom : mais j'espère que vous ne vous serez point ruinée pour le faire tuer; au contraire, vous le verrez vivre, prospérer, honorer vos soins, et vous payer au centuple de tous les soucis qu'il vous a coûtés. Voilà ce que son âge, le vôtre, et l'éducation qu'il a reçue de vous, doivent vous faire attendre le plus naturellement. Au reste, pardonnez si je ne puis voir les périls qui vous effraient du même œil que les voit une mère. Eh! madame, est-ce un si grand mal de mourir? Hélas! c'en est souvent un bien plus grand de vivre.

Plus je reste enfermé dans ma solitude, moins je suis tenté ne l'interrompre par un voyage de Paris : cependant je n'ai point pris là-dessus de résolution. Quand le désir m'en viendra, je serai prompt à le satisfaire : mais il n'est point encore venu. Tout ce que je puis vous dire sur l'avenir, c'est que si jamais je fais ce voyage, ce ne sera point sans me présenter chez vous, et que, dans mon système actuel, j'aurai peut-être quelque reproche à me faire du motif qui m'y conduira.

Recevez, madame, les assurances de mon respect.

LETTRE CLXXVIII.

A M. VERNES.

Montmorency, le 22 octobre 1758.

Je reçois à l'instant, mon ami, votre dernière lettre, sans date, dans laquelle vous m'en annoncez une autre sous le pli de M. de Chenonceaux, que je n'ai point reçue : c'est une négligence de ses commis, j'en suis sûr; car il vint me voir il y a peu de jours, et ne m'en parla point. Quoi qu'il en soit, ne nous exposons plus au même inconvénient; écrivez-moi directement, et n'affranchissez plus vos lettres; car je ne suis pas à portée ici d'en faire de même. Quoique ce paquet soit assez gros pour en valoir la peine, je ne crois pas que mon ami regrette l'argent qu'il lui coûtera, et je ne lui ai pas donné le droit, que je sache, de penser moins favorablement de moi. Soyez aussi plus exact aux dates, que vous êtes sujet à oublier.

L'écrit à M. d'Alembert paroît en effet à Paris depuis le 2 de ce mois; je ne l'ai appris que le 7. Le lundi 8, je reçus le petit nombre d'exemplaires que mon libraire avoit joints pour moi à cet envoi; je les ai fait distribuer le même jour et les suivants; en sorte que le débit de cet ouvrage ayant été assez rapide, tous ceux à qui j'en ai envoyé l'avoient déjà : et voilà un des désagréments auxquels m'assujettit l'inconcevable négligence de ce libraire. Pour que vous jugiez s'il y a de ma faute dans les retards de l'envoi pour Genève, je vous envoie une de ses lettres à demi déchirée, et que j'ai heureusement retrouvée. Si vous avez des relations en Hollande, vous m'obligerez de vous en faire informer à lui-même. Selon mon compte, j'espère enfin que vous aurez reçu et distribué ceux qui vous sont adressés. Je vous dirai sur celui de M. Labat, que nous ne nous sommes jamais écrit, et que nous ne sommes par conséquent en aucune espèce de relation ; cependant je serai bien aise de lui donner ce léger témoignage que je n'ai point oublié ses honnêtetés. Mais, mon cher Vernes, Roustan est moins en état d'en acheter un ; je voudrois bien aussi lui donner cette petite marque de souvenir ; et dans la balance entre le riche et le pauvre, je penche toujours pour le dernier. Je vous laisse le maître du choix. A l'égard de l'autre exemplaire, il faut, s'il vous plaît, le faire agréer à M. Soubeyran, avec lequel j'ai de grands torts de négligence, et non pas d'oubli ; tâchez, je vous prie, de l'engager à les oublier.

Je n'ignorois pas que l'article *Genève* étoit en partie de M. de Voltaire : quoique j'aie eu la discrétion de n'en rien dire, il vous sera aisé de voir, par la lecture de l'ouvrage, que je savois, en l'écrivant, à quoi m'en tenir. Mais je trouverois bizarre que M. de Voltaire crût, pour cela, que je manquerois de lui rendre un hommage que je lui offre de très-bon cœur. Au fond, si quelqu'un devoit se tenir offensé, ce seroit M. d'Alembert; car, après tout, il est au moins le père putatif de l'article. Vous verrez, dans sa lettre ci-jointe, comment il a reçu la déclaration que je lui fis, dans le temps, de ma résolution. Que maudit soit tout respect humain qui offense la droiture et la vérité! J'espère avoir secoué pour jamais cet indigne joug.

Je n'ai rien à vous dire sur la réimpression de l'*Économie politique*, parce que je n'ai pas reçu la lettre où vous m'en parlez; mais je vous avoue que, sur l'offre de M. Duvillard, j'ai cru que l'auteur pouvoit lui en demander deux exemplaires, et s'attendre à les recevoir. S'il ne tient qu'à les payer, je vous prie d'en prendre le soin, et je vous ferai rembourser cette avance avec celles que vous aurez pu faire au sujet de mon dernier écrit, et dont je vous prie de m'envoyer la note.

Je n'ai point lu le livre *de l'Esprit*; mais j'en aime et estime l'auteur. Cependant j'entends de si terribles choses de l'ouvrage, que je vous prie de l'examiner avec bien du soin avant d'en hasarder un jugement ou un extrait dans votre recueil.

Adieu, mon cher Vernes, je vous aime trop pour répondre à vos amitiés; ce langage doit être proscrit entre amis.

LETTRE CLXXIX.

A M. LEROY.

Montmorency, le 4 novembre 1758.

Je vous remercie, monsieur, de la bonté que vous avez de m'avertir de ma bévue au sujet du théâtre de Sparte, et de l'honnêteté avec laquelle vous voulez bien me donner cet avis [1]. Je suis si sensible à ce procédé, que je vous demande la permission de faire usage de votre lettre dans une autre édition de la mienne. Il s'en faut peu que je ne me félicite d'une erreur qui m'attire de votre part cette marque d'estime, et je me sens moins

---

[1] * Voyez la *Lettre à d'Alembert*. — La lettre de Leroy à laquelle celle de Rousseau sert de réponse se trouve dans l'édition de Genève. « Non seulement, dit-il à Rousseau, il y avoit un théâtre à Sparte, « absolument semblable à celui de Bacchus à Athènes, mais il étoit « le plus bel ornement de cette ville... Il subsiste même encore en « grande partie, et Pausanias et Plutarque en parlent : c'est d'après « ce que ces deux auteurs en disent que j'en ai fait l'histoire que je « vous envoie dans l'ouvrage que je viens de mettre au jour. » Cet ouvrage a pour titre : *Ruines des plus beaux monuments de la Grèce*, publié en effet en 1758, un volume grand in-folio, fig., et réimprimé en 1770. — Leroy (Jean-David), membre de l'Académie des inscriptions, se livra à l'architecture, qu'il a professée à Paris pendant quarante ans, après en avoir été étudier en Grèce les plus beaux modèles. Il a surtout étudié et approfondi tout ce qui regarde l'architecture navale et la marine des anciens. Il est mort en 1803. (*Note de M. Petitain.*)

honteux de ma faute que fier de votre correction.

Voilà, monsieur, ce que c'est que de se fier aux auteurs célèbres. Ce n'est guère impunément que je les consulte; et, de manière ou d'autre, ils manquent rarement de me punir de ma confiance. Le savant Cragius, si versé dans l'antiquité, avoit dit la chose avant moi, et Plutarque lui-même affirme que les Lacédémoniens n'alloient point à la comédie, de peur d'entendre des choses contre les lois, soit sérieusement, soit par jeu. Il est vrai que le même Plutarque dit ailleurs le contraire; et il lui arrive si souvent de se contredire, qu'on ne devroit jamais rien avancer d'après lui sans l'avoir lu tout entier. Quoi qu'il en soit, je ne puis ni ne veux récuser votre témoignage; et quand ces auteurs ne seroient pas démentis par les restes du théâtre de Sparte encore existants, ils le seroient par Pausanias, Eustathe, Suidas, Athénée, et d'autres anciens. Il paroît seulement que ce théâtre étoit consacré plutôt à des jeux, des danses, des prix de musique, qu'à des représentations régulières, et que les pièces qu'on y jouoit quelquefois étoient moins de véritables drames que des farces grossières, convenables à la simplicité des spectateurs; ce qui n'empêchoit pas que Sosybius Lacon n'eût fait un traité de ces sortes de parades. C'est La Guilletière qui m'apprend tout cela; car je n'ai point de livres pour le vérifier. Ainsi rien ne manque à ma faute, en cette occasion, que la vanité de la méconnoître.

Au reste, loin de souhaiter que cette faute reste cachée à mes lecteurs, je serai fort aise qu'on la publie, et qu'ils en soient instruits; ce sera toujours une erreur de moins. D'ailleurs, comme elle ne fait tort qu'à moi seul, et que mon sentiment n'en est pas moins bien établi, j'espère qu'elle pourra servir d'amusement aux critiques : j'aime mieux qu'ils triomphent de mon ignorance que de mes maximes; et je serai toujours très-content que les vérités utiles que j'ai soutenues soient épargnées à mes dépens.

Recevez, monsieur, les assurances de ma reconnoissance, de mon estime et de mon respect.

LETTRE CLXXX.

A M. VERNES.

Montmorency, le 21 novembre 1758.

Cher Vernes, plaignez-moi. Les approches de l'hiver se font sentir. Je souffre, et ce n'est pas le pire pour ma paresse. Je suis accablé de travail, et jamais mon dernier écrit ne m'a coûté la moitié de la peine et du temps à faire que me coûteront à répondre les lettres qu'il m'attire. Je voudrois donner la préférence à mes concitoyens; mais cela

4.

ne se peut sans m'exposer; car, parmi les autres lettres, il y en a de très-dangereuses, dans lesquelles on me tend visiblement des piéges, auxquelles il faut pourtant répondre, et répondre promptement, de peur que mon silence même ne soit imputé à crime. Faites donc en sorte, mon ami, qu'un retard de nécessité ne soit pas attribué à négligence, et que mes compatriotes aient pour moi plus d'indulgence que je n'ai lieu d'en attendre des étrangers. J'aurai soin de répondre à tout le monde; je désire seulement qu'un délai forcé ne déplaise à personne.

Vous me parlez des critiques. Je n'en lirai jamais aucune : c'est le parti que j'ai pris dès mon précédent ouvrage, et je m'en suis très-bien trouvé. Après avoir dit mon avis, mon devoir est rempli. Errer est d'un mortel, et surtout d'un ignorant comme moi; mais je n'ai pas l'entêtement de l'ignorance: si j'ai fait des fautes, qu'on les censure: c'est fort bien fait. Pour moi, je veux rester tranquille; et si la vérité m'importe, la paix m'importe encore plus.

Cher Vernes, qu'avons-nous fait? Nous avons oublié M. Abauzit. Ah! dites, méchant ami, cet homme respectable, qui passe sa vie à s'oublier soi-même, doit-il être oublié des autres? il falloit oublier tout le monde avant lui. Que ne m'avez-vous dit un mot! Je ne m'en consolerai jamais. Adieu.

Je n'oublie pas ce que vous m'avez demandé pour votre recueil ; mais... du temps ! du temps ! Hélas ! je n'en fais cas que pour le perdre. Ne trouvez-vous pas qu'avec cela mes comptes seront bien rendus ?

LETTRE CLXXXI.

A M. LE DOCTEUR TRONCHIN.

A Montmorency, le 27 novembre 1758.

Votre lettre, monsieur, m'auroit fait grand plaisir en tout temps, et m'en fait surtout aujourd'hui ; car j'y vois qu'ayant jugé l'absent sans l'entendre, vous ne l'avez pas jugé tout-à-fait aussi sévèrement qu'on me l'avoit dit. Plus je suis indifférent sur les jugements du public, moins je le suis sur ceux des hommes de votre ordre ; mais, quoique j'aspire à mériter l'estime des honnêtes gens, je ne sais mendier celle de personne ; et j'avoue que c'est la chose du monde la moins importante que d'être juste ou injuste envers moi.

Je ne doutois pas que vous ne fussiez de mon avis, ou plutôt que je ne fusse du vôtre, sur la proposition de M. d'Alembert, et je suis charmé que vous ayez bien voulu confirmer vous-même cette opinion. Il y aura du malheur si votre sagesse et votre crédit n'empêchent pas la comédie de s'établir à Genève, et de se maintenir à nos portes.

A l'égard des cercles, je conviens de leurs abus, et je n'en doutois pas; c'est le sort des choses humaines; mais je crois qu'aux cercles détruits succéderont de plus grands abus encore. Vous faites une distinction très-judicieuse sur la différence des républiques grecques à la notre, par rapport à l'éducation publique : mais cela n'empêche pas que cette éducation ne puisse avoir lieu parmi nous, et qu'elle ne l'ait même par la seule force des choses, soit qu'on le veuille, soit qu'on ne le veuille pas. Considérez qu'il y a une grande différence entre nos artisans et ceux des autres pays. Un horloger de Genève est un homme à présenter partout; un horloger de Paris n'est bon qu'à parler de montres. L'éducation d'un ouvrier tend à former ses doigts, rien de plus. Cependant le citoyen reste. Bien ou mal, la tête et le cœur se forment; on trouve toujours du temps pour cela, et voilà à quoi l'institution doit pourvoir. Ici, monsieur, j'ai sur vous, dans le particulier, l'avantage que vous avez sur moi dans les observations générales : cet état des artisans est le mien, celui dans lequel je suis né, dans lequel j'aurois dû vivre, et que je n'ai quitté que pour mon malheur. J'y ai reçu cette éducation publique, non par une institution formelle, mais par des traditions et des maximes qui, se transmettant d'âge en âge, donnoient de bonne heure à la jeunesse les lumières qui lui conviennent et les sentiments qu'elle doit avoir. A douze ans, j'étois un Romain; à vingt, j'avois couru le monde, et n'étois plus qu'un polisson. Les temps sont changés, je ne l'ignore pas; mais c'est une injustice de rejeter sur les artisans la corruption publique; on sait trop que ce n'est pas par eux qu'elle a commencé. Partout le riche est toujours le premier corrompu, le pauvre suit, l'état médiocre est atteint le dernier. Or, chez nous, l'état médiocre est l'horlogerie.

Tant pis si les enfants restent abandonnés à eux-mêmes. Mais pourquoi le sont-ils? Ce n'est pas la faute des cercles; au contraire, c'est là qu'ils doivent être élevés, les filles par les mères, les garçons par les pères. Voilà précisément l'éducation moyenne qui nous convient, entre l'éducation publique des républiques grecques, et l'éducation domestique des monarchies, où tous les sujets doivent rester isolés, et n'avoir rien de commun que l'obéissance.

Il ne faut pas non plus confondre les exercices que je conseille avec ceux de l'ancienne gymnastique. Ceux-ci formoient une véritable occupation, presque un métier; les autres ne doivent être qu'un délassement, des fêtes, et je ne les ai proposés qu'en ce sens. Puisqu'il faut des amusements, voilà ceux qu'on nous doit offrir. C'est une observation qu'on faisoit de mon temps, que les plus habiles ouvriers de Genève étoient précisément ceux qui brilloient le plus dans ces sortes d'exercices, alors en honneur parmi nous : preuve que ces diversions ne nuisent point l'une à l'autre, mais au contraire s'entr'aident mutuellement : le temps qu'on leur donne en laisse moins à la crapule, et empêche les citoyens de s'abrutir.

Adieu, monsieur; je vous embrasse de tout mon cœur. Puissiez-vous long-temps honorer votre patrie, et faire du bien au genre humain !

LETTRE CLXXXII.

A M. MOULTOU.

Montmorency, le 15 décembre 1758.

Quoique je sois incommodé et accablé d'occupations désagréables, je ne puis, monsieur, différer plus long-temps à vous remercier de votre excellente lettre. Je ne puis vous dire à quel point elle m'a touché et charmé. Je l'ai relue et la relirai plus d'une fois : j'y trouve des traits dignes du sens de Tacite et du zèle de Caton. Il ne faut pas deux lettres comme celle-là pour faire connoître un homme; et c'est d'après cette connoissance que je m'honore de votre suffrage. O cher Moultou !

nouveau Génevois, vous montrez pour la patrie toute la faveur que les nouveaux chrétiens avoient pour la foi. Puissiez-vous l'étendre, la communiquer à tout ce qui vous environne ! Puissiez-vous réchauffer la tiédeur de nos vieux citoyens, et puissions-nous en acquérir beaucoup qui vous ressemblent! car malheureusement il nous en reste peu.

Ne sachant si M. Vernes vous avoit remis un exemplaire de mon dernier écrit, j'ai prié M. Coindet de vous en envoyer un par la poste, et il m'a promis de le faire contre-signer. Si par hasard vous aviez reçu les deux, et que vous n'en eussiez pas disposé, vous m'obligeriez d'en rendre un à M. Vernes; car j'apprends qu'il a distribué pour moi tous ceux que je lui avois fait adresser, et qu'il ne lui en reste pas un seul. Si vous n'en avez qu'un, vous m'offenseriez de songer à le rendre; si vous n'en avez point, vous m'affligeriez de ne m'en pas avertir.

Quoi! monsieur, le respectable Abauzit daigne me lire, il daigne m'approuver! Je puis donc me consoler de l'improbation de ceux qui me blâment; car il est bien à craindre que, si j'obtenois leur approbation, je ne méritasse guère la sienne. Adieu, mon cher monsieur. Quand vous aurez un moment à perdre, je vous prie de me le donner; il me semble qu'il ne sera pas perdu pour moi.

LETTRE CLXXXIII.

A M. VERNES.

Montmorency, le 6 janvier 1759.

Le mariage est un état de discorde et de trouble pour les gens corrompus, mais pour les gens de bien il est le paradis sur la terre. Cher Vernes, vous allez être heureux, peut-être l'êtes-vous déjà. Votre mariage n'est point secret; il ne doit point l'être; il a l'approbation de tout le monde, et ne pouvoit manquer de l'avoir. Je me fais honneur de penser que votre épouse, quoique étrangère, ne le sera point parmi nous. Le mérite et la vertu ne sont étrangers que parmi les méchants; ajoutez une figure qui n'est commune nulle part, mais qui sait bien se naturaliser partout, et vous verrez que mademoiselle C... étoit Génevoise avant de le devenir. Je m'attendris, en songeant au bonheur de deux époux si bien unis, à penser que c'est le sort qui vous attend. Cher ami, quand pourrai-je en être témoin? quand verserai-je des larmes de joie en embrassant vos chers enfants? quand me dirai-je, en abordant votre chère épouse : « Voilà « la mère de famille que j'ai dépeinte; voilà la « femme qu'il faut honorer? »

Je ne suis point étonné de ce que vous avez fait

pour M. Abauzit, je ne vous en remercie pas même; c'est insulter ses amis que de les remercier de quelque chose. Mais cependant vous avez donné votre exemplaire; et il ne suffit pas que vous en ayez un, il faut que vous l'ayez de ma main. Si donc il ne vous en reste aucun des miens, marquez-le-moi; je vous enverrai celui que je m'étois réservé, et que je n'espérois pas employer si bien. Vous serez le maître de me le payer par un exemplaire de l'*Économie politique*, car je n'en ai point reçu.

M. de Voltaire ne m'a point écrit. Il me met tout-à-fait à mon aise, et je n'en suis pas fâché. La lettre de M. Tronchin rouloit uniquement sur mon ouvrage, et contenoit plusieurs objections très-judicieuses, sur lesquelles pourtant je ne suis pas de son avis.

Je n'ai point oublié ce que vous voulez bien désirer sur le *Choix littéraire*. Mais, mon ami, mettez-vous à ma place, je n'ai pas le loisir ordinaire aux gens de lettres. Je suis si près de mes pièces, que si je veux dîner il faut que je le gagne; si je me repose, il faut que je jeûne, et je n'ai, pour le métier d'auteur, que mes courtes récréations. Les faibles honoraires que m'ont rapportés mes écrits m'ont laissé le loisir d'être malade, et de mettre un peu plus de graisse dans ma soupe; mais tout cela est épuisé, et je suis plus près de mes pièces que je ne l'ai jamais été. Avec cela, il faut encore répondre à cinquante mille lettres, recevoir mille importuns, et leur offrir l'hospitalité. Le temps s'en va et les besoins restent. Cher ami, laissons passer ces temps durs de maux, de besoins, d'importunités, et croyez que je ne ferai rien si promptement et avec tant de plaisir que d'achever le petit morceau que je vous destine, et qui malheureusement ne sera guère au goût de vos lecteurs ni de vos philosophes, car il est tiré de Platon [1].

Adieu, mon bon ami. Nous sommes tous deux occupés, vous de votre bonheur, moi de mes peines : mais l'amitié partage tout. Mes maux s'allègent quand je songe que vous les plaignez; ils s'effacent presque par le plaisir de vous croire heureux. Ne montrez cette lettre à personne, au moins le dernier article. Adieu derechef.

LETTRE CLXXXIV.

A MADAME DE CRÉQUI.

Montmorency, le 15 janvier 1759.

En vérité, madame, s'il ne falloit pas vous remercier de votre souvenir, je crois que je ne vous

---

[1] * Ce morceau est l'*Essai sur l'imitation théâtrale*, tiré des Dialogues de Platon. Rousseau le fit à l'occasion de sa lettre à M. d'Alembert, dans laquelle il ne put l'insérer.

remercierois point de vos poulardes. Que pouvois-je faire de quatre poulardes? J'ai commencé par en envoyer deux à gens dont je ne me souciois guère. Cela m'a fait penser combien il y a de différence entre un présent et un témoignage d'amitié. Le premier ne trouvera jamais en moi qu'un cœur ingrat; le second..... O madame! si vous m'aviez fait donner de vos nouvelles sans rien m'envoyer de plus, que vous m'auriez fait riche et reconnoissant! au lieu qu'à présent que les poulardes sont mangées, tout ce que je puis faire de mieux c'est de les oublier : n'en parlons donc plus. Voilà ce qu'on gagne à me faire des présents.

J'aime et j'approuve la tendresse maternelle qui vous fait parler avec tant d'émotion de l'armée où est monsieur votre fils; mais je ne vois pas, madame, pourquoi il faut absolument que vous vous ruiniez pour lui : est-ce qu'avec le nom qu'il porte, et l'éducation qu'il a reçue, il a besoin, pour se distinguer, de ces ridicules équipages qui font battre vos armées et mépriser vos officiers? Quand le luxe est universel, c'est par la simplicité qu'on se distingue; et cette distinction, qui laisseroit un homme obscur dans la boue, ne peut qu'honorer un homme de qualité. Il ne faut pas que monsieur votre fils souffre, mais il faut qu'il n'ait rien de trop : quand il ne brillera pas par son équipage, il voudra briller par son mérite; et c'est ainsi qu'il peut honorer et payer vos soins.

A propos d'éducation, j'aurois quelques idées sur ce sujet que je serois bien tenté de jeter sur le papier si j'avois un peu d'aide; mais il faudroit avoir là-dessus les observations qui me manquent. Vous êtes mère, madame, et philosophe, quoique dévote; vous avez élevé un fils; il n'en falloit pas tant pour vous faire penser. Si vous vouliez jeter sur le papier, à vos moments perdus, quelques réflexions sur cette matière, et me les communiquer, vous seriez bien payée de votre peine si elles m'aidoient à faire un ouvrage utile; et c'est à de tels dons que je serois vraiment sensible : bien entendu pourtant que je ne m'approprierois que ce que vous me feriez penser, et non pas ce que vous auriez pensé vous-même.

Votre lettre m'a laissé sur votre santé des inquiétudes que vous m'obligeriez de vouloir lever : il ne faut pour cela qu'un mot par la poste. Votre ame se porte trop bien, elle vous use; vous n'aurez jamais un corps sain. Je hais ces santés robustes, ces gens qui ont tant de force et si peu de vie; il me semble que je n'ai vécu moi-même que depuis que je me sens demi-mort. Bonjour, madame. Il faut finir par régime; car sûrement, si ma règle est bonne, je ne guérirai pas en vous écrivant.

LETTRE CLXXXV.

A M. LE COMTE DE SAINT-FLORENTIN [1].

Montmorency, le 11 février 1759.

Monseigneur,

J'apprends qu'on s'apprête à remettre à l'Opéra de Paris une pièce de ma composition, intitulée *le Devin du village*. Si vous daignez jeter les yeux sur le mémoire ci-joint, vous verrez, monseigneur, que cet ouvrage n'appartient point à l'académie royale de musique. Je vous supplie donc de vouloir bien lui défendre de le représenter, et ordonner que la partition m'en soit restituée. Il y a trois ans que j'avois écrit à M. le comte d'Argenson pour lui demander cette restitution. Il ne fit aucune attention à ma lettre ni à mon mémoire. J'espère, monseigneur, être plus heureux aujourd'hui; car je ne demande rien que de juste, et vous ne refusez la justice à personne.

Je suis avec un profond respect, etc.

[1] * Cette lettre et le mémoire qui suit furent remis par M. Sellon, résident de Genève, à M. de Saint-Florentin, qui promit une réponse, et qui n'en fit point. (*Note de M. Musset Pathay.*)

MÉMOIRE.

Au commencement de l'année 1753, je présentai à l'Opéra un petit ouvrage intitulé *le Devin du village*, qui avoit été représenté devant le roi à Fontainebleau l'automne précédent. Je déclarai aux sieurs Rebel et Francœur, alors inspecteurs de l'académie royale de musique, en présence de M. Duclos, de l'académie françoise, historiographe de France, que je ne demandois aucun argent de ce petit opéra; que je me contentois pour son prix de mes entrées franches à perpétuité, mais que je les stipulois expressément : à quoi il me fut répondu par ledit sieur Rebel, en présence du même M. Duclos, que cela étoit de droit, conforme à l'usage, et que de plus il m'étoit dû des honoraires qu'on auroit soin de me faire payer.

Le Devin du village fut joué; et quoique j'eusse aussi exigé que les quatre premières représentations seroient faites par les bons acteurs, ce qui fut accordé, il fut mis en double dès la troisième; et la pièce eut trente et une représentations de suite avant Pâques, sans compter les trois capitations où elle fut aussi donnée.

Pour les honoraires qui m'étoient dus et que je n'avois point demandés, on m'apporta chez moi douze cents francs, dont je signai la quittance, telle qu'elle me fut présentée.

Le Devin du village fut repris après Pâques, et continué toute l'année, et même le carnaval suivant, presque sans interruption, mais dans un état qui, ne me laissant pas le courage d'en soutenir le spectacle, m'a toujours forcé de m'en absenter; et c'est une année de non-jouissance de mon droit, dont je ne serois que trop fondé à demander compte.

Enfin, dans le temps que, délivré de ce chagrin, je croyois pouvoir profiter sans dégoût du privilége de mes entrées, le sieur de Neuville [1] me déclara, à la porte de l'Opéra, qu'il avoit ordre du bureau de la ville [2] de me les refuser, convenant en même temps qu'un tel procédé étoit sans exemple. Et en effet, si telle est la distinction que réserve le bureau de la ville à ceux qui font à la fois les paroles et la musique d'un opéra, et aux auteurs des ouvrages qu'on joue cent fois de suite, il n'est pas étonnant qu'elle soit rare.

Sur cet exposé simple et fidèle, je me crois en droit de demander la restitution de mon manuscrit, et qu'il soit défendu à l'académie royale de musique de jamais représenter *le Devin du village*, sur lequel elle a perdu son droit en violant le traité par lequel je le lui avois cédé; car m'en

---

[1] * Barbier de Neuville, de Vitry-le-François.
[2] La ville de Paris tenoit alors l'Opéra.

ôter le prix convenu, c'est m'en rendre la propriété; cela est incontestable en toute justice.

1º Ce ne seroit pas répondre que de m'opposer un règlement prétendu qui, dit-on, borne à une année le droit d'entrée pour les auteurs d'opéra en un acte : règlement qu'on allègue sans le montrer, qui n'est connu de personne, et n'a jamais eu d'exécution contre aucun auteur avant moi ; règlement enfin qui, après une soigneuse vérification, se trouve n'avoir point existé quand mon accord fut fait, et qui, quand on l'auroit établi depuis, ne peut avoir un effet rétroactif.

2º Quand ce règlement existeroit, quand il seroit en vigueur, il ne peut avoir aucune force vis-à-vis de moi étranger, qui ne le connoissois point, et à qui on ne l'a point opposé dans le temps que, maître de mon ouvrage, je ne cédois qu'en stipulant une condition contraire. N'a-t-on pas dérogé à ce règlement en traitant avec moi ? C'étoit alors qu'il falloit m'en parler. Qui a jamais ouï dire qu'on annule une convention expresse par l'intention secrète de ne la pas tenir?

3º Pourquoi l'académie royale de musique se prévaudroit-elle contre moi d'un règlement qu'elle-même viole à mon préjudice? Si l'auteur des paroles et celui de la musique d'un opéra d'un acte ont chacun leurs entrées pour un an, celui qui est à la fois l'un et l'autre doit les avoir pour deux, à moins que la réunion des talents qui concourt à leur perfection ne soit un titre contre celui qui les rassemble.

4° Si l'intention du bureau de la ville étoit d'en user à toute rigueur avec moi, il falloit donc commencer par me payer à la rigueur ce qui m'étoit dû. Le produit d'un grand opéra, pour chacun des deux auteurs, est de deux mille livres lorsqu'il soutient trente représentations consécutives; savoir, cent francs pour chacune des dix premières représentations, et cinquante francs pour chacune des vingt autres. Or le tiers de quatre mille francs est plus de douze cents francs. Si je n'ai pas réclamé le surplus, ce n'étoit point par ignorance de mon droit, mais c'est qu'ayant stipulé un autre prix pour mon ouvrage, je ne voulois pas marchander sur celui-là.

Si l'on ajoute à ces raisons que, contre ce qu'on m'avoit promis, mon ouvrage a été mis en double dès la troisième représentation, l'on trouvera que la direction de l'Opéra, n'ayant observé avec moi ni les conditions que j'avois stipulées ni ses propres règlements, s'est dépouillée comme à plaisir de toute espèce de droit sur ma pièce. Il est vrai que j'ai reçu douze cents francs, que je suis prêt à rendre en recevant ma partition, espérant qu'à son tour l'académie royale de musique voudra bien me rendre compte de cent représentations[1]

[1] Il faut ajouter toutes celles de cette dernière reprise et des suivantes, où, pour le coup, les directeurs, qui eux-mêmes avoient

qu'elle a faites d'un ouvrage qu'elle savoit n'être pas à elle, puisqu'elle n'en vouloit pas payer le prix convenu.

Que si cette académie a des plaintes à faire contre moi, elle peut les faire par-devant les tribunaux, et non pas s'établir juge dans sa propre cause ni se croire en droit pour cela de s'emparer de mon bien. Sitôt qu'on est mécontent d'un homme, il ne s'ensuit pas qu'il soit permis de le voler.

LETTRE CLXXXVI.

A M. LE NIEPS.

Montmorency, le 25 avril 1759.

Eh! vive Dieu! mon bon ami; que votre lettre est réjouissante! des cinquante louis! des cent louis, des deux cents louis, des quatre mille huit cents livres! où prendrai-je des coffres pour mettre tout cela? Vraiment je suis tout émerveillé de la générosité de ces messieurs de l'Opéra. Qu'ils ont changé! Oh! les honnêtes gens! Il me semble que je vois déjà les monceaux d'or étalés sur ma table. Malheureusement un pied cloche; mais je le ferai

contracté avec moi, ne pouvoient ignorer qu'ils disposoient d'un bien qui ne leur appartenoit pas.

reclouer, de peur que tant d'or ne vienne à rouler par les trous du plancher dans la cave, au lieu d'y entrer par la porte en bons tonneaux bien reliés, digne et vrai coffre-fort, non pas tout-à-fait d'un Génevois, mais d'un Suisse. Jusqu'ici M. Duclos m'a gardé le secret sur ces brillantes offres; mais, puisqu'il est chargé de me les faire, il me les fera; je le connois bien, il ne gardera sûrement pas l'argent pour lui. Oh! quand je serai riche, venez, venez avec vos monstres de l'Escalade; je vous ferai manger un brochet long comme ma chambre.

Oh çà, notre ami, c'est assez rire, mais que l'argent vienne. Revenons aux faits. Vous verrez par le mémoire ci-joint, et par les deux lettres qui l'accompagnent, l'état de la question. Ces lettres ont resté toutes deux sans réponse. Vous me dites qu'on me blâme dans cette affaire; je serois bien curieux de savoir comment et de quoi. Seroit-ce d'être assez insolent pour demander justice, et assez fou pour espérer que l'on me la rendra? Dans cette dernière affaire j'ai envoyé un double de mon mémoire à M. Duclos, qui, dans le temps, ayant pris un grand intérêt à l'ouvrage, fut le médiateur et le témoin du traité. Encore échauffé d'un entretien qui ressembloit à ceux dont vous me parlez, je marquois un peu de colère et d'indignation dans ma lettre contre les procédés des directeurs de l'Opéra. Un peu calmé, je lui récrivis pour le prier de supprimer ma première lettre. Il répondit à cette première qu'il m'approuvoit fort de réclamer tous mes droits ; qu'il m'étoit assurément bien permis d'être jaloux du peu que je m'étois réservé, et que je ne devois pas douter qu'il ne fît tout ce qui dépendroit de lui pour me procurer la justice qui m'étoit due. Il répondit à la seconde qu'il n'avoit rien aperçu dans l'autre que je pusse regretter d'avoir écrit ; qu'au surplus MM. Rebel et Francœur ne faisoient aucune difficulté de me rendre mes entrées, et que, comme ils n'étoient pas les maîtres de l'Opéra lorsque l'on me les refusa, ce refus n'étoit pas de leur fait. Pendant ces petites négociations, j'appris qu'ils alloient toujours leur train, sans s'embarrasser non plus de moi que si je n'avois pas existé ; qu'ils avoient remis *le Devin du village*... vous savez comment ! sans m'écrire, sans me rien faire dire, sans m'envoyer même les billets qui m'avoient été promis en pareil cas quand on m'ôta mes entrées ; de sorte que tout ce qu'avoient fait à cet égard les nouveaux directeurs avoit été de renchérir sur la malhonnêteté des autres. Outré de tant d'insultes, je rejetai, dans ma troisième lettre à M. Duclos, l'offre tardive et forcée de me redonner les entrées, et je persistai à redemander la restitution de ma pièce. M. Duclos ne m'a pas répondu : voilà exactement à quoi l'affaire en est restée.

Or, mon ami, voyons donc, selon la rigueur du

droit, en quoi je suis à blâmer. Je dis selon la rigueur du droit, à moins que les directeurs de l'Opéra ne se fassent des insultes et des affronts qu'ils m'ont faits un titre pour exiger de ma part des honnêtetés et des grâces.

Du moment que le traité est rompu, mon ouvrage m'appartient de nouveau. Les faits sont prouvés dans le mémoire. Ai-je tort de redemander mon bien?

Mais, disent les nouveaux directeurs, l'infraction n'est pas de notre fait. Je le suppose un moment; qu'importe? le traité en est-il moins rompu? je n'ai point traité avec les directeurs, mais avec la direction. Ne tiendroit-il donc qu'à des changements simulés de directeurs pour faire impunément banqueroute tous les huit jours? Je ne connois ni ne veux connoître les sieurs Rebel et Francœur. Que Gautier ou Garguille dirige l'Opéra, que me fait cela? J'ai cédé mon ouvrage à l'Opéra sous des conditions qui ont été violées, je l'ai vendu pour un prix qui n'a point été payé; mon ouvrage n'est donc pas à l'Opéra, mais à moi : je le redemande; en le retenant, on le vole. Tout cela me paroît clair.

Il y a plus; en ne réparant pas le tort que m'avoient fait les anciens directeurs, les nouveaux l'ont confirmé; en cela d'autant plus inexcusables qu'ils ne pouvoient pas ignorer les articles d'un traité fait avec eux-mêmes en personne. Étois-je donc obligé de savoir que l'Opéra, où je n'allois plus, changeoit de directeurs? pouvois-je deviner si les derniers étoient moins iniques? pour l'apprendre, falloit-il m'exposer à de nouveaux affronts, aller leur faire ma cour à leur porte, et leur demander humblement en grâce de vouloir bien ne me plus voler? S'ils vouloient garder mon ouvrage, c'étoit à eux de faire ce qu'il falloit pour qu'il leur appartînt; mais en ne désavouant pas l'iniquité de leurs prédécesseurs ils l'ont partagée; en ne me rendant pas les entrées qu'ils savoient m'être dues, ils me les ont ôtées une seconde fois. S'ils disent qu'ils ne savent pas où me prendre, ils mentent; car ils étoient environnés de gens de ma connoissance, dont ils n'ignoroient pas qu'ils pouvoient apprendre où j'étois. S'ils disent qu'ils n'y ont pas songé, ils mentent encore; car au moins, en préparant une reprise du *Devin du village*, il ne pouvoient pas ne pas penser à ce qu'ils devoient à l'auteur. Mais ils n'ont parlé de ne plus me refuser les entrées que quand ils y ont été forcés par le cri public : il est donc faux que la violation du traité ne soit pas de leur fait. Ils ont fait davantage, ils ont renchéri sur la malhonnêteté de leurs prédécesseurs; car, en me refusant l'entrée, le sieur de Neuville me déclara, de la part de ceux-ci, que, quand on joueroit *le Devin du village*, on auroit soin de m'envoyer des billets. Or, non seulement les nouveaux ne m'ont parlé, ni écrit, ni fait écrire; mais quand ils ont remis *le Devin du village*, ils n'ont pas même envoyé les billets que les autres avoient promis. On voit que ces gens-là, tout fiers de pouvoir être iniques impunément, se croiroient déshonorés s'ils faisoient un acte de justice.

En recommençant à ne me plus refuser les entrées, ils appellent cela me les rendre. Voilà qui est plaisant! Qu'ils me rendent donc les cinq années écoulées depuis qu'ils me les ont ôtées; la jouissance de ces cinq années ne m'étoit-elle pas due? n'entroit-elle pas dans le traité? Ces messieurs penseroient-ils donc être quittes avec moi en me donnant les entrées le dernier jour de ma vie? Mon ouvrage ne sauroit être à eux qu'ils ne m'en paient le prix en entier. Ils ne peuvent, me dira-t-on, me rendre le temps passé : pourquoi me l'ont-ils ôté? c'est leur faute; me le doivent-ils moins pour cela? C'étoit à eux, par la représentation de cette impossibilité, et par de bonnes manières, d'obtenir que je voulusse bien me relâcher en cela de mon droit, ou en accepter une compensation. Mais, bon! je vaux bien la peine qu'on daigne être juste avec moi! soit. Voyons donc enfin de mon côté à quel titre je suis obligé de leur faire grâce. Ma foi, puisqu'ils sont si rogues, si vains, si dédaigneux de toute justice, je demande, moi, la justice en toute rigueur; je veux tout le prix stipulé, ou que le marché soit nul. Que si l'on me refuse la justice qui m'est due, comment ce refus fait-il mon tort? et qui est-ce qui m'ôtera le droit de me plaindre? Qu'y a-t-il d'équitable, de raisonnable à répondre à cela? Ne devrois-je point peut-être un remerciement à ces messieurs, lorsqu'à regret, et en rechignant, ils veulent bien ne me voler qu'une partie de ce qui m'est dû?

De nos plaideurs manceaux les maximes m'étonnent;
Ce qu'ils ne prennent pas, ils disent qu'ils le donnent.

Passons aux raisons de convenance. Après m'avoir ôté les entrées tandis que j'étois à Paris, me les rendre quand je n'y suis plus, n'est-ce pas joindre la raillerie à l'insulte? ne savent-ils pas bien que je n'ai ni le moyen ni l'intention de profiter de leur offre? Eh! pourquoi diable irois-je si loin chercher leur Opéra? n'ai-je pas tout à ma porte les chouettes de la forêt de Montmorency?

Ils ne refusent pas, dit M. Duclos, de me rendre mes entrées. J'entends bien : ils me les rendront volontiers aujourd'hui pour avoir le plaisir de me les ôter demain, et de me faire ainsi un second affront. Puisque ces gens-là n'ont ni foi ni parole, qui est-ce qui me répondra d'eux et de leurs intentions? Ne me sera-t-il pas bien agréable de ne me jamais présenter à la porte que dans l'attente de me la voir fermer une seconde fois? Ils n'en auront plus, direz-vous, le prétexte. Eh!

pardonnez-moi, monsieur, ils l'auront toujours ; car, sitôt qu'il faudra trouver leur Opéra beau, qu'on me remène aux Carrières! Que n'ont-ils proposé cette admirable condition dans leur marché! jamais ils n'auroient massacré mon pauvre *Devin*. Quand ils voudront me chicaner, manqueront-ils de prétextes? avec des mensonges on n'en manque jamais. N'ont-ils pas dit que je faisois du bruit au spectacle, et que mon exclusion étoit une affaire de police?

Premièrement, ils mentent : j'en prends à témoin tout le parterre et l'amphithéâtre de ce temps-là. De ma vie je n'ai crié ni battu des mains aux bouffons; et je ne pouvois ni rire ni bâiller à l'Opéra françois, puisque je n'y restois jamais, et qu'aussitôt que j'entendois commencer la lugubre psalmodie, je me sauvois dans les corridors. S'ils avoient pu me prendre en faute au spectacle, ils se seroient bien gardés de m'en éloigner. Tout le monde a su avec quel soin j'étois consigné, recommandé aux sentinelles ; partout on n'attendoit qu'un mot, qu'un geste pour m'arrêter; et sitôt que j'allois au parterre, j'étois environné de mouches qui cherchoient à m'exciter. Imaginez-vous s'il fallut user de prudence pour ne donner aucune prise sur moi. Tous leurs efforts furent vains ; car il y a long-temps que je me suis dit : *Jean-Jacques, puisque tu prends le dangereux emploi de défenseur de la vérité, sois sans cesse attentif sur toi-même, soumis en tout aux lois et aux règles, afin que, quand on voudra te maltraiter, on ait toujours tort.* Plaise à Dieu que j'observe aussi bien ce précepte jusqu'à la fin de ma vie que je crois l'avoir observé jusqu'ici ! Aussi, mon bon ami, je parle ferme, et n'ai peur de rien. Je sens qu'il n'y a homme sur la terre qui puisse me faire du mal justement ; et quant à l'injustice, personne au monde n'en est à l'abri. Je suis le plus foible des êtres ; tout le monde peut me faire du mal impunément. J'éprouve qu'on le sait bien, et les insultes des directeurs de l'Opéra sont pour moi le coup de pied de l'âne. Rien de tout cela ne dépend de moi ; qu'y ferois-je ? Mais c'est mon affaire que quiconque me fera du mal fasse mal ; et voilà de quoi je réponds.

Premièrement donc, ils mentent ; et en second lieu, quand ils ne mentiroient pas, ils ont tort : car, quelque mal que j'eusse pu dire, écrire ou faire, il ne falloit point m'ôter les entrées, attendu que l'Opéra, n'en étant pas moins possesseur de mon ouvrage, n'en devoit pas moins payer le prix convenu. Que falloit-il donc faire ? m'arrêter, me traduire devant les tribunaux, me faire mon procès, me faire pendre, écarteler, brûler, jeter ma cendre au vent, si je l'avois mérité ; mais il ne falloit pas m'ôter les entrées. Aussi bien, comment, étant prisonnier ou pendu, serois-je allé faire du bruit à l'Opéra ? ils disent encore : Puisqu'il se déplaît à notre théâtre, quel mal lui a-t-on fait de lui en ôter l'entrée? Je réponds qu'on m'a fait tort, violence, injustice, affront; et c'est du mal que cela. De ce que mon voisin ne veut pas employer son argent, est-ce à dire que je sois en droit d'aller lui couper la bourse?

De quelque manière que je tourne la chose, quelque règle de justice que j'y puisse appliquer, je vois toujours qu'en jugement contradictoire, par-devant tous les tribunaux de la terre, les directeurs de l'Opéra seroient à l'instant condamnés à la restitution de ma pièce, à réparation, à dommages et intérêts. Mais il est clair que j'ai tort, parce que je ne puis obtenir justice; et qu'ils ont raison, parce qu'ils sont les plus forts. Je défie qui que ce soit au monde de pouvoir alléguer en leur faveur autre chose que cela.

Il faut à présent vous parler de mes libraires; et je commencerai par M. Pissot. J'ignore s'il a gagné ou perdu avec moi. Toutes les fois que je lui demandois si la vente alloit bien, il me répondoit, *passablement*, sans que jamais j'en aie pu tirer autre chose. Il ne m'a pas donné un sou de mon premier discours ni aucune espèce de présent, sinon quelques exemplaires pour mes amis. J'ai traité avec lui pour la gravure du *Devin du village*, sur le pied de cinq cents francs, moitié en livres, et moitié en argent, qu'il s'obligea de me payer en plusieurs fois, et en certains termes; il ne tint parole à aucun, et j'ai été obligé de courir long-temps après mes deux cent cinquante livres.

Par rapport à mon libraire de Hollande, je l'ai trouvé en toutes choses exact, attentif, honnête : je lui demandai vingt-cinq louis de mon *Discours sur l'Inégalité;* il me les donna sur-le-champ, et il envoya de plus une robe à ma gouvernante. Je lui ai demandé trente louis de ma *Lettre à M. d'Alembert,* et il me les donna sur-le-champ : il n'a fait, à cette occasion, aucun présent, ni à moi, ni à ma gouvernante¹; et il ne le devoit pas; mais il m'a fait un plaisir que je n'ai jamais reçu de M. Pissot, en me déclarant de bon cœur qu'il faisoit bien ses affaires avec moi. Voilà, mon ami, les faits dans leur exactitude. Si quelqu'un vous dit quelque chose de contraire à cela, il ne dit pas vrai.

Si ceux qui m'accusent de manquer de désintéressement entendent par-là que je ne me verrois pas ôter avec plaisir le peu que je gagne pour vivre, ils ont raison, et il est clair qu'il n'y a pour moi d'autre moyen de leur paroître désintéressé que de me laisser mourir de faim. S'ils entendent que toutes ressources me sont également bonnes, et que, pourvu que l'argent vienne, je m'embarrasse peu comment il vient, je crois qu'ils ont tort. Si

¹ Depuis lors il lui a fait une pension viagère de trois cents livres; et je me fais un sensible plaisir de rendre public un acte aussi rare de reconnoissance et de générosité.

j'étois plus facile sur les moyens d'acquérir, il me seroit moins douloureux de perdre, et l'on sait bien qu'il n'y a personne de si prodigue que les voleurs. Mais quand on me dépouille injustement de ce qui m'appartient, quand on m'ôte le modique produit de mon travail, on me fait un tort qu'il ne m'est pas aisé de réparer; il m'est bien dur de n'avoir pas même la liberté de m'en plaindre. Il y a long-temps que le public de Paris se fait un Jean-Jacques à sa mode, et lui prodigue d'une main libérale des dons dont le Jean-Jacques de Montmorency ne voit jamais rien. Infirme et malade les trois quarts de l'année, il faut que je trouve sur le travail de l'autre quart de quoi pourvoir à tout. Ceux qui ne gagnent leur pain que par des voies honnêtes connoissent le prix de ce pain, et ne seront pas surpris que je ne puisse faire du mien de grandes largesses.

Ne vous chargez point, croyez-moi, de me défendre des discours publics; vous auriez trop à faire : il suffit qu'ils ne vous abusent pas, et que votre estime et votre amitié me restent. J'ai à Paris et ailleurs des ennemis cachés qui n'oublieront point les maux qu'ils m'ont faits; car quelquefois l'offensé pardonne, mais l'offenseur ne pardonne jamais. Vous devez sentir combien la partie est inégale entre eux et moi. Répandus dans le monde, ils y font passer tout ce qu'il leur plaît, sans que je puisse ni le savoir ni m'en défendre : ne sait-on pas que l'absent a toujours tort? D'ailleurs, avec mon étourdie franchise, je commence par rompre ouvertement avec les gens qui m'ont trompé. En déclarant haut et clair que celui qui se dit mon ami ne l'est point, et que je ne suis plus le sien, j'avertis le public de se tenir en garde contre le mal que j'en pourrois dire. Pour eux, ils ne sont pas si maladroits que cela. C'est une si belle chose que le vernis des procédés et le ménagement de la bienséance! La haine en tire un si commode parti! On satisfait sa vengeance à son aise en faisant admirer sa générosité : on cache doucement le poignard sous le manteau de l'amitié, et l'on sait égorger en feignant de plaindre. Ce pauvre citoyen! dans le fond il n'est pas méchant; mais il a une mauvaise tête qui le conduit aussi mal que feroit un mauvais cœur. On lâche mystérieusement quelque mot obscur, qui bientôt est relevé, commenté, répandu par les apprentis philosophes ; on prépare dans d'obscurs conciliabules le poison qu'ils se chargent de répandre dans le public. Tel a la grandeur d'ame de dire mille biens de moi, après avoir pris ses mesures pour que personne n'en puisse rien croire. Tel me défend du mal dont on m'accuse, après avoir fait en sorte qu'on n'en puisse douter. Voilà ce qui s'appelle de l'habileté! Que voulez-vous que je fasse à cela? Entends-je de ma retraite les discours que l'on tient dans les cercles? Quand je les entendrois, irois-je, pour les démentir, révéler les secrets de l'amitié, même après qu'elle est éteinte? Non, cher Le Nieps : on peut repousser les coups portés par des mains ennemies; mais quand on voit parmi les assassins son ami, le poignard à la main, il ne reste qu'à s'envelopper la tête.

Voilà les éclaircissements que vous m'avez demandés ; je suis épouvanté de leur longueur ; mais je n'ai pu les faire en moins de paroles, et je m'y suis étendu pour n'y plus revenir.

Adieu, mon bon et digne ami : que de choses j'avois à vous dire! mais votre cœur vous parlera pour le mien. Je me sens l'ame émue, il faut quitter la plume.

LETTRE CLXXXVII.

A M. LE MARÉCHAL DE LUXEMBOURG.

Montmorency, le 30 avril 1759.

Monsieur,

Je n'ai oublié ni les grâces dont vous m'avez comblé, ni l'engagement auquel le respect et la reconnoissance ne m'ont pas permis de me refuser. Je n'ai perdu ni la volonté de tenir ma parole, ni le sentiment avec lequel il me convient d'accepter l'honneur que vous m'avez fait. Mais, monsieur le maréchal, cet engagement ne pouvoit être que conditionnel; et, dans l'extrême distance qu'il y a de vous à moi, ce seroit de ma part une témérité inexcusable d'oser habiter votre maison sans savoir si j'y serois vu de vous et de madame la maréchale avec la même bienveillance qui vous a porté à me l'offrir.

Vos bontés m'ont mis dans une perplexité qu'augmente le désir de n'en pas être indigne. Je conçois comment on rejette avec un respect froid et repoussant les avances des grands qu'on n'estime pas: mais comment, sans m'oublier, en userois-je avec vous, monsieur, que mon cœur honore, avec vous que je rechercherois si vous étiez mon égal? N'ayant jamais voulu vivre qu'avec mes amis, je n'ai qu'un langage, celui de l'amitié, de la familiarité. Je n'ignore pas combien de mon état au vôtre il faut modifier ce langage; je sais que mon respect pour votre personne ne me dispense pas de celui que je dois à votre rang: mais je sais mieux encore que la pauvreté qui s'avilit devient bientôt méprisable; je sais qu'elle a aussi sa dignité, que l'amour même de la vertu l'oblige de conserver. Je suis ainsi toujours dans le doute de manquer à vous ou à moi, d'être familier ou rampant; et ce danger même, qui me préoccupe, m'empêche de rien faire ou de rien dire à propos. Déjà, sans le vouloir, je puis avoir commis quelque faute, et cette crainte est bien raisonnable à un homme qui ne sait point comment on doit se conduire avec les grands, qui ne s'est point soucié de l'apprendre, et qui n'aura qu'une fois en sa vie regretté de ne le pas savoir.

Pardonnez-donc, monsieur le maréchal, la timidité qui me fait hésiter à me prévaloir d'une grâce à laquelle je devois si peu m'attendre, et dont je voudrois ne pas abuser. Je n'ai point, quant à moi, changé de résolution; mais je crains de vous avoir donné lieu de changer de sentiment sur mon compte. Si M. Chassot m'apprend, de votre part et de celle de madame la maréchale, que je suis toujours le bienvenu, vous verrez, par mon empressement à profiter de vos grâces, que ce n'est pas la crainte d'être ingrat qui m'a fait balancer.

Soit que j'habite votre maison et que je sois admis quelquefois auprès de vous, soit que je reste dans la distance qui me convient, les bontés dont vous m'avez honoré, et la manière dont j'ai tâché d'y répondre, ont mis désormais un intérêt commun entre nous. L'estime réciproque rapproche tous les états; quelque élevé que vous soyez, quelque obscur que je puisse être, la gloire de chacun des deux ne doit plus être indifférente à l'autre. Je me dirai tous les jours de ma vie : Souviens-toi que si M. le maréchal duc de Luxembourg t'honora de sa visite, et vint s'asseoir sur ta chaise de paille, au milieu de tes pots cassés, ce ne fut ni pour ton nom ni pour ta fortune, mais pour quelque réputation de probité que tu t'es acquise; ne le fais jamais rougir de l'honneur qu'il t'a fait. Daignez, monsieur le maréchal, vous dire aussi quelquefois : Il est dans le patrimoine de mes pères un solitaire qui s'intéresse à moi, qui s'attendrit au bruit de ma bénéficence, qui joint les bénédictions de son cœur à celles des malheureux que je soulage, et qui m'honore, non parce que je suis grand, mais parce que je suis bon.

Recevez, monsieur le maréchal, les humbles témoignages de ma reconnoissance et de mon profond respect.

LETTRE CLXXXVIII.

A MADAME LA MARÉCHALE DE LUXEMBOURG.

Au petit château de Montmorency, le 15 mai 1759.

Madame,

Toute ma lettre est déja dans sa date. Que cette date m'honore! que je l'écris de bon cœur! Je ne vous loue point, madame; je ne vous remercie point; mais j'habite votre maison. Chacun a son langage, j'ai tout dit dans le mien.

Daignez, madame la maréchale, agréer mon profond respect.

LETTRE CLXXXIX.

A M. LE CHEVALIER DE LORENZI.

Au petit château, le 21 mai 1759.

J'ai fort prudemment fait, monsieur, de supprimer avec vous les remerciements; vous m'auriez donné trop d'affaires. Tant de livres me sont venus de votre part, que je ne sais par lequel commencer. D'ailleurs le séjour enchanté que j'habite ne me laisse guère le courage de lire, pas même d'écrire, au moins pour le besoin. Dans les charmantes promenades dont je me vois environné, mes pieds me font perdre l'usage de mes mains, et le métier n'en va pas mieux. Si la campagne a besoin de pluie, j'en ai grand besoin aussi. Madame la maréchale m'a marqué qu'elle craignoit que je ne fusse pas bien. Elle a raison, l'on n'est jamais bien quand on n'est pas à sa place, et, dès qu'on en sort, on ne sait plus comment y rentrer. Toutefois je ne saurois me repentir de la faute que je puis avoir commise; et, dussé-je m'accoutumer à un bien-être pour lequel je n'étois pas fait, je ne voudrois pas, pour le repos de ma vie, avoir reçu d'une autre manière l'honneur et les grâces dont m'ont comblé monsieur et madame de Luxembourg. Je suis fâché qu'il y ait si loin d'eux à moi. Je ne fais ni ne veux faire ma cour à personne, pas même à eux. J'ai mes règles, mon ton, mes manières, dont je ne saurois changer; mais toute la sensibilité que les témoignages d'estime et de bienveillance peuvent exciter dans une ame honnête, ils la trouveront dans la mienne. Je vois qu'ils s'efforcent de me faire oublier leur rang : s'ils réussissent, je réponds qu'ils seront contents de moi.

Pour vous, monsieur, je ne vous dis rien; j'ai trop à vous dire. Il faut se voir. Ou venez, ou je vais vous chercher. Bonjour.

M. d'Alembert m'a envoyé son recueil, où j'ai vu ma réponse [1]. Je m'étois tenu à l'examen de la question, j'avois oublié l'adversaire. Il n'a pas fait de même; il a plus parlé de moi que je n'avois parlé de lui; il a donc tort..

---

[1] * A la lettre sur les spectacles.

LETTRE CXC.

A M. LE MARÉCHAL DE LUXEMBOURG.

Au petit château, le 27 mai 1759.

Monsieur,

Votre maison est charmante; le séjour en est délicieux. Il le seroit plus encore si la magnificence que j'y trouve et les attentions qui m'y suivent me laissoient un peu moins apercevoir que je ne suis pas chez moi. A cela près, il ne manque au plaisir avec lequel je l'habite que celui de vous en voir le témoin.

Vous savez, M. le maréchal, que les solitaires ont tous l'esprit romanesque. Je suis plein de cet esprit; je le sens et ne m'en afflige point. Pourquoi chercherois-je à guérir d'une si douce folie, puisqu'elle contribue à me rendre heureux? Gens du monde et de la cour, n'allez pas vous croire plus sages que moi : nous ne différons que par nos chimères.

Voici donc la mienne en cette occasion. Je pense que si nous sommes tous deux tels que j'aime à le croire, nous pouvons former un spectacle rare, et peut-être unique, dans un commerce d'estime et d'amitié (vous m'avez dicté ce mot) entre deux hommes d'états si divers, qu'ils ne sembloient pas faits pour avoir la moindre relation entre eux. Mais pour cela, monsieur, il faut rester tel que vous êtes, et me laisser tel que je suis. Ne veuillez point être mon patron; je vous promets, moi, de ne point être votre panégyriste; je vous promets de plus que nous aurons fait tous deux une très-belle chose, et que notre société, si j'ose employer ce mot, sera, pour l'un et pour l'autre, un sujet d'éloge préférable à tous ceux que l'adulation prodigue. Au contraire, si vous voulez me protéger, me faire des dons, obtenir pour moi des grâces, me tirer de mon état, et que j'acquiesce à vos bienfaits, vous n'aurez recherché qu'un faiseur de phrases, et vous ne serez plus qu'un grand à mes yeux. J'espère que ce n'est pas à cette opinion réciproque qu'aboutiront les bontés dont vous m'honorez.

Mais, monsieur, il faut vous avouer tout mon embarras. Je n'imagine point la possibilité de ne voir que vous et madame la maréchale, au milieu de la foule inséparable de votre rang, et dont vous êtes sans cesse environnés. C'est pourtant une condition dont j'aurois peine à me départir. Je ne veux ni complaire aux curieux, ni voir, pas même un moment, d'autres hommes que ceux qui me conviennent; et si j'avois cru faire pour vous une exception, je ne l'aurois jamais faite. Mon humeur qui ne souffre aucune gêne, mes incommodités qui ne la sauroient supporter, mes maximes sur lesquelles je ne veux point me contraindre, et qui sûrement offenseroient tout autre que vous, la paix surtout et le repos de ma vie, tout m'impose la douce loi de finir comme j'ai commencé. M. le maréchal, je souhaite de vous voir, de cultiver votre estime, d'apprendre de vous à la mériter; mais je ne puis vous sacrifier ma retraite. Faites que je puisse vous voir seul, et trouvez bon que je ne vous voie que de cette manière.

Je ne me pardonnerois jamais d'avoir ainsi capitulé avec vous avant d'accepter l'honneur de vos offres, et c'est encore un hommage que je crois devoir à votre générosité, de ne vous dire mes fantaisies qu'après m'être mis en votre pouvoir : car, en sentant quels devoirs j'allois contracter, j'en ai pris l'engagement sans crainte. Je n'ignore pas que mon séjour ici, qui n'est rien pour vous, est pour moi d'une extrême conséquence. Je sais que, quand je n'y aurois couché qu'une nuit, le public, la postérité peut-être, me demanderoient compte de cette seule nuit. Sans doute ils me le demanderont du reste de ma vie; je ne suis pas en peine de la réponse. Monsieur, ce n'est pas à moi de la faire. En vous nommant, il faut que je sois justifié, ou jamais je ne saurois l'être.

Je ne crois pas avoir besoin d'excuse pour le ton que je prends avec vous. Il me semble que vous devez m'entendre. M. le maréchal, je pourrois, il est vrai, vous parler en termes plus respectueux, mais non pas plus honorables.

LETTRE CXCI.

A MADAME LA MARÉCHALE DE LUXEMBOURG.

Au petit château, le 3 juin 1759.

Madame,

J'apprends que votre santé est parfaitement rétablie, et je compte au nombre de vos bienfaits de m'en réjouir et de vous le dire. Si chacun doit veiller sur la sienne à proportion de ceux qu'elle intéresse, songez quelquefois, je vous supplie, aux nouvelles raisons que vous avez de vous conserver. L'air de votre parc est si bon pour les malades, qu'il ne doit pas l'être moins pour les convalescents; et quant à moi, je m'en trouve trop bien pour ne pas vous le conseiller. Agréez, madame la maréchale, les assurances de mon profond respect.

LETTRE CXCII.

A M. VERNES.

Montmorency, le 14 juin 1759.

Je suis négligent, cher Vernes, vous le savez bien; mais vous savez aussi que je n'oublie pas mes amis. Jamais je ne m'avise de compter leurs lettres ni les miennes, et quelque exacts qu'ils puissent être, je pense à eux plus souvent qu'ils ne m'écrivent. En rien de ce monde je ne m'inquiète de mes torts apparents, pourvu que je n'en aie pas de véritables, et j'espère bien n'en avoir jamais à me reprocher avec vous. Quand M. Tronchin vous a dit que j'avois pris le parti de ne plus aller à Genève, il a, lui, pris la chose au pis. Il y a bien de la différence entre n'avoir pas pris, quant à présent, la résolution d'aller à Genève, ou avoir pris celle de n'y aller plus. J'ai si peu pris cette dernière, que si je savois y pouvoir être de la moindre utilité à quelqu'un, ou seulement y être vu avec plaisir de tout le monde, je partirois dès demain. Mais, mon bon ami, ne vous y trompez pas, tous les Génevois n'ont pas pour moi le cœur de mon ami Vernes; tout ami de la vérité trouvera des ennemis partout, et il m'est moins dur d'en trouver partout ailleurs que dans ma patrie. D'ailleurs, mes chers Génevois, on travaille à vous mettre tous sur un si bon ton, et l'on y réussit si bien, que je vous trouve trop avancés pour moi. Vous voilà tous si élégants, si brillants, si agréables; que feriez-vous de ma bizarre figure et de mes maximes gothiques? Que deviendrois-je au milieu de vous, à présent que vous avez un maître [1] en plaisanteries qui vous instruit si bien? Vous me trouveriez fort ridicule, et moi je vous trouverois fort jolis : nous aurions grand'peine à nous accorder ensemble. Je ne veux point vous répéter mes vieilles rabâcheries, ni aller chercher de l'humeur parmi vous. Il vaut mieux rester en des lieux où, si je vois des choses qui me déplaisent, l'intérêt que j'y prends n'est pas assez grand pour me tourmenter. Voilà, quant à présent, la disposition où je me trouve, et mes raisons pour n'en pas changer, tant que, ne convenant pas au pays où vous êtes, je ne serai pas dans ce pays-ci un hôte très-supportable, et jusqu'ici je n'y suis pas traité comme tel. Que s'il m'arrivoit jamais d'être obligé d'en sortir, j'espère que je ne rendrois pas si peu d'honneur à ma patrie que de la prendre pour un pis-aller.

Adieu, cher Vernes. Je n'ai pas oublié le temps où vous m'offrîtes de me venir voir, et où, quand je vous eus pris au mot, vous ne m'en parlâtes plus. Je n'ai rien dit quand vous êtes resté garçon;

---

[1] Voltaire.

et si, maintenant que vous voilà marié et que la chose est impossible, je vous en parle, c'est pour vous dire que je ne désespère point d'avoir le plaisir de vous embrasser, non pas à Montmorency, mais à Genève. Adieu, de tout mon cœur.

LETTRE CXCIII.

A M. CARTIER.

Montmorency, le 10 juillet 1759.

Je te remercie de tout mon cœur, mon bon patriote et de l'intérêt que tu veux bien prendre à ma santé, et des offres humaines et généreuses que cet intérêt t'engage à me faire pour la rétablir. Crois que, si la chose étoit faisable, j'accepterois ces offres avec autant et plus de plaisir de toi que de personne au monde; mais, mon cher, on t'a mal exposé l'état de la maladie; le mal est plus grave et moins mérité, et un vice de conformation, apporté dès ma naissance, achève de le rendre absolument incurable. Tout ce qu'il y aura donc de réel dans l'effet de tes offres, c'est la reconnoissance qu'elles m'inspirent, et le plaisir de connoître et d'estimer un de mes concitoyens de plus.

Quant à ton style, il est bon et honorable : pourquoi veux-tu t'excuser, puisqu'il est celui de l'amitié? Je ne peux mieux te montrer que je l'approuve qu'en m'efforçant de l'imiter, et il ne tient qu'à toi de voir que c'est de bon cœur. Ne serois-tu point par hasard un de nos frères les quakers? Si cela est, je m'en réjouis, car je les aime beaucoup; et à cela près que je ne tutoie pas tout le monde, je me crois plus quaker que toi. Cependant peut-être n'est-ce pas là ce que nous faisons de mieux l'un et l'autre; car c'est encore une autre folie que d'être sage parmi les fous. Quoi qu'il en soit, je suis très-content de toi et de ta lettre, excepté la fin, où tu te dis encore plus à moi qu'à toi; car tu mens, et ce n'est pas la peine de se mettre à tutoyer les gens pour leur dire aussi des mensonges. Adieu, cher patriote; je te salue et t'embrasse de tout mon cœur. Tu peux compter que je ne mens pas en cela.

LETTRE CXCIV.

A M. LE MARÉCHAL DE LUXEMBOURG.

Août 1759.

Assez d'autres vous feront des compliments. Je sais combien le roi vous est cher, et vous venez d'en recevoir un nouveau témoignage d'estime[1]. Je sais combien vous êtes bon père, et ce témoignage est une grâce pour votre fils. Vous voyez que mon cœur entend le vôtre, et qu'il sait quelle sorte de plaisir vous touche le plus; il le sait, il le sent, il s'en félicite. Ah! M. le maréchal, vous ne savez pas combien il m'est doux de voir que l'inégalité n'est pas incompatible avec l'amitié, et qu'on peut avoir plus grand que soi pour ami!

LETTRE CXCV.

A MADAME LA MARÉCHALE DE LUXEMBOURG.

Montmorency, le 31 août 1759.

Non, madame la maréchale, vous ne me faites point de présents, vous n'en faites qu'à ma gouvernante. Quel détour! Est-il digne de vous, et me méprisez-vous assez pour croire me donner ainsi le change? En vérité, madame, vous me faites bien souvenir de moi. J'allois tout oublier hormis mon devoir; et, comme si j'étois votre égal, mon cœur eût osé s'élever jusqu'à l'amitié : mais vous ne voulez que de la reconnoissance, il faut bien tâcher de vous obéir.

[1] * La survivance de sa charge de capitaine des gardes accordée au duc de Montmorency.

LETTRE CXCVI.

A LA MÊME.

Montmorency, le 29 octobre 1759.

Où êtes-vous à présent? madame la maréchale, à Paris? à l'Ile-Adam? à Versailles? car je sais que vous avez fait ce mois-ci tous ces voyages. Vous me trouverez curieux; mais puisque cette curiosité m'intéresse, elle est dans l'ordre. A Versailles, vous parlez de moi avec M. le maréchal : à l'Ile-Adam, vous en parlez avec le chevalier de Lorenzi; mais à Paris, avec qui en parlez-vous? Je m'imagine que c'est à Paris qu'on va oublier les gens qu'on aime, et, comme je le hais, je l'accuse de tous les maux que je crains. De grâce, madame la maréchale, songez quelquefois qu'il existe à Montmorency un pauvre ermite à qui vous avez rendu votre souvenir nécessaire, et qui ne va point à Paris. Mais, en vérité, je ne sais de quoi je m'inquiète; après les bontés dont vous m'avez honoré, dois-je craindre d'être oublié dans vos courses? et dans quelque lieu que vous puissiez être, n'en sais-je pas un duquel vous ne sortez point?

Vos copies ne sont pas encore commencées, mais elles vont l'être. En toutes choses, il faut suivre l'ordre et la justice. Quelqu'un, vous le savez, est en date avant vous; ce quelqu'un me presse, et il faut bien tenir ma parole, puisque vous ne voulez pas que je dise les raisons que j'aurois de la retirer. Je vais finir la cinquième partie, et, avant de commencer la sixième, je ferai en sorte de vous envoyer la première. Mais, madame la maréchale, quoique vous soyez sûrement une bonne pratique, je me fais quelque peine de prendre de votre argent : régulièrement ce seroit à moi de payer le plaisir que j'aurai de travailler pour vous.

Grondez un peu M. le maréchal, je vous supplie, de ce que, dans l'embarras où il est, il prend la peine de m'écrire lui-même. J'ai désiré d'avoir souvent de ses nouvelles et des vôtres, mais non pas que ce fût lui qui m'en donnât; ne sait-il pas que je n'ai plus besoin qu'il m'écrive? S'il m'écrit encore une fois de tout le quartier, je croirai lui avoir déplu. Pour vous, madame, il n'en est pas tout-à-fait de même. Je crois que j'ai encore besoin de quelques mots d'amitié; et puis, quand je serai sûr également de tous deux, vous pourrez ne jamais m'écrire ni l'un ni l'autre que je n'en serai pas moins content, pourvu que mademoiselle Gertrude ou M. Dubertier m'apprennent de temps en temps que vous vous portez bien.

LETTRE CXCVII.

A M. LE MARÉCHAL DE LUXEMBOURG.

Novembre 1759.

Quelle vie triste et pénible! que je pressens d'ici vos ennuis, et que je les partage! O M. le maréchal! quand viendrez-vous reprendre ici, dans la simplicité de nos promenades champêtres, le contentement, la gaieté, la sérénité d'esprit? Je me sais presque mauvais gré de la tranquillité dont je jouis ici sans vous; elle n'est plus parfaite quand vous ne la partagez pas.

Depuis ma dernière lettre, je n'ai point eu de rechute, et je suis aussi bien que je puis être pour la saison. Mais vous, monsieur, faites-moi dire un mot de vous, je vous supplie. Je voudrois bien aussi savoir où est M. le duc de Montmorency, et si vous ne l'attendez pas cet hiver.

LETTRE CXCVIII.

A M. DELEYRE.

Montmorency, le 10 novembre 1759.

Vous voilà donc, mon cher Deleyre, bien décidément fou; car il n'y a plus de doute sur votre dernière lettre : heureusement ce sont de ces folies qui ont leur terme, qui ne laissent après leur guérison qu'un peu de honte pour cicatrice, et que bien peu d'hommes ont droit de ne pas pardonner. Pour moi, vous jugez bien que je vous la pardonne de tout mon cœur ; je souhaite seulement qu'elle ne vous fasse pas faire de sottises.

Puisque vous aimez, vous n'aimez qu'un objet parfait ; cela est clair, et ce n'est assurément pas de quoi je dispute : mais il faut m'excuser d'avoir profané je ne dis pas l'idole, mais la divinité de votre cœur. Il faut d'abord vous dire que je crus qu'à votre départ tout étoit fini, et que vous ne vous souveniez plus de vos anciennes adorations que pour vous moquer de vous-même et de votre simplicité. Naturellement vous conviendrez que cette opinion n'étoit pas sans vraisemblance, et que des amours de Paris ne doivent guère durer plus long-temps que cela. J'avois donc pris le ton que j'imaginois que vous prendriez vous-même, ou que du moins vous écouteriez volontiers : mais non ; l'absence, le sort cruel, vous voilà toujours dans les sentiments héroïques. A présent que je le sais, je changerai de ton : assurément je n'ai pas dessein de vous offenser, et je conviens que celui qui laisse mal parler de ce qu'il aime, ou n'aime point, ou n'est qu'un lâche.

Mais quelle insulte affreuse lui ai-je donc faite, pour vous plonger dans le désespoir où vous semblez être? Ai-je outragé ses mœurs, sa vertu, son honnêteté? car c'est sur tout cela que vous vous épuisez en apologie; et, sans mentir, j'aimerois autant que vous ne vous fussiez pas tant gendarmé là-dessus, puisqu'il n'en étoit pas question : c'est, mon cher Deleyre, une maxime de guerre qu'il faut toujours attaquer les places du côté le mieux fortifié. Je l'ai traitée de commère, il est vrai; j'ai eu tort sans doute, et je l'aurois bien plus aujourd'hui, que je vous sais toujours sous le charme, si je confirmois une épithète aussi peu respectueuse. Mais mettez-vous un moment à ma place; je me disois, les commères sont importunes, babillardes, curieuses; pour contenter leur curiosité, peu leur importe de troubler le repos d'autrui. Je me disois qu'une personne discrète et modeste telle que vous m'aviez peint votre maîtresse, loin de vous exciter à me l'amener, vous en auroit détourné; elle vous auroit dit (me figurois-je): Pourquoi voulez-vous inquiéter ce pauvre solitaire? Laissons-le dans sa retraite, puisqu'il veut y rester ; je n'aime point à contenter mes fantaisies aux dépens d'autrui. Au lieu de cela, on vient, on se met au guet, on me poursuit; on s'embarrasse fort peu de me chasser de chez moi; on questionne ma gouvernante : pourquoi ceci? pourquoi cela? on s'amuse à me faire faire un fort sot personnage, et à vous-même un autre, ne vous déplaise, qui ne valoit guère mieux. Excusez, mon pauvre Deleyre, si, dans la grossièreté de ma nomenclature, j'ai osé appeler cela du commérage : pareille expression ne m'échappera plus. Mais permettez-moi de vous dire, pour la dernière fois, que, bien que foible autant qu'un autre, jamais femme ni fille à pareils procédés n'aura l'honneur de me rendre amoureux d'elle.

Quant à la femme dont vous me parlez, et qui s'est, dites-vous, vantée de dîner avec moi, j'espère qu'elle n'a pas tenu parole; et quant à moi, je n'en ai entendu parler que par vous, non plus que de votre maîtresse, dont je ne sais pas même le nom. Oh! pour celle-là, puisque vous ne la protégez pas, je vais me venger sur elle, et en faire une véritable commère; car, voyez-vous, il m'en faut une absolument, et je vois bien que vous m'abandonnez celle-ci, comme le chasseur jette à l'épervier un morceau de chair pour lui faire lâcher sa proie.

Enfin donc vous vous êtes choisi une maîtresse tendre et vertueuse! Cela n'est pas étonnant; toutes les maîtresses le sont. Vous vous l'êtes choisie à Paris! Trouver à Paris une maîtresse tendre et vertueuse, c'est n'être pas malheureux. Vous lui avez fait une promesse de mariage? Cher Deleyre, vous avez fait une sottise; car, si vous continuez d'aimer, la promesse est superflue; si vous cessez, elle est inutile, et vous peut donner de grands embarras. Mais peut-être cette promesse a-t-elle été payée comptant : en ce cas je n'ai plus rien à dire. Vous l'avez signée de votre sang? Cela est presque tragique; mais je ne sais si le choix de l'encre dont on écrit fait quelque chose à la foi de celui qui signe. Je vois bien que l'amour rend enfants les philosophes, tout aussi bien que nous autres. Cher Deleyre, sans être votre ami, j'ai de l'amitié pour vous, et je suis alarmé de l'état où vous êtes. Ah! de grâce, songez que l'amour n'est qu'illusion, qu'on ne voit rien tel qu'il est tant qu'on aime; et, s'il vous reste une étincelle de raison, ne faites rien sans l'avis de vos parents.

LETTRE CXCIX.

A MADAME LA MARÉCHALE DE LUXEMBOURG.

Montmorency, le 15 novembre 1759.

Vous ne me répondez point, madame la maréchale; votre silence m'effraie. Il faut que j'aie avec vous quelque tort que j'ignore, ou que j'aie eu trop raison, peut-être, de craindre d'être oublié. Daignez vous mettre à ma place, et soyez équitable. Comblé de tant de caresses, n'ai-je pas dû prévoir la fin de l'illusion qui m'en faisoit trouver digne? Mais où est ma faute? Qu'ai-je fait pour causer cette illusion? qu'ai-je fait pour la détruire? Elle devoit ne point commencer ou ne point finir... Quoi! si tôt... C'eût été toujours trop tôt. Si mes alarmes vous ont offensée, étoit-ce en les justifiant qu'il falloit m'en punir?

En vérité, madame la maréchale, j'ai le regret de ne savoir de quoi m'accuser; car, dans la distance qui nous sépare, il vaudroit mieux que le tort fût à moi qu'à vous. Craignant d'avoir commis quelque faute par ignorance, si vous étiez une moins grande dame, j'irois me jeter à vos pieds, et je n'épargnerois ni soumissions ni prières pour effacer vos mécontentements, bien ou mal fondés: mais, dans le rang où vous êtes, ne vous attendez pas que je fasse tout ce que mon cœur me demande; je dois bien plutôt me punir de l'avoir trop écouté. Si cette lettre reste encore sans réponse, je me dirai qu'il n'en faut plus espérer.

LETTRE CC.

A M. VERNES.

Montmorency, le 18 novembre 1759.

Je savois, mon cher Vernes, la bonne réception que vous aviez faite à l'abbé de Saint-Non, que vous l'aviez fêté, que vous l'aviez présenté à M. de Voltaire, en un mot que vous l'aviez reçu comme recommandé par un ami. Il est parti le cœur plein de vous, et sa reconnoissance a débordé dans le mien. Mais pourquoi vous dire cela? n'avez-vous pas eu le plaisir de m'obliger? ne me devez-vous pas aussi de la reconnoissance? n'est-ce pas à vous désormais de vous acquitter envers moi?

Il n'y a rien de moi sous la presse : ceux qui vous l'ont dit vous ont trompé. Quand j'aurai quelque écrit prêt à paroître, vous n'en serez pas instruit le dernier. J'ai traduit, tant bien que mal, un livre de Tacite, et j'en reste là. Je ne sais pas assez de latin pour l'entendre, et n'ai pas assez de talent pour le rendre. Je m'en tiens à cet essai; je ne sais même si j'aurai jamais l'effronterie de le faire paroître; j'aurois grand besoin de vous pour l'en rendre digne. Mais parlons de l'histoire de Genève. Vous savez mon sentiment sur cette entreprise; je n'en ai pas changé : tout ce qui me reste à vous dire, c'est que je souhaite que vous fassiez un ouvrage assez vrai, assez beau et assez utile pour qu'il soit impossible de l'imprimer; alors, quoi qu'il arrive, votre manuscrit deviendra un monument précieux qui fera bénir à jamais votre mémoire par tous les vrais citoyens, si tant est qu'il en reste après vous. Je crois que vous ne doutez pas de mon empressement à lire cet ouvrage; mais si vous trouvez quelque occasion pour me le faire parvenir, à la bonne heure; car, pour moi, dans ma retraite, je ne suis point à portée d'en trouver les occasions. Je sais qu'il va et vient beaucoup de gens de Genève à Paris, et de Paris à Genève; mais je connois peu tous ces voyageurs, et n'ai nul dessein d'en beaucoup connoître. J'aime encore mieux ne pas vous lire.

Vous me demandez de la musique : eh Dieu! cher Vernes, de quoi me parlez-vous? Je ne connois plus d'autre musique que celle des rossignols, et les chouettes de la forêt m'ont dédommagé de l'Opéra de Paris. Revenu au seul goût des plaisirs de la nature, je méprise l'apprêt des amusements des villes. Redevenu presque enfant, je m'attendris en rappelant les vieilles chansons de Genève; je les chante d'une voix éteinte, et je finis par pleurer sur ma patrie en songeant que je lui ai survécu. Adieu.

LETTRE CCI.

A M. DE BASTIDE.

Montmorency, le 5 décembre 1769.

J'aurois voulu, monsieur, pouvoir répondre à l'honnêteté de vos sollicitations, en concourant plus utilement à votre entreprise; mais vous savez ma résolution; et, faute de mieux, je suis ré-

duit, pour vous complaire, à tirer de mes anc
barbouillages le morceau ci-joint, comme le m
indigne des regards du public. Il y a six ans
M. le comte de Saint-Pierre m'ayant confié
manuscrits de feu M. l'abbé son oncle, j'a
commencé d'abréger ses écrits, afin de les ren
plus commodes à lire, et que ce qu'ils ont d'u
fût plus connu. Mon dessein étoit de publier
abrégé en deux volumes, l'un desquels eût c
tenu les extraits des ouvrages, et l'autre un
gement raisonné sur chaque projet : mais a
quelque essai de ce travail, je vis qu'il ne m'é
pas propre, et que je n'y réussirois point. J'ab
donnai donc ce dessein, après l'avoir seulem
exécuté sur la *Paix perpétuelle* et sur la *Po
synodie*. Je vous envoie, monsieur, le prem
de ces extraits, comme un sujet inaugural p
vous qui aimez la paix, et dont les écrits la r
pirent. Puissions-nous la voir bientôt rétablie er
les puissances ! car entre les auteurs on ne l'a
mais vue, et ce n'est pas aujourd'hui qu'on c
l'espérer. Je vous salue, monsieur, de tout m
cœur.

LETTRE CCII.

A M. LE MARÉCHAL DE LUXEMBOURG.

Montmorency, le 26 décembre 1759.

J'apprends, M. le maréchal, la perte que vous venez de faire [1], et ce moment est un de ceux où j'ai le plus de regret de n'être pas auprès de vous; car la joie se suffit à elle-même, mais la tristesse a besoin de s'épancher, et l'amitié est bien plus précieuse dans la peine que dans le plaisir. Que les mortels sont à plaindre de se faire entre eux des attachements durables! Ah! puisqu'il faut passer sa vie à pleurer ceux qui nous sont chers, à pleurer les uns morts, les autres peu dignes de vivre, que je la trouve peu regrettable à tous égards! Ceux qui s'en vont sont plus heureux que ceux qui restent; ils n'ont plus rien à pleurer. Ces réflexions sont communes : qu'importe? en sont-elles moins naturelles? Elles sont d'un homme plus propre à s'affliger avec ses amis qu'à les consoler, et qui sent aigrir ses propres peines en s'attendrissant sur les leurs.

[1] * De la duchesse de Villeroi, sa sœur.

LETTRE CCIII.

A MADAME LA MARÉCHALE DE LUXEMBOURG.

15 janvier 1760.

Je vous oublie donc, madame la maréchale? Si vous le pensiez vous ne daigneriez pas me le faire dire; et, si cela étoit, je ne vaudrois pas la peine que vous vous en aperçussiez. Taxez-moi de lenteur, mais non pas de négligence. L'exactitude dépend de moi, la diligence n'en dépend pas. Jugez-moi sur les faits. Vous savez que je fais pour madame d'Houdetot une copie pareille à la vôtre. Elle avoit grande envie d'avoir cette copie, et moi grande envie de lui faire plaisir. Cependant il y a trois ans que cette copie est commencée, et elle n'est pas finie: il n'y a pas encore deux mois que la vôtre est commencée, et vous aurez la première partie dans huit jours. En continuant de la même manière, vous aurez le tout en moins d'un an. Comparez, et concluez. Quand j'aurai eu le temps de vous expliquer comment je travaille et comment je puis travailler, vous jugerez vous-même s'il dépend de moi d'aller plus vite. En attendant, j'ai un peu sur le cœur le reproche que vous m'avez fait faire. Je ne crois pas que vous me jugeassiez sans m'entendre, et que vous me jugeassiez si sévèrement. Je n'oublierai de long-temps que vous m'accusez de vous oublier. Consultez un peu là-dessus M. le maréchal, je vous en supplie. Il y a un temps infini que je ne lui ai écrit. Demandez-lui s'il croit pour cela que je l'oublie. Madame, il faut être lent à donner son estime, afin de n'être pas si prompt à la retirer.

LETTRE CCIV.

A M. MOULTOU.

Montmorency, 29 janvier 1760.

Si j'ai des torts avec vous, monsieur, je n'ai pas celui de ne les pas sentir et de ne me les pas reprocher. Mon silence est bien plus contre moi que contre vous, car comment répondre à une lettre qui m'honore si fort et où je me reconnois si peu? Je laisserai de votre lettre ce qui ne me convient pas ; je ne vous rendrai point les éloges que vous me donnez; je suppose que vous n'aimeriez pas à les entendre, et je tâcherai de mériter dans la suite que vous en pensiez autant de moi.

Il y a un peu de la faute de M. Favre[1] si je vous réponds si tard. Il m'avoit promis de me revenir voir, et je m'étois promis, après avoir causé un

---

[1] *. Premier syndic de la république de Genève.

peu de temps avec lui, de lui remettre une lettre pour vous; je l'ai attendu, et il n'est point revenu. Je l'ai reçu avec simplicité, mais avec joie. Je n'imagine pas qu'une pareille réception puisse rebuter un Génevois et un ami de M. Moultou. Si cela pouvoit être, mon intention seroit bien mal remplie, et j'en serois véritablement affligé.

M. Favre avoit un extrait de votre sermon sur le luxe : il me l'a lu, et je l'ai prié de me le prêter pour le copier. M'entendez-vous, monsieur?

Au reste vous êtes le premier, que je sache, qui ait montré que la feinte charité du riche n'est en lui qu'un luxe de plus ; il nourrit les pauvres comme des chiens et des chevaux. Le mal est que les chiens et les chevaux servent à ses plaisirs, et qu'à la fin les pauvres l'ennuient; à la fin, c'est un air de les laisser périr, comme c'en fut un d'abord de les assister.

J'ai peur qu'en montrant l'incompatibilité du luxe et de l'égalité vous n'ayez fait le contraire de ce que vous vouliez : vous ne pouvez ignorer que les partisans du luxe sont tous ennemis de l'égalité. En leur montrant comment il la détruit, vous ne ferez que le leur faire aimer davantage. Il falloit faire voir, au contraire, que l'opinion tournée en faveur de la richesse et du luxe anéantit l'inégalité des rangs, et que tout crédit gagné par les riches est perdu pour les magistrats. Il me semble qu'il y auroit là-dessus un autre sermon bien plus utile à faire, plus profond, plus politique encore, et dans lequel, en faisant votre cour, vous diriez des vérités très-importantes et dont tout le monde seroit frappé.

Vous me parlez de ce Voltaire! Pourquoi le nom de ce baladin souille-t-il vos lettres? Le malheureux a perdu ma patrie; je le haïrois davantage si je le méprisois moins. Je ne vois dans ses grands talents qu'un opprobre de plus qui le déshonore par l'indigne usage qu'il en fait. Ses talents ne lui servent, ainsi que ses richesses, qu'à nourrir la dépravation de son cœur. O Génevois! il vous paie bien de l'asile que vous lui avez donné. Il ne savoit plus où aller faire du mal; vous serez ses dernières victimes. Je ne crois pas que beaucoup d'autres hommes sages soient tentés d'avoir un tel hôte après vous.

Ne nous faisons plus illusion, monsieur; je me suis trompé dans ma lettre à M. d'Alembert: je ne croyois pas nos progrès si grands, ni nos mœurs si avancées. Nos maux son désormais sans remède; il ne vous faut plus que des palliatifs, et la comédie en est un. Homme de bien, ne perdez pas votre ardente éloquence à nous prêcher l'égalité, vous ne seriez plus entendu. Nous ne sommes encore que des esclaves; apprenez-nous, s'il se peut, à n'être pas des méchants, *non ad vetera instituta, quæ jam pridem, corruptis moribus, ludibrio sunt, revocans*, mais en retardant le progrès du mal par des raisons d'intérêt, qui seules peuvent toucher des hommes corrompus. Adieu, monsieur, je vous embrasse.

P. S. J'allois faire partir ma lettre quand M. Favre est entré. J'ai été charmé de voir qu'il n'étoit pas mécontent de moi. J'ai passé avec lui une demi-journée agréable; nous avons parlé de vous. Il m'a dit que vous méditiez un second sermon sur la même matière; j'en suis fort aise. Bonjour.

LETTRE CCV.

A M. LE MARÉCHAL DE LUXEMBOURG.

Montmorency, le 2 février 1760.

Comptez-vous les mois, monsieur le maréchal? Pour moi, je compte les jours, et il me semble que je trouve cet hiver plus long que les autres. J'attends avec impatience le voyage de Pâques pour célébrer un anniversaire qui me sera toujours cher. J'ai donc oublié d'user du présent, puisque je désire l'avenir; et voilà de quoi vous êtes cause. La vie n'est plus égale quand le cœur a des besoins; alors le temps passe trop lentement ou trop vite; il n'a sa mesure fixe que pour le sage. Mais où est le sage? Que je le plains? il est égal, parce qu'il est insensible; ses heures ont toutes la même longueur; parce qu'il ne jouit d'aucune. Je ne voudrois pas, pour tout au monde, un ami dont la montre iroit toujours bien. M. le maréchal, vous avez fort dérangé la mienne; elle retarde tous les jours davantage, elle est prête à s'arrêter. Je voudrois aller la remonter près de vous, mais cela m'est impossible; mon état et la saison me condamnent à vous attendre.

LETTRE CCVI.

A M. VERNES.

SUR LA MORT DE SA FEMME.

Montmorency, le 9 février 1760.

Il y a une quinzaine de jours, mon cher Vernes, que j'ai appris par M. Favre votre infortune; il n'y en a guère moins que je suis tombé malade, et je ne suis pas rétabli. Je ne compare point mon état au vôtre; mes maux actuels ne sont que physiques; et moi, dont la vie n'est qu'une alternative des uns et des autres, je ne sais que trop que ce n'est pas les premiers qui transpercent le cœur le plus vivement. Le mien est fait pour partager vos douleurs, et non pour vous en consoler. Je sais trop bien, par expérience, que rien ne console que le temps, et que souvent ce n'est encore qu'une affliction de plus de songer que le temps nous consolera. Cher Vernes, on n'a pas tout perdu quand on pleure encore; le regret du bonheur passé en est un reste. Heureux qui porte encore au fond de son cœur ce qui lui fut cher! Oh! croyez-moi, vous ne connoissez pas la manière la plus cruelle de le perdre; c'est d'avoir à le pleurer vivant. Mon bon ami, vos peines me font songer aux miennes; c'est un retour naturel aux malheureux. D'autres pourront montrer à vos douleurs une sensibilité plus désintéressée; mais personne, j'en suis bien sûr, ne les partagera plus sincèrement.

LETTRE CCVII.

A MADAME LA COMTESSE D'HOUDETOT.

Montmorency, 1766.

Je suis sensible à l'intérêt que vous prenez à mon état. S'il pouvoit être soulagé, il le seroit par les témoignages de votre amitié. Je me dis tout ce qu'il faut me dire sur mes injustices : ce seront les dernières, et vous ne recevrez plus de moi des plaintes que vous n'avez jamais méritées. Je ne suis pas mieux, c'est tout ce que je puis vous dire. Je n'ai de consolation et de témoignage d'amitié que de vous seule, et c'est bien assez pour moi : mais il n'est pas étonnant que j'en désire de fréquents retours dans un temps où j'ignore si chaque lettre que je reçois de vous, et chaque lettre que je vous écris, ne *sera* pas la dernière. Adieu. Voilà la *Julie*: je travaille à la première partie, mais lentement, selon mes forces. Quoi qu'il arrive, souvenez-vous, je vous en conjure, que vous n'avez jamais eu et n'aurez jamais d'ami qui vous soit aussi sincèrement et aussi purement attaché que moi. Croyez encore qu'il n'y a pas un bon sentiment dans une ame humaine qui ne soit au fond de la mienne, et que je n'y nourrisse avec plaisir. Il me seroit doux, si j'avois à ne plus vous revoir, de vous laisser au moins une impression de moi qui vous fît quelquefois rappeler mon souvenir avec plaisir.

Ne donnez point la *Julie* à relier, je vous prie, jusqu'à nouvel avis, car je voudrois bien que, de quelque manière que ce soit, elle ne sortît point de vos mains.

Il faut que vous soyez non seulement mon amie, mais mon commissionnaire; car je n'ai plus de relation qu'avec vous. Je vous prie donc de vouloir bien vous faire informer à la poste s'il faut affranchir les lettres pour le canton de Berne. J'ai oublié de vous recommander le secret sur l'ouvrage commencé dont je vous ai parlé. Si vous en avez parlé à quelqu'un, il n'y a point de votre faute. Je vous prie de me le dire naturellement, mais de n'en plus reparler. Adieu, encore un coup. J'attends de vos nouvelles, c'est mon seul plaisir en ce monde.

LETTRE CCVIII.

A MADAME LA MARÉCHALE DE LUXEMBOURG.

Montmorency, 5 mars 1760.

Je vous sers lentement et mal, madame la maréchale : il ne faut pas me le reprocher, il faut m'en plaindre. Je n'aurai jamais de tort envers vous qui ne soit un tourment pour moi : c'est vous dire assez que mon tort est involontaire. Si je ne suis pas plus diligent à l'avenir, croyez que je n'aurai pas pu l'être. En vérité je suis la dupe de l'état que j'ai choisi. J'ai tout sacrifié à l'indépendance, et j'ai tous les tracas de la fortune : je supporterois patiemment tout le reste, mais je murmure contre les occupations désagréables qui m'arrachent au plaisir de travailler pour vous.

Je viens de recevoir, par un exprès que vous avez eu la bonté de m'envoyer, une lettre de mon libraire de Hollande, sans que je sache comment elle vous est parvenue. Je suppose que c'est par

M. de Malesherbes; mais j'aurois besoin d'en être sûr.

Vous savez que je ne vous remercie plus de rien, ni vous, madame, ni monsieur le maréchal. Vous méritez l'un et l'autre que je ne vous dise rien de plus, et que je vous laisse interpréter ce silence.

Les beaux jours approchent, mais ils viennent bien lentement. J'ai beau compter, ils n'en viennent pas plus vite; ils ne seront venus que quand vous serez ici. Je suis forcé de finir; j'ai vingt lettres indispensables à écrire, dont pas une ne m'intéresse; et, ce qui vous fera juger de mon sort mieux que tout ce que je pourrois dire, je n'en puis faire de courte que celle-ci.

LETTRE CCIX.

A LA MÊME.

Ce jeudi matin.

J'apprends les plus tristes nouvelles, ou plutôt elles se confirment, car madame de Verdelin m'avoit fait donner avis de la maladie de M. le duc de Montmorency; mais n'en sachant rien de personne de votre maison, je croyois la nouvelle fausse, et j'avois déjà envoyé chez votre jardinier une lettre où je parlois à M. le maréchal de ces bruits et de mon inquiétude, lettre que celle de M. Dubertier me fait retirer. Il me marque qu'on attend aujourd'hui des nouvelles décisives, et me promet de m'en faire part. Je vous supplie, madame la maréchale, de lui rappeler sa promesse, et de me faire instruire exactement de l'état des choses tant qu'il y aura le moindre danger. Je suis dans un trouble qui me permet à peine d'écrire : je ne vous dis rien de mon état; vous en pouvez juger, puisque vous ne me voyez pas.

LETTRE CCX.

A M. DE MALESHERBES.

Montmorency, le 6 mars 1760.

Comblé depuis long-temps, monsieur, de vos bontés, j'en profitois en silence, bien sûr que vous n'auriez pu m'en croire digne si vous m'y eussiez cru peu sensible, et bien plus sûr encore que vous aimiez mieux mériter des remerciements que d'en recevoir. Je n'ai donc point été surpris de la permission que vous avez donnée à M. Rey, mon libraire, de vous adresser les épreuves du fade recueil qu'enfin je fais imprimer; je suis même tout disposé à croire, et à m'en glorifier, que cette grâce est plus accordée à moi qu'à lui. Mais, monsieur, il n'a pu vous la demander, et je ne puis m'en prévaloir qu'en supposant qu'elle ne vous est pas onéreuse; et c'est sur quoi il ne m'a point éclairci. J'attendois cet éclaircissement d'une de ses lettres, dont il fait mention dans une autre, et qui ne m'est pas parvenue; ce qui me fait prendre la liberté de vous le demander à vous-même.

Je suis trop jaloux de votre estime pour ne pas souffrir à penser que ce long recueil passera tout entier sous vos yeux. Mon ridicule attachement pour ces lettres ne m'aveugle point sur le jugement que vous en porterez sans doute, et qui doit être confirmé par le public; je souhaiterois seulement que ce jugement se bornât au livre, et ne s'étendît pas jusqu'à l'éditeur. Je tâcherai, monsieur, de justifier cette indulgence par quelque production plus digne de l'approbation dont vous avez honoré les précédentes.

Les épreuves lues, refermées à mon adresse, et mises à la poste, me parviendront exactement. Si les paquets étoient fort gros, nous avons un messager qui va quatre fois la semaine à Paris, et dont l'entrepôt est à *l'hôtel de Grammont, rue Saint-Germain-l'Auxerrois*. Tous les paquets qu'on y porte à mon adresse me parviennent fidèlement aussi, et même quelquefois plus tôt que par la poste; parce que le messager retourne le même jour. Recevez, monsieur, avec mes très-humbles excuses, les assurances de ma reconnoissance et de mon profond respect.

LETTRE CCXI.

AU MÊME.

Montmorency, le 18 mai 1760.

M. Rey me marque, monsieur, qu'il a mis à la poste, le 8 de ce mois, un paquet contenant l'épreuve H et la bonne feuille D de la première partie du recueil qu'il imprime. Je n'ai point reçu ce paquet, et il ne m'est rien parvenu l'ordinaire précédent. Permettez-moi donc, monsieur, de vous demander si vous avez reçu ce même paquet : car, comme son retard suspend tout, il m'importeroit de savoir où il faut le réclamer. Le contreseing, votre cachet, votre nom, sont trop respectés pour que je puisse imaginer qu'un tel paquet se perde à la poste; et je connois trop vos attentions, votre exactitude, pour supposer qu'il vous soit resté. Mais, monsieur, est-il bien sûr que les envois ne passent point par quelque autre main, en sortant des vôtres, et que peut-être ces misérables feuilles n'ont pas quelque lecteur à votre insu? Il y a quinze jours que je reçus deux paquets consécutivement, l'un le lundi, l'autre le lendemain; et je conjecturai que vous n'aviez pas arrangé ainsi cet envoi. Si cela étoit, il seroit à croire qu'un paquet pût se perdre où les autres se retardent.

C'est à regret, monsieur, que je fais passer sous vos yeux ces minuties; mais j'y suis forcé par la chose même, et il est très-sûr que l'importunité que je vous cause me fait beaucoup plus de peine que mon propre embarras.

Agréez, monsieur, les assurances de mon profond respect.

LETTRE CCXII.

A M. DUCHESNE, LIBRAIRE,

En lui renvoyant la comédie des Philosophes.

21 mai 1760.

En parcourant, monsieur, la pièce que vous m'avez envoyée, j'ai frémi de m'y voir loué. Je n'accepte point cet horrible présent. Je suis persuadé qu'en me l'envoyant vous n'avez pas voulu me faire une injure; mais vous ignorez ou vous avez oublié que j'ai eu l'honneur d'être l'ami d'un homme respectable, indignement noirci et calomnié dans ce libelle.

LETTRE CCXIII.

A M. DE BASTIDE.

Le 16 juin 1760.

M. Duclos vous aura dit, monsieur, qu'il m'envoya la semaine dernière l'argent que vous lui aviez remis pour moi; et j'ai aussi reçu avant-hier le premier cahier de votre nouvel ouvrage périodique, dont je vous fais mes remerciements. Je l'ai lu avec plaisir; cependant je crains que le style n'en soit un peu trop soigné. S'il étoit un peu plus simple, ne pensez-vous pas qu'il seroit un peu plus clair? Une longue lecture me paraît difficile à soutenir sur le ton que vous avez pris. Je crains aussi que les petites lettres dont vous coupez les matières ne disent pas grand'chose. Deux ou trois sujets variés, mais suivis, feroient peut-être un tout plus agréable. Si je ne sais ce que je dis, comme il est probable, acte de mon zèle, et puis jetez mon papier au feu.

Quand vous ferez imprimer *la Paix perpétuelle*, vous voudrez bien, monsieur, ne pas oublier de m'envoyer les épreuves. J'approuve fort le changement de M. Duclos. Il est très-apparent que le public ne prendroit pas le mot de *secte* dans le sens que je l'avois écrit; au reste, ce sens peut être contre la bonne acception du mot, mais il n'est pas contre mes principes.

Il y a une note où je dis que dans vingt ans les Anglois auront perdu leur liberté : je crois qu'il faut mettre *le reste de leur liberté;* car il y en a d'assez sots pour croire qu'ils l'ont encore.

Quand vous me demandez de vous ouvrir mon portefeuille, voulez-vous, monsieur, insulter à ma misère? Non; mais vous oubliez que vous avez vu le fond du sac. Je vous salue de tout mon cœur.

LETTRE CCXIV,

A M. DE VOLTAIRE.

Montmorency, le 17 juin 1790.

Je ne pensois pas, monsieur, me retrouver jamais en correspondance avec vous. Mais apprenant que la lettre que je vous écrivis en 1756 a été imprimée à Berlin; je dois vous rendre compte de ma conduite à cet égard, et je remplirai ce devoir avec vérité et simplicité.

Cette lettre, vous ayant été réellement adressée, n'étoit point destinée à l'impression. Je la communiquai, sous condition, à trois personnes, à qui les droits de l'amitié ne me permettoient pas de rien refuser de semblable, et à qui les mêmes droits permettoient encore moins d'abuser de leur dépôt, en violant leur promesse. Ces trois personnes sont: madame de Chenonceaux, belle-fille de madame Dupin, madame la comtesse d'Houdetot, et un Allemand nommé M. Grimm. Madame de Chenonceaux souhaitoit que cette lettre fût imprimée, et me demanda mon consentement pour cela. Je lui dis qu'il dépendoit du vôtre. Il vous fut demandé; vous le refusâtes, et il n'en fut plus question.

Cependant M. l'abbé Trublet, avec qui je n'ai nulle espèce de liaison, vient de m'écrire, par une attention pleine d'honnêteté, qu'ayant reçu les feuilles d'un journal de M. Formey, il y avoit lu cette même lettre, avec un avis dans lequel l'éditeur dit, sous la date du 23 octobre 1759, *qu'il l'a trouvée il y a quelques semaines chez les libraires de Berlin, et que, comme c'est une de ces feuilles volantes qui disparoissent bientôt sans retour, il a cru lui devoir donner place dans son journal.*

Voilà, monsieur, tout ce que j'en sais. Il est très-sûr que, jusqu'ici, l'on n'avoit pas même ouï parler à Paris de cette lettre; il est très-sûr que l'exemplaire, soit manuscrit, soit imprimé, tombé dans les mains de M. Formey, n'a pu lui venir que de vous, ce qui n'est pas vraisemblable, ou d'une des trois personnes que je viens de nommer. Enfin, il est très-sûr que les deux dames sont incapables d'une pareille infidélité. Je n'en puis savoir davantage de ma retraite : vous avez des correspondances au moyen desquelles il vous seroit aisé, si la chose en valoit la peine, de remonter à la source, et de vérifier le fait.

Dans la même lettre, M. l'abbé Trublet me marque qu'il tient la feuille en réserve et ne la prêtera point sans mon consentement, qu'assurément je ne donnerai pas : mais cet exemplaire peut n'être pas le seul à Paris. Je souhaite, monsieur, que cette lettre n'y soit pas imprimée, et je ferai de mon mieux pour cela; mais si je ne pouvois éviter qu'elle le fût, et qu'instruit à temps je pusse avoir la préférence, alors je n'hésiterois pas à la faire imprimer moi-même. Cela me paroît juste et naturel.

Quant à votre réponse à la même lettre, elle n'a été communiquée à personne, et vous pouvez compter qu'elle ne sera point imprimée sans votre aveu, qu'assurément je n'aurai pas l'indiscrétion de vous demander, sachant bien que ce qu'un homme écrit à un autre il ne l'écrit pas au public; mais si vous en vouliez faire une pour être publiée et me l'adresser, je vous promets de la joindre fidèlement à ma lettre, et de n'y pas répliquer un seul mot.

Je ne vous aime point, monsieur; vous m'avez fait les maux qui pouvoient m'être les plus sensibles, à moi votre disciple et votre enthousiaste. Vous avez perdu Genève pour le prix de l'asile que vous y avez reçu : vous avez aliéné de moi mes concitoyens pour le prix des applaudissements que je vous ai prodigués parmi eux ; c'est vous qui me rendez le séjour de mon pays insupportable ; c'est vous qui me ferez mourir en terre étrangère, privé de toutes les consolations des mourants, et jeté pour tout honneur dans une voirie, tandis que tous les honneurs qu'un homme peut attendre vous accompagneront dans mon pays. Je vous hais enfin, puisque vous l'avez voulu ; mais je vous hais en homme encore plus digne de vous aimer, si vous l'aviez voulu. De tous les sentiments dont mon cœur étoit pénétré pour vous, il n'y reste que l'admiration qu'on ne peut refuser à votre beau génie, et l'amour de vos écrits. Si je ne puis honorer en vous que vos talents, ce n'est pas ma faute : je ne manquerai jamais au respect que je leur dois, ni aux procédés que ce respect exige. Adieu, monsieur.

¹ * Voyez les réponses aux questions faites par M. de Chauvel et datées de Vootton le 5 janvier 1767. Rousseau y parle de cette lettre de 1760 ; dit qu'il en retrouvera le brouillon ; le transcrit et l'envoie à M. de Chauvel, avec permission d'en faire l'usage qu'il voudra.

LETTRE CCXV.

A MADAME LA MARÉCHALE DE LUXEMBOURG.

Le 20 juin 1760.

Voici, madame, la troisième partie des Lettres. Je tâcherai que vous les ayez toutes au mois de juillet, et, puisque vous ne dédaignez pas de les faire relier, je me propose de donner à cette copie le seul mérite que puisse avoir un manuscrit de cette espèce, en y insérant une petite addition qui ne sera pas dans l'imprimé[1]. Vous voyez, madame la maréchale, que je ne vous rends pas le mal pour le mal, car je cherche à trouver quelque chose qui vous amuse, vous et M. le maréchal; au lieu que vous ne cessez de vous occuper ici, l'un et l'autre, à me rendre ma solitude ennuyeuse quand vous n'y êtes plus.

[1] * C'étoient les *Aventures de milord Édouard Bomston*, dont il remit le manuscrit à madame de Luxembourg.

LETTRE CCXVI.

A LA MÊME.

Ce lundi 20 juillet 1760.

Vous savez mes regrets, et vous me les pardonnez : je ne me les reproche donc plus, et l'intérêt que vous y prenez me console de ma folie. Mon pauvre Turc n'étoit qu'un chien, mais il m'aimoit; il étoit sensible, désintéressé, d'un bon naturel. Hélas! comme vous le dites, combien d'amis prétendus ne le valoient pas! Heureux même si je retrouvois ces avantages dans la recherche dont vous voulez bien vous occuper; mais, quel qu'en soit le succès, j'y verrai toujours les soins de l'a-amitié la plus précieuse qui jamais ait flatté mon cœur; et cela seul dédommage de tout. J'ai été plus malade ces temps derniers, j'ai eu des vomissements; mais je suis mieux, et il me reste plus de découragement et d'ennui que de mal. Je ne puis m'occuper à rien : les romans même finissent par m'ennuyer. J'ai voulu prendre Childéric; il y faut renoncer. C'en est fait, je ne redonnerai de ma vie un seul coup de plume; mes vains efforts ne feroient qu'exciter votre pitié. Il ne me reste qu'une occupation, qu'une consolation dans la vie, mais elle est douce; c'est de m'attendrir en pensant à vous.

LETTRE CCXVII.

A LA MÊME.

Le lundi 28 juillet 1760.

Votre lettre, madame la maréchale, m'a tiré de la peine où me tenoient mille bruits populaires, qui tous tendoient à m'alarmer. Il me paroîtra toujours bizarre que je me sois donné des attachements qui m'intéressent aux nouvelles publiques; mais, quoi qu'il arrive, ces nouvelles ne m'intéresseront jamais guère par elles-mêmes, et je me soucierai toujours fort peu du sort de la Normandie, quand M. le maréchal n'y sera pas. Tant qu'il y est, rien de ce qui s'y passe ne peut m'être indifférent [1]. Sa santé, sa sûreté, son repos, sa gloire, me rendent attentif à tout ce qui s'y rapporte. C'est un des inconvénients inévitables dans les attachements inégaux, qu'on n'évite

[1] * En 1756, le maréchal de Luxembourg, gouverneur de Normandie, s'étoit rendu, par ordre de Louis XV, à Rouen, pour faire rayer quelques arrêts du parlement de cette ville, qui contrarioient les volontés royales, et pour présider à l'enregistrement des lettres patentes portant cassation de ces arrêts. Ces missions étoient toujours désagréables. Il paroît que Rousseau craignoit que le maréchal n'en eût encore une de cette nature. (*Note de M. Musset Pathay.*)

l'ingratitude que par l'indiscrétion; et je n'ai pas peur d'être jamais tenté de délibérer sur cette alternative, lorsqu'il sera question de vous. Je n'ai offert ni de suivre M. le maréchal, ni de vous aller voir. Vous avez là-dessus très-bien dit à madame du Deffand que je ne me déplaçois pas ainsi. Vous avez bien raison; ce seroit beaucoup me déplacer que de me croire quelque chose en pareilles circonstances. En vous rappelant la lettre que je vous écrivis à l'occasion de Saint-Martin, je vous ai parlé pour toute ma vie, et je vous la rappelle pour la dernière fois. Si jamais l'attachement d'un homme qui n'a que du zèle pouvoit vous être de la moindre utilité, c'est à vous de vous en souvenir.

J'espère, madame, par ce que vous me marquez, que le voyage de M. le maréchal ne sera pas de longue durée, et que vous n'irez pas à Rouen. Puisque, dans le fort de vos inquiétudes, vous avez bien voulu penser à l'abbé Morellet, j'espère aussi que quand elles seront calmées, vous voudrez bien ne pas l'oublier, et que vous acheverez la bonne œuvre que vous avez si bien commencée. Si vous receviez quelque nouvelle favorable, je vous supplierois d'en faire immédiatement part à M. d'Alembert, afin que le pauvre abbé en fût instruit plus promptement. Deux heures de peine de plus ou de moins ne sont pas une petite affaire pour un prisonnier, et, à juger de son cœur par le mien, le sentiment de vos bienfaits lui doit être trop cher pour ne pas le lui donner le plus tôt qu'il est possible.

LETTRE CCXVIII.

A LA MÊME.

Ce mercredi 6 août.

Je suis chargé, madame, par l'abbé Morellet de vous témoigner sa reconnoissance, et pour les soins que vous avez bien voulu prendre en sa faveur, et pour la bonté avec laquelle vous l'avez reçu. Il m'a écrit de la campagne où il est, et il m'a marqué qu'après avoir eu l'honneur de vous voir, il n'étoit plus surpris que vous fussiez exceptée de mon renoncement au monde et à ses pompes ; ce sont ses termes : de sorte que, si l'on accuse encore ma conduite d'être en contradiction avec mes principes, j'aurai toujours une réponse assurée quand il vous plaira d'en faire les frais, très-sûr d'avoir autant réfuté de gens que vous aurez bien voulu recevoir de visites. M. d'Alembert me prie aussi d'être son interprète envers vous [1]. Mais moi,

---

[1] * L'abbé Morellet fait un tout autre récit dans ses mémoires. C'est d'Alembert qui le fit sortir, et c'est d'Alembert qui remercia, etc.

qui ai tant de choses à dire, qui sera le mien? mon silence.

Je n'entends point parler du retour de M. le maréchal; je vois bien qu'il faut renoncer à l'espoir de vous voir cet été. Voilà donc déjà l'hiver venu, et malheureusement le printemps n'en est pas plus rapproché de nous. Vos voyages en ce pays m'ont fait perdre la montre d'Émile; le temps ne coule plus également pour moi.

LETTRE CCXIX.

A M....

Montmorency, le 6 décembre 1760.

Il y a long-temps, monsieur, que je vous dois une réponse et un remerciement. Ce n'est ni par oubli ni par négligence que je ne me suis pas plus tôt acquitté de ce devoir. Mais vous souhaitiez que j'entrasse avec vous dans des discussions qui demandent plus de temps que mes occupations et la saison où nous sommes ne m'en ont laissé jusqu'ici. Il faut donc que vous me permettiez de renvoyer à un moment de loisir la réponse raisonnée que vous exigez de moi, et que vous vous contentiez, quant à présent, de mon remerciement très-humble à l'attention dont vous m'avez honoré.

Quoique je sois fort éloigné de faire cause commune avec les philosophes dont vous parlez, je ne suis pas en tout de votre avis ; mais, bien loin de trouver mauvais que vous ne soyez pas du mien, je ne puis qu'être sensible à la manière obligeante et honnête dont vous le combattez. Vous pensez trop bien ou trop mal de moi, monsieur ; vous me croyez philosophe, et je ne le suis pas ; vous me croyez entêté de mes sentiments, et je le suis encore moins. Je ne puis pas faire que je croie ce que je ne crois pas, et que je ne croie pas ce que je crois ; mais ce que je puis, c'est de n'être point fâché contre quiconque n'étant pas de mon sentiment, dit le sien sans détour et avec franchise.

Au surplus, je doute que personne au monde aime et respecte plus sincèrement la religion que moi ; ce qui n'empêche pas que je ne déteste et méprise ce que les hommes y ont ajouté de barbare, d'injuste et de pernicieux à la société. Je ne renonce pas au plaisir de discuter plus au long ce sujet avec vous. En attendant, trouvez bon, monsieur, qu'avec la simplicité dont j'use avec tout le monde, je vous assure de ma reconnoissance et de mon respect.

LETTRE CCXX.

A MADAME LA MARÉCHALE DE LUXEMBOURG.

Montmorency, le 6 octobre 1760.

Vous savez, madame, que je ne vous remercie plus de rien. Je me contenterois donc de vous parler de ma santé si elle n'étoit assez bonne pour n'en rien dire. Vous me faites tort de croire que je ne me soucie pas assez de me conserver. Vous et M. le maréchal m'avez rendu l'amour de la vie; elle me sera chère tant que vous y prendrez intérêt. M. le prince de Conti est venu ici avec madame de Boufflers, et je n'ignore pas à qui s'adressoit cette visite. Je ne suis point surpris que l'honneur de votre bienveillance m'en attire d'autres; mais, en voyant la considération qu'on me témoigne, je suis effrayé des dettes que je vous fais contracter. Les perdreaux que j'ai reçus me confirment que M. le maréchal se porte bien, et que vous ne m'oubliez ni l'un ni l'autre. Pour moi, je ne sais si je dois être bien aise ou fâché d'avoir si peu de mérite à penser continuellement à vous; mais je sais bien qu'il ne se passe pas une heure dans la journée où votre nom ne soit prononcé dans ma retraite avec attendrissement et respect.

Votre copie n'est pas encore achevée; vous ne

sauriez croire combien je suis détourné dans cette saison. Mais cependant, madame, vous aurez la sixième partie avant le 15, ou j'aurai manqué de parole à madame d'Houdetot, et je tâche de n'en manquer à personne.

LETTRE CCXXI.

A M. LE MARÉCHAL DE LUXEMBOURG.

Le 7 octobre 1760.

Si j'avois à me fâcher contre vous, M. le maréchal, ce seroit de la trop grande exactitude à répondre à laquelle vous m'avez accoutumé, et qui fait que je m'alarme aussitôt que vous en manquez. J'étois inquiet, et je n'avois que trop raison de l'être. Madame la maréchale étoit malade, et je n'en savois rien! La maladie de madame la princesse de Robeck vous tenoit en peine, et je n'en savois rien! Après cela, pensez-vous que je puisse être tranquille toutes les fois que vous tarderez à me répondre? Comment puis-je alors éviter de me dire que si tout alloit bien, vous auriez déjà répondu?

Madame la maréchale est quitte de sa fièvre: mais ce n'est pas assez; je voudrois bien apprendre aussi qu'elle est quitte de son rhume et n'a plus besoin de garder le lit. Sans écrire vous-même, faites-moi marquer, je vous prie, par quelqu'un de vos gens comment elle se trouve. Il faut bien que mon attachement vous coûte un peu de peine, quand il ne me laisse pas non plus sans souci.

La nouvelle perte dont vous êtes menacé, ou plutôt que vous avez déjà faite, vous affligera sans vous surprendre; vous n'avez que trop eu le temps de la pressentir et de vous y préparer. Après l'avoir pleurée vivante, vous devez voir avec quelque sorte de consolation le moment qui terminera ses langueurs. Vivre pour souffrir n'est pas un sort désirable; mais ce qui est désirable et rare est de porter jusqu'à la fin de ses peines la sécurité qui les adoucit; elle cessera de souffrir sans avoir eu l'effroi de cesser de vivre. Tandis qu'elle est dans cet état paisible, mais sans ressource, le meilleur souhait qui me reste à faire pour vous et pour elle est de vous savoir bientôt délivré du sentiment de ses maux.

LETTRE CCXXII.

A. M. DELALIVE.

Le 7 octobre 1760.

J'étois occupé, monsieur, au moment que je reçus votre présent[1], à un travail qui ne pouvoit se remettre, et qui m'empêcha de vous en remercier sur-le-champ. Je l'ai reçu avec le plaisir et la reconnoissance que me donnent tous les témoignages de votre souvenir.

Venez, monsieur, quand il vous plaira, voir ma retraite ornée de vos bienfaits; ce sera les augmenter, et les moments que vous aurez à perdre ne seront point perdus pour moi. Quant au scrupule de me distraire, n'en ayez point. Grâces au ciel, j'ai quitté la plume pour ne la plus reprendre; du moins l'unique emploi que j'en fais désormais craint peu les distractions. Que n'ai-je été toujours aussi sage! je serois aimé des bonnes gens, et ne serois point connu des autres. Rentré dans l'obscurité qui me convient, je la trouverai toujours honorable et douce, si je n'y suis point oublié de vous.

---

[1] * Le présent dont il est question étoit une collection de gravures.

LETTRE CCXXIII.

A MADAME DE BOUFFLERS.

Montmorency, le 7 octobre 1760.

Recevez mes justes plaintes, madame : j'ai reçu de la part de monsieur le prince de Conti un second présent de gibier, dont sûrement vous êtes complice, quoique vous sussiez qu'après avoir reçu le premier j'avois résolu de n'en plus accepter d'autre. Mais S. A. S. a fait ajouter dans la lettre que ce gibier avoit été tué de sa main; et j'ai cru ne pouvoir refuser ce second acte de respect à une attention si flatteuse. Deux fois je n'ai songé qu'à ce que je devois au prince; il sera juste, à la troisième, que je songe à ce que je me dois.

Je suis vivement touché des témoignages d'estime et de bonté dont m'a honoré S. A., et auxquels j'aurois le moins dû m'attendre. Je sais respecter le mérite jusque dans les princes, d'autant plus que, quand ils en ont, il faut qu'ils en aient plus que les autres hommes. Je n'ai rien vu de lui qui ne soit selon mon cœur, excepté son titre; encore sa personne m'attire-t-elle plus que son rang ne me repousse. Mais, madame, avec tout cela, je n'enfreindrai plus mes maximes, même pour lui. Je leur dois peut-être en partie l'honneur qu'il m'a fait ; c'est encore une raison qu'elles me soient toujours chères. Si je pensois comme un autre, eût-il daigné me venir voir? Hé bien ! j'aime mieux sa conversation que ses dons.

Ces dons ne sont que du gibier, j'en conviens; mais qu'importe? Ils n'en sont que d'un plus grand prix, et je n'y vois que mieux la contrainte dont on use pour me les faire accepter. Selon moi, rien de ce que l'on reçoit n'est sans conséquence. Quand on commence par accepter quelque chose, bientôt on ne refuse plus rien. Sitôt qu'on reçoit tout, bientôt on demande; et quiconque en vient à demander fait bientôt tout ce qu'il faut pour obtenir. La gradation me paroît inévitable. Or, madame, quoi qu'il arrive, je n'en veux pas venir là.

Il est vrai que M. le maréchal de Luxembourg m'envoie du gibier de sa chasse, et que je l'accepte.

Je suis bien heureux qu'il ne m'envoie rien de plus; car j'aurois honte de rien refuser de sa main. Mais je suis très-sûr qu'il m'aime trop pour abuser de ses droits sur mon cœur, et pour avilir toute la pureté de mon attachement pour lui. M. le maréchal de Luxembourg est avec moi dans un cas unique. Madame, je suis à lui; il peut disposer comme il lui plaît de son bien.

Voilà une bien grande lettre employée à ne vous parler que de moi : mais je crois que vous ne vous tromperez pas à ce langage; et si je vous fais mon apologie avec tant d'inquiétude, vous en verrez aisément la raison [1].

LETTRE CCXXIV.

A M. LE CHEVALIER DE LORENZI.

Montmorency, le 31 octobre 1760.

Je prévis bien, cher chevalier, que le mauvais temps vous empêcheroit de venir lundi dernier, comme vous me l'aviez marqué, et je fus plus fâché qu'alarmé de ne vous pas voir arriver. Je n'aurois même goûté qu'à demi le plaisir de passer une heure ou deux avec vous; car j'étois malade et insociable. Je suis rétabli, ou à peu près; mais je ne sais si l'hiver, qui s'avance en manteau fourré de neige, me laissera recouvrer le plaisir perdu aussitôt que la santé. Quoi qu'il en soit, que je vous revoie ou non, je pourrai passer des moments moins agréables; mais je n'en penserai pas

---

[1] * Sincère avec lui-même, Rousseau se fait de justes reproches à l'occasion de cette lettre. « Elle fut, dit-il, généralement blâmée et « méritoit de l'être. Refuser du gibier d'un prince qui met tant « d'honnêteté dans l'envoi est moins la délicatesse d'un homme « fier qui veut conserver son indépendance, que la rusticité d'un « mal appris qui se méconnoît. Je n'ai jamais songé à cette lettre « sans en rougir. »

moins à vous, et ne vous en aimerai pas moins. Je sens que je me suis attaché à vous sûrement plus que vous ne pensez et plus que je n'ai d'abord pensé moi-même. J'en juge par le plaisir sensible et vrai que j'éprouve quand je vous vois. Je ne suis pas recherchant, il est vrai; et mon cœur est usé pour l'amitié : je laisse venir ceux qui viennent, et s'en aller ceux qui s'en vont; mais j'aime encore à être aimé. Quand on me convient autant que vous, je ne demeure guère en reste; et si je ne suis pas le premier à mettre ma mise, je ne le suis pas non plus à la retirer.

Je vous remercierois davantage d'avoir fait ma commission avec tant d'exactitude, si vous ne l'aviez faite aussi avec une magnificence qui m'effraie. Je soupçonne, par cet essai, que vous n'êtes pas fort propre à être un commissionnaire de copiste. Dépêchez-vous bien vite de m'envoyer mon mémoire, afin que je sache à quoi m'en tenir, et que je m'arrange pour écorcher les pratiques de manière à me payer bientôt de toute cette profusion.

La *Julie* s'avance, et je commence à espérer que, si les glaces ne ferment pas les canaux de bonne heure, elle pourra paroître ici cet hiver. Vous avez pris tant d'intérêt aux sujets d'estampes, que vous apprendrez avec plaisir qu'ils seront exécutés; j'ai vu les premiers dessins; j'en suis très-content, et l'on en grave actuellement les planches. Ce n'est pas mon libraire qui a fait cette entreprise, c'est un M. Coindet, mon compatriote, homme de goût, qui aime les arts, et qui s'y connoît. Il a choisi d'excellents artistes, et l'ouvrage sera fait avec le plus grand soin : cela fera, ce me semble, un des plus agréables recueils d'estampes qu'on ait vu depuis long-temps; et je ne doute pas que s'il y avoit quelque succès à espérer pour le livre, elles n'y pussent contribuer beaucoup : le malheur est qu'elles se débiteront séparément. Adieu, cher chevalier. Je vous parle de mes affaires parce que je pense à moi premièrement : mais c'est à vous que j'en parle; voyez quelle conclusion vous devez tirer de là.

LETTRE CCXXV.

A M. ***.

Montmorency,........1760.

Le mot propre me vient rarement, et je ne le regrette guère en écrivant à des lecteurs aussi clairvoyants que vous. La préface[1] est imprimée, ainsi je n'y puis plus rien changer. Je l'ai déjà cousue à la première partie; je l'en détacherai pour vous l'envoyer, si vous voulez; mais elle ne con-

---

[1] * Celle de la *Nouvelle Héloïse*.

tient rien dont je ne vous aie déjà dit ou écrit la substance; et j'espère que vous ne tarderez pas à l'avoir avec le livre même, car il est en route. Malheureusement mes exemplaires ne viennent qu'avec ceux du libraire. J'espère pourtant faire en sorte que vous ayez le vôtre avant que le livre soit public.

Comme cette préface n'est que l'abrégé de celle dont je vous ai parlé, je persiste dans la pensée de donner celle-ci à part; mais j'y dis trop de bien et trop de mal du livre pour la donner d'avance; il faut lui laisser faire son effet, bon ou mauvais, de lui-même, et puis la donner après.

Quant aux aventures d'Édouard, il seroit trop tard, puisque le livre est imprimé : d'ailleurs, craignant de succomber à la tentation, j'en ai jeté les cahiers au feu, et il n'en reste qu'un court extrait que j'en ai fait pour madame la maréchale de Luxembourg, et qui est entre ses mains.

A l'égard de ce que vous me dites de Wolmar, et du danger qu'il peut faire courir à l'éditeur, cela ne m'effraie point; je suis sûr qu'on ne m'inquiétera jamais justement, et c'est une folie de vouloir se précautionner contre l'injustice. Il reste là-dessus d'importantes vérités à dire, et qui doivent être dites par un croyant. Je serai ce croyant-la; et si je n'ai pas le talent nécessaire, j'aurai du moins l'intrépidité. A Dieu ne plaise que je veuille ébranler cet arbre sacré que je respecte, et que je voudrois cimenter de mon sang; mais j'en voudrois bien ôter les branches qu'on y a greffées, et qui portent de si mauvais fruits.

Quoique je n'aie plus reçu de nouvelles de mon libraire depuis la dernière feuille, je crois son envoi en route, et j'estime qu'il arrivera à Paris vers Noël. Au reste, si vous n'êtes pas honteux d'aimer cet ouvrage, je ne vois pas pourquoi vous vous abstiendriez de dire que vous l'avez lu, puisque cela ne peut que favoriser le débit. Pour moi, j'ai gardé le secret que nous nous sommes promis mutuellement; mais si vous me permettez de le rompre, j'aurai grand soin de me vanter de votre approbation[1].

Un jeune Génevois, qui a du goût pour les beaux-arts, a entrepris de faire graver, pour ce livre, un recueil d'estampes dont je lui ai donné les sujets : comme elles ne peuvent être prêtes à temps pour paroître avec le livre, elles se débiteront à part.

---

[1] * On croit que cette lettre étoit écrite à Duclos.

LETTRE CCXXVI.

A M. LE CHEVALIER DE LORENZI.

Montmorency, le 3 novembre 1760.

Vous allez à Versailles, mon cher chevalier; j'en suis charmé, et je ne me croirai pas tout-à-fait absent des personnes que vous allez voir, tant que vous serez auprès d'elles. Je vous envierois de semblables voyages en pareille occasion, s'il ne falloit vous envier en même temps votre état, qui vous les rend convenables; et chacun doit être content du sien. Allez donc, cher chevalier; faites un bon voyage; parlez de moi, parlez pour moi. Vous connoissez mes sentiments, vous direz mieux que je ne dirois; un ami vaut mieux que soi-même en mille occasions, et surtout en celle-là. Ne manquez pas, à votre retour, de me donner amplement des nouvelles; il y a très-long-temps que je n'en ai aucune d'aucun côté; la voiture aux provisions est venue que j'étois malade, et je n'en ai rien su. J'ai envoyé, le 16 du mois dernier, un paquet à madame la maréchale; je n'ai aucun avis de la réception.

Vous ne me soupçonnez pas, je pense, d'être insensible au souvenir de madame de Boufflers; ou je me trompe fort, ou vous êtes bien sûr que je ne pécherai jamais envers elle par ce côté-là : mais quand vous voulez que je lui écrive, nous sommes loin de compte; j'ai bien de la peine à répondre à ceux qui m'écrivent, ce n'est pas pour écrire à ceux qui ne me répondent point. D'ailleurs je trouve bien mieux mon compte à penser à elle qu'à lui écrire; car en moi-même je lui dis tout ce qu'il me plaît; et, en lui écrivant, il ne faut lui dire que ce qui convient. Considérez encore que les devoirs et les soins changent selon les états. Vous autres gens du monde, qui ne savez que faire de votre temps, êtes trop heureux d'avoir des lettres à écrire pour vous amuser; mais quand un pauvre copiste a passé la journée à son travail, il ne s'en délasse point à écrire des lettres; il faut qu'il quitte la plume et le papier. En général, je suis convaincu qu'un homme sage ne doit jamais former de liaisons dans des conditions fort au-dessus de la sienne; car, quelque convenance d'humeur et de caractère, quelque sincérité d'attachement qu'il y trouve, il en résulte toujours dans sa manière de vivre une multitude d'inconvénients secrets qu'il sent tous les jours, qu'il ne peut dire à personne, et que personne ne peut deviner. Pour moi, à Dieu ne plaise que je veuille jamais rompre des attachements qui font le bonheur de ma vie, et qui me deviennent plus chers de jour en jour. Mais j'ai bien résolu d'en retrancher tout ce qui me rapproche d'une société générale pour laquelle je ne suis point fait. Je vivrai pour ceux qui m'aiment, et ne vivrai que pour eux. Je ne veux plus que les indifférents me volent un seul moment de ma vie; je sais bien à quoi l'employer sans eux.

L'explication que vous m'avez donnée au sujet du papier ne vous justifie pas tout-à-fait de la profusion dont je vous accuse : mais comme j'aurai peu d'argent à débourser, grâce à l'attention de M. le prince de Conti, je ne me plains pas beaucoup d'une dépense que je ne dois payer qu'en chansons. Afin donc de n'être pas chargé d'un dépôt, je prendrai le papier pour mon compte; au moyen de quoi je taxerai ma copie comme si j'avois fourni le papier, et nous déduirons sur le paiement trente-trois livres avancées par son altesse. Quant à vous, je consens à ne vous rembourser les neuf francs qu'à notre première entrevue; mais je voudrois bien ne pas les garder trop long-temps. Je dois vous dire encore que le grand papier destiné à la copie du manuscrit a été un peu limé par le dos dans la voiture; ce qui peut rendre la reliure plus difficile et moins solide : d'ailleurs la forme m'en paroît bien grande pour être employée dans toute sa grandeur. Ne conviendroit-il pas de le plier en deux pour lui donner un format in-4°, à peu près comme celui du manuscrit? De cette manière la limure ne seroit plus au dos, mais sur la tranche, et cela s'en iroit en le reliant. Vous pourrez là-dessus savoir à loisir les intentions du prince ; car j'ai commencé par la musique, et je ne prendrai le manuscrit que quand elle sera faite. Adieu, cher chevalier. Je ne vous dirai plus que je vous aime de tout mon cœur ; mais si jamais je cesse, *quod absit*, alors je vous le dirai.

P. S. Je connois un traité de l'éducation médicinale des enfants, et j'ai trouvé ce titre si bête, que je n'ai pas daigné lire l'ouvrage : mais que celui dont vous parlez soit celui-là ou un autre, s'il vous tomboit aisément sous la main, je ne serois pas fâché de le parcourir ; sinon, nous pouvons le laisser là. Adieu : le reste pour une autre fois.

« Scriptus et in tergo, necdum finitus, Orestes. »

LETTRE CCXXVII.

A M. DE MALESHERBES.

Montmorency, le 5 novembre 1760.

Je vois, monsieur, par la réponse dont vous m'avez honoré, que j'ai commis, sans le savoir, une indiscrétion pour laquelle je vous dois, avec mes humbles excuses, ma justification, autant qu'il est possible. Prenant donc la discussion dans laquelle vous voulez bien entrer avec moi comme une permission d'y entrer à mon tour, j'userai de cette liberté pour vous exposer les raisons de mon sentiment, que j'estimois être aussi le vôtre, sur l'affaire en question.

Je remarquerai d'abord qu'il y a sur le droit des gens beaucoup de maximes incontestées, lesquelles sont pourtant et seront toujours vaines et sans effet dans la pratique, parce qu'elles portent sur une égalité supposée entre les états comme entre les hommes; principe qui n'est vrai, pour les premiers, ni de leur grandeur, ni de leur forme; ni par conséquent du droit relatif des sujets, qui dérive de l'une et de l'autre. Le droit naturel est le même pour tous les hommes, qui tous ont reçu de la nature une mesure commune, et des bornes qu'ils ne peuvent passer; mais le droit des gens, tenant à des mesures d'institutions humaines et qui n'ont point de terme absolu, varie et doit varier de nation à nation. Les grands états en imposent aux petits et s'en font respecter; cependant ils ont besoin d'eux et plus besoin peut-être que les petits n'ont des grands. Il faut donc qu'ils leur cèdent quelque chose en équivalent de ce qu'ils en exigent. Les avantages pris en détail ne sont pas égaux; mais ils se compensent; et de là naît le vrai droit des gens, établi non dans les livres, mais entre les hommes. Les uns ont pour eux les honneurs, le rang, la puissance; les autres, le profit ignoble, et la petite utilité. Quand les grands états voudront avoir à eux seuls leurs avantages, et partager ceux des petits, ils voudront une chose impossible; et, quoi qu'ils fassent, il ne parviendront jamais à établir dans les petites choses cette parité qu'ils ne souffrent pas dans les grandes.

Les différences qui naissent de la nature du gouvernement ne modifient pas moins nécessairement les droits respectifs des sujets. La liberté de la presse, établie en Hollande, exige dans la police de la librairie des règlements différents de ceux qu'on lui donne en France, où cette liberté n'a ni ne peut avoir lieu. Si l'on vouloit, par des traités de puissance à puissance, établir une police uniforme et les mêmes règlements sur cette matière entre les deux états, ces traités seroient bientôt sans effet, ou l'un des deux gouvernements changeroit de forme, attendu que dans tout pays il n'y a jamais de lois observées que celles qui tiennent à la nature du gouvernement.

Le débit de la librairie est prodigieux en France, presque aussi grand que dans le reste de l'Europe entière. En Hollande il est presque nul. Au contraire, il s'imprime proportionnellement plus de livres en Hollande qu'en France. Ainsi l'on pourroit dire, à quelque égard, que la consommation est en France, et la fabrication en Hollande, quand même la France enverroit en Hollande plus de livres qu'elle n'en reçoit du même pays; parce que, où le François est consommateur, le Hollandois n'est que facteur : la France reçoit pour elle seule; la Hollande reçoit pour autrui. Tel est, entre les deux puissances, l'état relatif de cette partie du commerce; et cet état, forcé par les deux constitutions, reviendra toujours, malgré qu'on en ait. J'entends bien que le gouvernement de France voudroit que la fabrique fût où est la consommation; mais cela ne se peut, et c'est lui-même qui l'empêche par la rigueur de la censure. Il ne sauroit, quand il le voudroit, adoucir cette rigueur; car un gouvernement qui peut tout ne peut pas s'ôter à lui-même les chaînes qu'il est forcé de se donner pour continuer de tout pouvoir. Si les avantages de la puissance arbitraire sont grands, un pouvoir modéré a aussi les siens, qui ne sont pas moindres ; c'est de faire, sans inconvénient, tout ce qui est utile à la nation.

Suivant une des maximes du gouvernement de France, il y a beaucoup de choses qu'on ne doit pas permettre, et qu'il convient de tolérer : d'où il suit qu'on peut et qu'on doit souffrir l'entrée de tel livre dont on ne doit pas souffrir l'impression. Et en effet, sans cela, la France, réduite presque à sa seule littérature, feroit scission avec le corps de la république des lettres, retomberoit bientôt dans la barbarie, et perdroit même d'autres branches de commerce auxquelles celle-là sert de contre-poids. Mais quand un livre imprimé en Hollande parce qu'il n'a pu ni dû être imprimé en France y est pourtant réimprimé, le gouvernement pèche alors contre ses propres maximes, et se met en contradiction avec lui-même. J'ajoute que la parité dont il s'autorise est illusoire; et la conséquence qu'il en tire, quoique juste, n'est pas équitable; car, comme on imprime en France pour la France, et en Hollande encore pour la France, et comme on ne laisse pas entrer dans le royaume les éditions contrefaites sur celles du pays, la réimpression, faite en Hollande, d'un livre imprimé en France fait peu de tort au libraire françois; et la réimpression, faite en France, d'un livre imprimé en Hollande ruine le libraire hollandais. Si cette considération ne touche pas le gouvernement de France, elle touche le gouvernement de Hollande, et il saura bien la faire valoir, si jamais le premier lui propose de mettre la chose au pair.

Je sais trop bien, monsieur, à qui je parle pour entrer avec vous dans un détail de conséquences et d'applications. Le magistrat et l'homme d'état versé dans ces matières n'a pas besoin des éclaircissements qui seroient nécessaires à un homme privé. Mais voici une observation plus directe, et qui me rapproche du cas particulier. Lorsqu'un libraire hollandois commerce avec un libraire françois, comme ils disent, en échange, c'est-à-dire lorsqu'il reçoit le paiement de ses livres en livres, alors le profit est double et commun entre eux ; et, aux frais du transport près, l'effet est absolument le même que si les livres qu'ils s'envoient réciproquement étoient imprimés dans les lieux où ils se débitent. C'est ainsi que Rey a traité cidevant avec Pissot et avec Durand de ce qu'il a imprimé pour moi jusqu'ici. De plus, le libraire hollandois, qui craint la contrefaction, se met à couvert, et traite avec le libraire françois de manière que celui-ci se charge, à ses périls et risques, du débit des exemplaires qu'il reçoit, et dont le nombre est convenu entre eux. C'est encore ainsi que Rey a négocié pour la *Julie*. Il met son correspondant françois en son lieu et place ; et suivant, sans le savoir, le conseil que vous avez bien voulu me donner pour lui, il lui envoie à la fois la moitié de son édition. Par ce moyen, la contrefaction, si elle a lieu, ne nuira point au libraire d'Amsterdam, mais au libraire de Paris, qui lui est substitué. Ce sera un libraire françois qui en ruinera un autre ; ou ce seront deux libraires françois qui s'entre-ruineront mutuellement.

De tout ceci se déduisent seulement les raisons qui me portoient à croire que vous ne permettriez point qu'on réimprimât en France, contre le gré du premier éditeur, un livre imprimé d'abord en Hollande. Il me reste à vous exposer celles qui m'empêchent et de consentir à cette réimpression et d'en accepter aucun bénéfice, si elle se fait malgré moi. Vous dites, monsieur, que je ne dois point me croire lié par l'engagement que j'ai pris avec le libraire hollandois, parce que je n'ai pu lui céder que ce que j'avois, et que je n'avois pas le droit d'empêcher les libraires de Paris de copier ou contrefaire son édition. Mais équitablement je ne puis tirer de là qu'une conséquence à ma charge; car j'ai traité avec le libraire sur le pied de la valeur que je donnois à ce que je lui ai cédé. Or il se trouve qu'au lieu de lui vendre un droit que j'avois réellement, je lui ai vendu seulement un droit que je croyois avoir. Si donc ce droit se trouve moindre que je n'avois cru, il est clair que, loin de tirer du profit de mon erreur, je lui dois le dédommagement du préjudice qu'il en peut souffrir.

Si je recevois derechef d'un libraire de Paris le bénéfice que j'ai déjà reçu de celui d'Amsterdam, j'aurois vendu mon manuscrit deux fois; et comment aurois-je ce droit de l'aveu de celui avec qui j'ai traité, puisqu'il m'a disputé même le droit de faire une édition générale et unique de mes écrits, revus et augmentés de nouvelles pièces? Il est vrai que, n'ayant jamais pensé m'ôter ce droit en lui cédant mes manuscrits, je crois pouvoir en ceci passer par-dessus son opposition, dont il m'a fait le juge, et cela par le même principe qui m'empêche, monsieur, d'acquiescer en cette occasion à votre avis. Comme je me sens tenu à tout ce que j'ai ou énoncé ou entendu mettre dans mes marchés, je ne me crois tenu à rien au-delà.

Soit donc que vous jugiez à propos de permettre ou d'empêcher la contrefaction ou réimpression du livre dont il s'agit, je ne puis, en ma qualité d'éditeur, ni choisir un libraire françois pour cette réimpression, ni beaucoup moins en recevoir aucune sorte de bénéfice en repos de conscience. Mais un avantage qui m'est plus précieux, et dont je profite avec le contentement de moi-même, est de recevoir en cette occasion de nouveaux témoignages de vos bontés pour moi, et de pouvoir vous réitérer, monsieur, ceux de ma reconnoissance et de mon profond respect, etc.

P. S. Je vous demande pardon, monsieur, d'avoir troublé vos délassements par ma précédente lettre. J'attendrai pour faire partir celle-ci votre retour de la campagne. Je n'ai point non plus remis encore à M. Guérin mon petit manuscrit. Je trouve une lâcheté qui me répugne à vouloir excuser d'avance en public un livre frivole. Il vaut mieux laisser d'abord paroître et juger le livre; et puis je dirai mes raisons.

Rey me paroît fort en peine de n'avoir point reçu, monsieur, la permission qu'il vous a demandée. Je lui ai marqué qu'il ne devoit point être inquiet de ce retard; que le livre, par son espèce, ne pouvoit souffrir de difficulté, et que, sur toute matière suspecte, il étoit le plus circonspect de tous les écrits que j'avois publiés jusqu'ici. J'espère qu'il ne s'est rien trouvé dans les feuilles qui vous en ait fait penser autrement.

LETTRE CCXXVIII.

AU MÊME.

Novembre 1760.

Lorsque je reçus, monsieur, la première feuille que vous eûtes la bonté de m'envoyer, je n'imaginai point que vous vous fussiez fait le moindre scrupule d'ouvrir le paquet; et ni la lettre que je vous avois écrite, ni la réponse dont vous m'aviez honoré, ne me donnoient lieu de concevoir cette idée. Je jugeai simplement que, n'ayant pas eu le loisir ou la curiosité d'ouvrir cette feuille, vous n'aviez point pris la peine inutile d'ouvrir le paquet. Cependant, voyant que vous n'aviez pas moins eu l'intention d'y faire ajouter une enveloppe contresignée, je jugeai que celles de Rey étoient inutiles, et je lui écrivis d'envoyer désormais les feuilles sous une seule enveloppe à votre adresse, jugeant que vous connoîtriez suffisamment, au contenu, qu'il m'étoit destiné. En voyant le billet que vous avez fait joindre à la seconde feuille, je me suis félicité de ma précaution par une autre raison à laquelle je n'avois pas songé, et dont je prends la liberté de me plaindre. Si malgré nos conventions vous vous faites un scrupule d'ouvrir les paquets, comment puis-je, monsieur, ne m'en pas faire un de permettre qu'ils vous soient adressés? Quand Rey vous a demandé cette permission, nous avons songé, lui et moi, que, puisqu'il falloit toujours que le livre passât sous vos yeux comme magistrat, vous vous feriez un plaisir, comme ami et protecteur des lettres, d'en rendre l'envoi utile au libraire, et commode à l'éditeur. Si vous avez résolu de ne point lire l'ouvrage, peut-être en dois-je être charmé; mais si vous croyez devoir le parcourir avant d'en permettre l'entrée, je vous prie, monsieur, de donner la préférence aux envois qui me sont destinés, afin que je me reproche moins l'embarras que je vous cause, et que je vous en sois obligé de meilleur cœur. J'ai trouvé la première épreuve si fautive, que j'ai chargé Rey de renvoyer la bonne feuille, afin de voir s'il ne reste rien qui puisse exiger des cartons. En continuant ainsi, vous pourriez lire l'ouvrage moins désagréablement sur la feuille que sur l'épreuve; mais comme cela doubleroit la grosseur des paquets, et que la feuille ne presse pas comme l'épreuve, si vous ne vous souciez pas de la lire, je la ferai venir à loisir par d'autres occasions. C'est de quoi je jugerai par moi-même, s'il m'arrive encore des paquets fermés, ou que la feuille ne soit pas coupée. C'est un embarras très-importun que celui de tous ces envois et renvois de feuilles et d'épreuves. Je ne le sentis jamais mieux que depuis que vous daignez vous en charger; et il me seroit très-agréable de l'épargner dans la suite à vous et à moi. Je sais aussi, par ma propre expérience et par des témoignages plus récents, que je pourrois, en pareil cas, espérer de vous toute la faveur qu'un ami de la vérité peut attendre d'un magistrat éclairé et judicieux : mais, monsieur, je voudrois bien n'être pas gêné dans la liberté de dire ce que je pense, ni m'exposer à me repentir d'avoir dit ce que je pensois.

Soyez bien persuadé, monsieur, qu'on ne peut être plus reconnoissant de vos bontés, plus touché de votre estime que je le suis, ni vous honorer plus respectueusement que je le fais.

LETTRE CCXXIX.

AU MÊME.

Montmorency, le 17 novembre 1760.

Parfaitement sûr, monsieur, que le volume que vous avez eu la bonté de m'envoyer n'est pas pour moi, je prends la liberté de vous le renvoyer, jugeant qu'il fait partie de l'exemplaire que vous voulez bien agréer. M. Rey l'aura trouvé trop gros pour être envoyé tout à la fois ; et, avec son étourderie ordinaire, il aura manqué de s'expliquer en vous l'adressant. Comme il m'a envoyé les feuilles en détail, et que mes exemplaires viennent avec les siens, il n'est pas croyable qu'il eût l'indiscrétion d'en envoyer un par la poste sans que je le lui eusse commandé.

' Je n'ai jamais pensé ni désiré même que vous eussiez la patience de lire ce recueil tout entier ; mais je souhaite extrêmement que vous ayez, monsieur, celle de le parcourir assez pour juger de ce qu'il contient. Je n'ai point la témérité de porter mon jugement devant vous sur un livre que je publie ; j'en appelois au vôtre, supposant que vous l'aviez lu. En tout autre cas, je me rétracte, et vous supplie d'ordonner du livre comme si je n'en avois rien dit. Mes jeunes correspondants sont des protestants et des républicains. Il est très-simple qu'ils parlent selon les maximes qu'ils doivent avoir, et très-sûr qu'ils n'en parlent qu'en honnêtes gens ; mais cela ne suffit pas toujours. Au reste, je pense que tout ce qui peut être sujet à examen dans ce livre ne sera guère que dans les deux ou trois derniers volumes ; et j'avoue que je ne les crois pas indignes d'être lus. Ce sera toujours quelque chose que de vous avoir sauvé l'ennui des premiers.

Je n'ai rien à répliquer aux éclaircissements

qu'il vous a plu de me donner sur la question ci-devant agitée, au moins quant à la considération économique et politique. Il seroit également contre le respect et contre la bonne foi de disputer avec vous sur ce point. J'attends seulement et je désire de tout mon cœur l'occasion de recevoir de vous les lumières dont j'ai besoin pour débrouiller de vieilles idées qui me plaisent, mais dont au surplus je ne ferai jamais usage. Quant à ce qui me regarde, je pourrai être convaincu sans être persuadé ; et je sens que ma conscience argumente là-dessus mieux que ma raison. Je vous salue, monsieur, avec un profond respect.

LETTRE CCXXX.

A M. DUCLOS.

Ce mercredi 19 novembre 1760.

En vous envoyant la cinquième partie, je commence par vous dire ce qui me presse le plus ; c'est que je m'aperçois que nous avons plus de goûts communs que je n'avois cru, et que nous aurions dû nous aimer tout autrement que nous n'avons fait. Mais votre philosophie m'a fait peur ; ma misanthropie vous a donné le change. Nous avons eu des amis intermédiaires qui ne nous ont connus ni l'un ni l'autre, et nous ont empêchés de nous bien connoître. Je suis fort content de sentir enfin cette erreur, et je le serois bien plus si j'étois plus près de vous.

Je lis avec délices le bien que vous me dites de la *Julie*; mais vous ne m'avez point fait de critique dans le dernier billet; et puisque l'ouvrage est bon, plus de gens m'en diront le bien que le mal.

Je persiste, malgré votre sentiment, à croire cette lecture très-dangereuse aux filles. Je pense même que Richardson s'est lourdement trompé en voulant les instruire par des romans; c'est mettre le feu à la maison pour faire jouer les pompes.

A la quatrième partie vous trouverez que le style n'est pas *feuillet*[1] : tant mieux. Je trouve la même chose; mais celui qui l'a jugé tel n'avoit lu que la première partie; et j'ai peur qu'il n'eût raison aussi. Je crois la quatrième partie la meilleure de tout le recueil, et j'ai été tenté de supprimer les deux suivantes : mais peut-être compensent-elles l'agrément par l'utilité; et c'est dans cette opinion que je les ai laissées. Si Wolmar pouvoit ne pas déplaire aux dévots, et que sa femme plût aux philosophes, j'aurois peut-être publié le livre le plus salutaire qu'on pût lire dans ce temps-ci.

[1] * Expression familière à Diderot. Voyez les *Confessions*, livre IX. — On lit dans quelques éditions, *feuillus* au lieu de *feuillet*.

LETTRE CCXXXI.

A M. JACOB VERNET.

Montmorency, le 29 novembre 1760.

Si j'avois reçu, monsieur, quinze jours plus tôt la lettre dont vous m'avez honoré le 4 de ce mois, j'aurois pu faire mention assez heureusement de l'affaire dont vous avez la bonté de m'instruire ; et cela d'autant plus à propos que le livre dans lequel j'en aurois parlé n'étant point fait pour être vu de vous, j'aurois pu vous y rendre honneur plus à mon aise que dans les écrits qui doivent passer sous vos yeux. C'est une espèce de fade et plat roman dont je suis l'éditeur, et dont quiconque en aura le courage pourra me croire l'auteur s'il veut. J'ai semé par-ci par-là dans ce recueil de lettres quelques notes sur différents sujets, et celle sur le *préservatif* y seroit venue à merveille ; mais il est trop tard, et je n'aurois pu faire arriver cette addition en Hollande avant que le livre y fût achevé d'imprimer. La vie solitaire que je mène ici, surtout en hiver, ne me donne aucune ressource pour suppléer à cela dans la conversation ; et ce qu'il vient de monde à mon voisinage en été prend si peu de part aux affaires littéraires, que je n'espère pas être à portée de transmettre sur celle-ci la juste indignation dont j'ai été saisi à la lecture de votre lettre. Je n'en négligerai point l'occasion si je la trouve. En attendant, je me réjouis de tout mon cœur que l'évidence de votre justification ait confondu la calomnie, et fait retomber sur ses auteurs l'opprobre dont ils voudroient couvrir tous les défenseurs de la foi, des mœurs et de la vertu.

Ainsi donc la satire, le noir mensonge et les libelles sont devenus les armes des philosophes et de leurs partisans! Ainsi paie M. de Voltaire l'hospitalité dont, par une funeste indulgence, Genève use envers lui! Ce fanfaron d'impiété, ce beau génie et cette ame basse, cet homme si grand par ses talents et si vil par leur usage, nous laissera de longs et cruels souvenirs de son séjour parmi nous. La ruine des mœurs, la perte de la liberté, qui en est la suite inévitable, seront chez nos neveux les monuments de sa gloire et de sa reconnoissance. S'il reste dans leur cœur quelque amour pour la patrie, ils détesteront sa mémoire, et il en sera plus souvent maudit qu'admiré.

Ce n'est pas, monsieur, que j'aie aussi mauvaise opinion de l'état actuel de notre ville que vous paroissez le croire. Je sais qu'il y reste beaucoup de vrais citoyens qui ont du sens et de la vertu, qui respectent les lois, les magistrats, qui aiment les mœurs et la liberté. Mais ceux-là diminuent tous les jours; les autres augmentent, *mox datu-*

ros progeniem vitiosiorem. La pente donnée, rien ne peut désormais arrêter le progrès du mal : la génération présente l'a commencé ; celle qui vient l'achèvera ; la jeunesse qui s'élève tarira bientôt les restes du sang patriotique qui circule encore parmi nous ; chaque citoyen qui meurt est remplacé par quelque agréable. Le ridicule, ce poison du bon sens et de l'honnêteté, la satire, ennemie de la paix publique, la mollesse, le faste arrogant, le luxe, ne nous forment dans l'avenir qu'un peuple de petits plaisants, de bouffons, de baladins, de philosophes de ruelle, et de beaux esprits de comptoir, qui, de la considération qu'avoient ci-devant nos gens de lettres, les éléveront à la gloire des académies de Marseille ou d'Angers ; qui trouveront bien plus beau d'être courtisans que libres, comédiens que citoyens, et qui n'auroient jamais voulu sortir de leur lit à l'escalade, moins par lâcheté que par crainte de s'enrhumer. Je vous avoue, monsieur, que tout cela n'est guère attrayant pour un homme qui a encore la simplicité, peut-être la folie de se passionner pour sa patrie, et auquel il ne reste d'autre ressource que de détourner les yeux des maux qu'il ne peut guérir.

J'aime le repos, la paix ; la haine du tracas et des soins fait toute ma modération, et un tempérament paresseux m'a jusqu'ici tenu lieu de vertu. Moins enivré que suffoqué de je ne sais quelle petite fumée, j'en ai senti cruellement l'amertume sans en pouvoir contracter le goût; et j'aspire au retour de cette heureuse obscurité qui permet de jouir de soi. Voyant les gens de lettres s'entre-déchirer comme des loups, et sentant tout-à-fait éteints les restes de chaleur qui, à près de quarante ans, m'avoient mis la plume à la main, je l'ai posée avant cinquante pour ne la plus reprendre[1]. Il me reste à publier une espèce de traité d'éducation, plein de mes rêveries accoutumées, et dernier fruit de mes promenades champêtres; après quoi, loin du public et livré tout entier à mes amis et moi, j'attendrai paisiblement la fin d'une carrière déjà trop longue pour mes ennuis, et dont il est indifférent pour tout le monde et pour moi en quels lieux les restes s'achèvent.

Je suis charmé du voyage chez les montagnons; cela montre quelque souvenir de leur panégyriste chez des personnes qu'il aime et qu'il respecte : il se réjouit de n'avoir pas été trouvé menteur[2]. Le

[1] Les deux écrits que j'ai publiés depuis *Émile* ont tous deux été faits par force : l'un pour la défense de mon honneur, l'autre pour l'acquit de mon devoir. (*Note de Rousseau, qui se trouve dans l'édition donnée par du Peyrou en 1790, et qui a été omise dans presque toutes les éditions postérieures.*)

[2] *Dans l'édition de du Peyrou, cette phrase est autrement conçue. « Je suis charmé... Cela montre que mon témoignage a quelque « autorité près des personnes pour qui j'ai tant de respect, et je me « réjouis pour elles, pour moi, et surtout pour les montagnons, « de n'avoir pas été menteur. Je ne suis point étonné que le luxe « ait fait.....»

luxe a fait du progrès parmi ces bonnes gens. C'est la pente générale, c'est le gouffre où tout périt tôt ou tard. Mais ce progrès s'accélère quelquefois par des causes particulières, et voilà ce qui avance notre perte de deux cents ans. Je ne puis vous quitter, monsieur, comme vous voyez, à moins que le papier ne m'y force. Tirez de cela, je vous prie, la conclusion naturelle, et recevez les assurances de mon profond respect.

LETTRE CCXXXII.

A MADAME LA MARÉCHALE DE LUXEMBOURG.

Montmorency, le 12 décembre 1760.

Il y a mille ans, madame, que je n'ai écrit à vous ni à M. le maréchal. Mille riens m'occupent journellement, et jusqu'à prendre sur ma santé, sans qu'il me soit possible, comme que je fasse, de me délivrer de cet importun tracas. Mais une autre raison bien plus agréable de mon silence est la confiance de pouvoir le garder sans risque. Si j'avois peur d'être oublié, les tracas auroient beau venir, je trouverois bien le moment d'écrire.

Il se présente pulsieurs occasions de disposer de mon *Traité de l'Éducation*, et même avec avantage. Je respecte trop l'engagement que vous m'avez fait prendre pour traiter de rien sans votre consentement. Je vous le demande, madame, parce que la diligence m'importe beaucoup dans cette affaire, et que j'y mettrai un nouveau zèle pour mon intérêt et pour celui que vous voulez bien y prendre. D'ailleurs vous serez instruite des conditions, et rien ne sera conclu que sous votre bon plaisir. Mon libraire doit arriver dans peu de jours à Paris : si, comme je le désire, il a la préférence, permettez-vous qu'il aille vous porter notre accord et vous en demander la ratification?

J'ai appris la perte qu'a faite madame la duchesse de Montmorency trop tard pour lui en écrire ; car, quoique le chevalier de Lorenzi m'ait marqué qu'elle étoit fort affligée, j'ai jugé qu'en pareil cas une grande affliction étoit trop peu fondée pour être durable, surtout quand on en est si bien consolé par ce qui nous reste, et même par ce qu'on a droit d'espérer.

Je vois s'avancer avec bien de l'impatience le moment qui vous rapprochera d'un pas de Montmorency, en attendant celui qui doit vous y ramener. J'aspire tous les matins à l'heure que je passe à causer avec M. le maréchal près de votre lit ; et, tant que mon cœur sera sur ma langue, je n'ai pas peur que mon babil tarisse auprès de vous ; mais pour vos soupers, je n'aspire point à l'honneur d'en être, à moins que vous n'ayez la charité de m'y recevoir gratis ; car je me sens moins en état que jamais d'y payer mon écot, et, qui pis est, fort peu affligé de cette misère.

Je dois vous dire que j'ai fait lire la *Julie* à l'auteur[1] des *Confessions*; et ce qui m'a confondu est qu'il en a été enchanté : il a plus fait, il a eu l'intrépidité de le dire en pleine Académie et dans des lieux tout aussi secrets que cela. Ce n'est pas son courage qui m'étonne : mais concevez-vous M. Duclos, aimant cette longue traînerie de paroles emmiellées et de fade galimatias? Pour moi, je ne serois pas trop fâché que le livre se trouvât détestable, après que vous l'auriez jugé bon; car, comme on ne vous accuse pas d'avoir un goût qui se trompe, je saurois bien tirer parti de cet erreur.

Avant de parler de payer les copies, il faut, madame, que vous ayez la bonté de me renvoyer la cinquième partie pour la corriger; après cela vous me donnerez beaucoup d'empressement pour être payé, si vous me promettez mon salaire la première fois que j'aurai l'honneur de vous voir.

[1] * Duclos, auteur d'un roman intitulé *les Confessions du comte de* ***.

LETTRE CCXXXIII.

A M. GUÉRIN, LIBRAIRE.

Montmorency, le 21 décembre 1760.

Si j'avois pu sortir, monsieur, tous ces temps-ci, je vous aurois sûrement prévenu dans la visite que vous vouliez faire; j'aurois été vous remercier, vous embrasser, vous faire mes adieux jusqu'à l'année prochaine. Mais il y a six semaines que je suis réduit à garder la chambre, et cela même augmente mes incommodités par la privation de tout exercice; mais c'est une folie d'enfant de regimber contre la nécessité.

Je me rapporte à ce que je vous ai déjà marqué sur les projets que les bontés de M. le président de Malesherbes et votre amitié pour moi vous font faire en ma faveur. Il m'est impossible d'empêcher la réimpression du roman, lorsque M. de Malesherbes y donne son consentement. Mais je n'y saurois accéder à moins que Rey n'y consente aussi. Son consentement supposé, alors c'est autre chose, et je donnerai volontiers pour cette seconde édition les corrections dont la première a grand besoin. A l'égard des planches et dessins, je vous enverrai M. Coindet, mon compatriote, jeune homme de mérite, à qui je voudrois bien que son entreprise ne fût pas onéreuse ; et elle le seroit sûrement s'il ne pouvoit vendre sa collection que trois livres, sans compter que les soins infinis qu'il se donne pour la perfection de l'exécution méritent bien qu'il n'ait pas perdu son temps. Je lui marquerai de vous aller voir. Quant à la préface en dialogue, aussitôt que l'ouvrage aura paru, je vous la ferai tenir avec le morceau que nous avons conclu d'y joindre, pour en disposer comme il vous plaira.

Comme je ne veux faire qu'une seule édition de la collection de mes écrits, je souhaite qu'elle soit complète, et pour cela il faut qu'elle contienne ce qui me reste en manuscrit. Entre autres mon *Traité de l'Éducation* doit, ce me semble, être donné à part. Or, je n'imagine pas qu'il puisse être imprimé dans le royaume, au moins pour la première fois, sans une mutilation à laquelle je ne consentirai jamais, attendu que ce qu'il faudroit ôter est précisément ce que le livre a de plus utile. Je ne vois d'autre remède à cet inconvénient que de faire imprimer d'abord le livre en pays étranger ; après quoi, quand il aura fait son premier effet, je ne crois pas que la réimpression en France souffre les mêmes difficultés. Quant au choix du libraire et aux conditions du traité, je ne demande pas mieux que de m'en remettre aux personnes qui veulent bien s'intéresser à moi. Cette difficulté levée, je n'en vois nulle autre de ma part qui puisse empêcher l'exécution de votre obligeant projet. Je doute même que le sieur Pissot poussât l'impudence jusqu'à réclamer quelques droits sur les écrits que j'ai eu la bêtise de lui laisser imprimer. Au reste, je ne m'oppose pas à ce qu'il entre dans la société projetée, pourvu que, quant à moi, je n'aie rien à démêler avec lui, ni en bien ni en mal, ni de près ni de loin.

Lorsqu'il sera question de faire cette collection, je vous enverrai ou je vous porterai, si vous êtes à Saint-Brice, la note des pièces qui doivent y entrer, afin que vous puissiez vous décider sur le format et le nombre des volumes ; après quoi nous tâcherons de distribuer les pièces dans l'ordre le plus avantageux. Le papier me manque pour vous parler de mes belles plantations qui ne sont pas encore faites, et auxquelles j'espère que vous et mademoiselle Guérin voudrez bien venir l'année prochaine donner votre bénédiction.

LETTRE CCXXXIV.

A M. MOULTOU.

Montmorency, 18 janvier 1761.

J'ai voulu, monsieur, attendre, pour répondre à votre lettre du 26 décembre, de pouvoir vous donner des nouvelles précises de mon état et de mon livre [1].

Quant à mon état, il est de jour en jour plus déplorable, sans pourtant que les accidents aient assez changé de nature pour que je puisse les attribuer aux suites de celui dont je vous ai parlé. Mes douleurs ne sont pas fort vives, mais elles sont sans relâche, et je ne suis, ni jour ni nuit, un seul instant sans souffrir, ce qui m'aliène tout-à-fait la tête, et, de toutes les situations imaginables, me met dans celle où la patience est le plus difficile : cependant elle ne m'a pas manqué jusqu'ici, et j'espère qu'elle ne me manquera pas jusqu'à la fin. Le progrès est continuel, mais lent, et je crains que ceci ne soit encore long.

Mon livre s'imprime, quoique lentement. Il s'imprime enfin ; et je suis persuadé que j'ai fait tort au libraire en lui prêtant de mauvaises intentions, contraires à ses propres intérêts. Je le crois honnête homme, mais peu entendu. Je vois qu'il ne sait pas son métier ; et c'est ce qui m'a trompé sur ses intentions. Quant à M. Guérin, mes soupçons sur son compte sont encore plus impardonnables, puisqu'ils empoisonnoient des soins pleins de bienfaisance et d'amitié, et tout-à-fait désintéressés. M. Guérin est un homme irréprochable, qui jouit de l'estime universelle, et qui la mérite ; et quand on a vécu cinquante ans homme de bien,

[1] * C'est d'*Émile* qu'il est question.

on ne commence pas si tard à cesser de l'être. Je sens amèrement mes torts et la bassesse de mes soupçons; mais si quelque chose peut m'excuser, c'est mon triste état, c'est ma solitude, c'est le silence de mes amis, c'est la négligence de mon libraire, qui, me laissant dans une ignorance profonde de tout ce qui se faisoit, me livroit sans défense à l'inquiétude de mon imagination effarouchée par mille indices trompeurs, qui me paroissoient autant de preuves. Que mon injustice et mes torts soient donc, mon cher Moultou, ensevelis, par votre discrétion, dans un éternel oubli: mon honneur y est plus intéressé que celui des offensés.

Durant mes longues inquiétudes je suis enfin venu à bout de transcrire le morceau principal; et quoique je n'aie plus les mêmes raisons de le mettre en sûreté, je suis pourtant déterminé à vous l'envoyer, non seulement pour réjouir mon cœur, en vous donnant cette marque d'estime et de confiance, mais aussi pour profiter de vos lumières, et vous consulter sur ce morceau-là tandis qu'il en est temps. Quant au fond des sentiments je n'y veux rien changer, parce que ce sont les miens; mais les raisonnements et les preuves ont grand besoin d'un aristarque tel que vous. Lisez-le avec attention, je vous prie; et ce que vous trouverez à y corriger, changer, ajouter, ou retrancher, marquez-le moi le plus vite qu'il vous sera possible, car l'imprimeur en sera là dans peu de jours; et pour peu que vos corrections tardent, je ne serai plus à temps d'en profiter, ce qui pourroit être un très-grand mal pour la chose; et la chose est importante dans ce temps-ci. Ne m'indiquez pas des corrections; faites-les vous-même : je me réserve seulement le droit de les admettre ou de ne les pas admettre; car, pour moi, je n'en ai jamais su faire : et maintenant, épuisé, fatigué, accablé de travail et de maux, je me sens hors d'état de changer une seule ligne. J'ai eu soin de coter sur mon brouillon les pages de votre copie; ainsi vous n'aurez qu'à marquer la page et transcrire en deux colonnes, sur l'une le texte, et sur l'autre vos corrections : cela me suffira pour trouver l'endroit indiqué. Mercredi, 20, le paquet sera mis ici à la poste : ainsi vous devez le recevoir trois ou quatre jours après cette lettre. N'en parlez, je vous supplie, à personne au monde : je n'en excepte que le seul Roustan, avec lequel vous pouvez le lire, et le consulter si vous jugez à propos, et qui, j'espère, sera fidèle au secret ainsi que vous.

Je suis sensiblement touché de l'honneur que vous voulez rendre à ma mémoire. L'estime et les regrets des hommes tels que nous me suffisent, il ne faut point d'autre éloge. Cependant les témoignages publics de votre bon cœur flatteroient le mien, si les évènements de ma vie qui sont propres à me faire connoître pouvoient être exposés au public dans tout leur jour. Mais comme ce que j'ai eu de plus estimable a été un cœur très-aimant, tout ce qui peut m'honorer dans les actions de ma vie est enseveli dans des liaisons très-intimes, et n'en peut être tiré sans révéler les secrets de l'amitié, qu'on doit respecter même après qu'elle est éteinte, et sans divulguer des faits que le public ne doit jamais savoir. J'espère pouvoir un peu causer avec vous de tout cela dans nos bois, si vous avez le courage de venir ce printemps, comme vous m'en avez donné l'espérance. Parlez-moi franchement sur cela, afin que je sache à quoi je dois m'attendre. Je diffère jusqu'à votre réponse à vous envoyer le morceau dont je vous ai parlé, parce qu'il est écrit fort au large, et ne vaut pas, en vérité, les frais de la poste.

Quant à ma lettre imprimée à M. de Voltaire, les démarches dont vous parlez ont été déjà faites auprès de lui par d'autres et par moi-même, toujours inutilement; ainsi je ne pense point du tout qu'il convienne d'y revenir.

Je dois vous dire que je fais imprimer en Hollande un petit ouvrage qui a pour titre *du Contrat social*, ou *Principes du droit politique*, lequel est extrait d'un plus grand ouvrage, intitulé *Institutions politiques*, entrepris il y a dix ans, et abandonné en quittant la plume, entreprise qui, d'ailleurs, étoit certainement au-dessus de mes forces. Ce petit ouvrage n'est point encore connu du public, ni même de mes amis. Vous êtes le premier à qui j'en parle. Comme je revois aussi les épreuves, jugez si je suis occupé, et si j'en ai assez dans l'état où je suis. Adieu, n'affranchissez plus vos lettres.

LETTRE CCXXXV.

A M. DE MALESHERBES.

Montmorency, le 28 janvier 1761.

Permettez-moi, monsieur, de vous représenter que la seconde édition s'étant faite à mon insu, je ne dois point ménager à mes dépens les libraires qui l'ont faite, lorsqu'ils ont eu eux-mêmes assez peu d'égards pour moi; qu'aux fautes de la première édition ils ont ajouté des multitudes de contre-sens; qu'ils auroient évités si j'avois été instruit à temps de leur entreprise et revu leurs épreuves : ce qui étoit sans difficulté de ma part, cette seconde édition se faisant par votre ordre, et du consentement de Rey. J'aurois pu en même temps coudre quelques liaisons, et laisser des lacunes moins choquantes dans les endroits retranchés. Cependant je n'ai pas dit un mot jusqu'ici, si ce n'est au seul M. Coindet, qui est au fait de toute cette affaire; je me tairai encore par respect pour vous. Mais je vous avoue, monsieur, qu'il est cruel de sacrifier en silence sa propre réputation à des gens à qui l'on ne doit rien.

Le sieur Robin a grand tort d'oser vous dire que je lui ai promis de garder chez moi les exemplaires qu'il devoit m'envoyer. Cette promesse eût été absurde; car de quoi m'eût servi de les avoir pour n'en faire aucun usage? Je lui ai promis d'en distribuer le moins qu'il étoit possible, et de manière que cela ne lui nuisît pas. Il n'y a eu que six exemplaires distribués, des douze qu'a reçus pour moi M. Coindet. Je lui marque aujourd'hui de faire tous ses efforts pour les retirer. Quant aux six autres, ils sont chez moi, et n'en sortiront point sans votre permission. Voilà tout ce que je puis faire. Recevez, monsieur, les assurances de mon profond respect, etc.

LETTRE CCXXXVI.

A MADAME DE CRÉQUI.

À Montmorency, le 30 janvier 1761.

Madame, votre lettre me plaît, me touche, et m'alarme. On fait des compliments aux gens indifférents; mais aux personnes qu'on aime on leur parle de soi. Je vous parlerai de moi aussi dans un autre temps, mais pour le présent parlez-moi de M. l'ambassadeur[1], je vous supplie : vous savez qu'il a depuis long-temps tous les respects de mon cœur, et votre attachement pour lui me rend sa vie et sa santé encore plus chères. Vous pleurez la mort d'un ami ; je vous plains : mais je connois des gens plus malheureux que vous. Eh ! madame, c'est une perte bien plus cruelle d'avoir à pleurer son ami vivant.

LETTRE CCXXXVII.

A LA MÊME.

A Montmorency, le 5 février 1761.

Je suis, madame, pénétré de reconnoissance et de respect pour vous ; mais je ne puis accepter un présent de l'espèce de celui que vous m'avez envoyé. Je ne vends pas mes livres ; et si je les vendois, je ne les vendrois pas si cher. Si vous avez retiré vos anciennes bontés pour moi au point de dédaigner un exemplaire des écrits que je publie, vous pouvez me renvoyer celui-là ; je le recevrai avec douleur, mais en silence.

Vous me marquez qu'on trouve ce livre dange-

---
[1] * M. de Froulay, oncle de madame de Créqui.

reux : je le crois en effet dangereux aux fripons, car il fait aimer les choses honnêtes. Vous devez concevoir là-dessus combien il doit être décrié, et vous ne devez point être fâchée pour moi de ce décri ; il me seroit bien plus humiliant d'être approuvé de ceux qui me blâment. Au reste, si vous voulez en juger par vous-même, je crois que vous pouvez hasarder de lire ou parcourir les trois derniers volumes : le pis aller sera de suspendre votre lecture aussitôt qu'elle vous scandalisera.

Vous n'ignorez pas, madame, que je n'ai jamais fait grand cas de la philosophie, et que je me suis absolument détaché du parti des philosophes. Je n'aime point qu'on prêche l'impiété : voilà déjà de ce côté-là un crime qu'on ne me pardonnera pas. D'un autre côté, je blâme l'intolérance, et je veux qu'on laisse en paix les incrédules ; or, le parti dévot n'est pas plus endurant que l'autre. Jugez en quelles mains me voilà tombé.

Par-dessus cela il faut vous dire qu'une équivoque plaisante de M. de Marmontel m'en a fait un ennemi personnel, furieux et implacable, attendu que la vanité blessée ne pardonne point. Quant ma Lettre contre les spectacles parut, je lui en adressai un exemplaire avec ces mots : *Non pas à l'auteur du Mercure, mais à M. de Marmontel.* J'entendois par là que j'envoyois le livre à sa personne, et non pas pour qu'il en parlât dans son journal ; de plus, je voulois dire que M. de Marmontel étoit capable de mieux que de faire le *Mercure de France*. C'étoit un compliment que je lui faisois ; il y a trouvé une injure ; et d'après cela vous pouvez bien croire que tous mes livres sont dangereux tout au moins.

Tels sont les dignes défenseurs des mœurs et de la vérité. Je me suis rendu justice en m'éloignant de leur vertueuse troupe ; il ne falloit pas qu'un aussi méchant homme déshonorât tant d'honnêtes gens. Je les laisse dire, et je vis en paix ; je doute qu'aucun d'eux en fît autant à ma place.

Je me flatte que le bon Saint-Louis m'a trouvé le même que j'étois quand vous m'honoriez de votre estime. Il me seroit cruel de la perdre, madame ; mais il me seroit encore plus cruel de l'avoir mérité. Quelque malheureux qu'on puisse être, il est toujours quelques maux qu'on peut éviter. Bonjour, madame. Vous avez raison de me renvoyer à ma devise ; je continue à me servir de mon cachet sans honte, parce qu'il est empreint dans mon cœur.

J'apprends avec grand plaisir l'entier rétablissement de M. l'ambassadeur ; mais vous me parlez de votre santé d'un ton qui m'inquiète ; cependant Saint-Louis me dit que vous êtes assez bien. Pour moi, la solitude m'ôte sinon mes maux, du moins mes soucis, et cela fait que j'engraisse : voilà tout le changement qui s'est fait en moi.

LETTRE CCXXXVIII.

A MADAME D'AZ***,

Qui m'avoit envoyé l'estampe encadrée de son portrait, avec des vers de son mari au-dessous.

Le 10 février 1761.

Vous m'avez fait, madame, un présent bien précieux; mais j'ose dire que le sentiment avec lequel je le reçois ne m'en rend pas indigne. Votre portrait annonce les charmes de votre caractère : les vers qui l'accompagnent achèvent de le rendre inestimable. Il semble dire : Je fais le bonheur d'un tendre époux; je suis la muse qui l'inspire, et je suis la bergère qu'il chante. En vérité, madame, ce n'est qu'avec un peu de scrupule que je l'admets dans ma retraite, et je crains qu'il ne m'y laisse plus aussi solitaire qu'auparavant. J'apprends aussi que vous avez payé le port et même à très-haut prix : quant à cette dernière générosité, trouvez bon qu'elle ne soit point acceptée, et qu'à la première occasion je prenne la liberté de vous rembourser vos avances [1].

Agréez, madame, toute ma reconnoissance, et tout mon respect.

[1] Elle avoit donné un baiser au porteur.

LETTRE CCXXXIX.

A M. DE MALESHERBES.

Montmorency, 10 février 1761.

J'ai fait, monsieur, tout ce que vous avez voulu; et le consentement du sieur Rey ayant levé mes scrupules, je me trouve riche de vos bienfaits. L'intérêt que vous daignez prendre à moi est au-dessus de mes remerciements; ainsi je ne vous en ferai plus : mais M. le maréchal de Luxembourg sait ce que je pense et ce que je sens; il pourra vous en parler. N'aurai-je point, monsieur, la satisfaction de vous voir chez lui à Montmorency au prochain voyage de Pâques, ou au mois de juillet, qu'il y fait une plus longue station et que le pays est plus agréable? Si je n'ai nul autre moyen de satisfaire mon empressement et que vous vouliez bien, dans la belle saison, me donner chez vous une heure d'audience particulière, j'en profiterai pour aller vous rendre mes devoirs.

LETTRE CCXL.

A MADAME C***.

Montmorency, le 12 février 1761.

Vous avez beaucoup d'esprit, madame, et vous l'aviez avant la lecture de la *Julie ;* cependant je n'ai trouvé que cela dans votre lettre : d'où je conclus que cette lecture ne vous est pas propre puisqu'elle ne vous a rien inspiré. Je ne vous en estime pas moins, madame; les ames tendres sont souvent foibles, et c'est toujours un crime à une femme de l'être. Ce n'est point de mon aveu que ce livre a pénétré jusqu'à Genève, je n'y en ai pas envoyé un seul exemplaire; et, quoique je ne pense pas trop bien de nos mœurs actuelles, je ne les crois pas encore assez mauvaises pour qu'elles gagnassent de remonter à l'amour.

Recevez, madame, mes très-humbles remerciements et les assurances de mon respect.

LETTRE CCXLI.

A M. ***.

Montmorency, le 13 février 1761.

Je n'ai reçu qu'hier, monsieur, la lettre que vous m'aviez écrite le 5 de ce mois. Vous avez raison de croire que l'harmonie de l'ame a aussi ses dissonances, qui ne gâtent point l'effet du tout : chacun ne sait que trop comment elles se préparent; mais elles sont difficiles à sauver. C'est dans les ravissants concerts des sphères célestes qu'on apprend ces savantes successions d'accords. Heureux, dans ce siècle de cacophonie et de discordance, qui peut se conserver une oreille assez pure pour entendre ces divins concerts!

Au reste, je persiste à croire, quoi qu'on en puisse dire, que quiconque, après avoir lu *la Nouvelle Héloïse*, la peut regarder comme un livre de mauvaises mœurs, n'est pas fait pour aimer les bonnes. Je me réjouis, monsieur, que vous ne soyez pas au nombre de ces infortunés, et je vous salue de tout mon cœur.

LETTRE CCXLII.

A M. D'ALEMBERT.

Montmorency, le 15 février 1761.

Je suis charmé, monsieur, de la lettre que vous venez de m'écrire; et bien loin de me plaindre de votre louange, je vous en remercie, parce qu'elle est jointe à une critique franche et judicieuse qui me fait aimer l'une et l'autre comme le langage de l'amitié. Quant à ceux qui trouvent ou feignent de trouver de l'opposition entre ma *Lettre sur les spectacles* et la *Nouvelle Héloïse*, je suis bien sûr qu'ils ne vous en imposent pas. Vous savez que la vérité, quoiqu'elle soit une, change de forme selon les temps et les lieux, et qu'on peut dire à Paris ce qu'en des jours plus heureux on n'eût pas dû dire à Genève. Mais à présent les scrupules ne sont plus de saison ; et partout où séjournera long-temps M. de Voltaire, on pourra jouer après lui la comédie et lire des romans sans danger. Bonjour, monsieur ; je vous embrasse, et vous remercie derechef de votre lettre : elle me plaît beaucoup.

LETTRE CCXLIII.

A M. PANCKOUCKE.

Montmorency, le 15 février 1761.

J'ai reçu le 12 de ce mois, par la poste, une lettre anonyme, sans date, timbrée de Lille, et franche de port. Faute d'y pouvoir répondre par une autre voie, je déclare publiquement à l'auteur de cette lettre que je l'ai lue et relue avec émotion, avec attendrissement; qu'elle m'inspire pour lui la plus tendre estime, le plus grand désir de le connoître et de l'aimer; qu'en me parlant de ses larmes il m'en a fait répandre; qu'enfin, jusqu'aux éloges outrés dont il me comble, tout me plaît dans cette lettre, excepté la modeste raison qui le porte à se cacher.

LETTRE CCXLIV.

A MADAME LA MARÉCHALE DE LUXEMBOURG.

Montmorency, le 16 février 1761.

Je vous dois un remerciemeut, madame la maréchale, pour le beurre que vous m'avez envoyé;

mais vous savez bien que je suis de ces ingrats qui ne remercient guère. D'ailleurs ce petit panier m'inquiète : je m'attendois à un petit pot. J'ai peur que vous ne m'ayez puni d'avoir dit étourdiment mon goût, en le contentant aux dépens du vôtre. En ce cas, on ne sauroit donner plus poliment une leçon plus cruelle. J'ai reçu de bon cœur votre présent, madame : mais je ne puis me résoudre à y toucher ; je croirois faire une communion indigne, je croirois manger ma condamnation.

La publication de la *Julie* m'a jeté dans un trouble que ne me donna jamais aucun de mes écrits. J'y prends un intérêt d'enfant qui me désole ; et je reçois là-dessus des lettres si différentes, que je ne saurois encore à quoi m'en tenir sur son succès, si M. le maréchal n'avoit eu la bonté de me rassurer. La préface est unanimement décriée ; et cependant, telle est ma prévention, que plus je la relis, plus elle me plaît. Si elle ne vaut rien, il faut que j'aie tout-à-fait la tête à l'envers. Il faudra voir ce qu'on dira de la grande. Il s'en faut bien, à mon gré, qu'elle vaille l'autre. Je la suppose actuellement entre vos mains : pour moi, je ne l'ai pas encore. Elle devoit paroître aujourd'hui, et je n'en ai point de nouvelles.

Vous savez sans doute que madame de Boufflers est venue me voir. Elle ne m'a point dit que vous lui aviez parlé ; mais je ne me suis pas trompé sur cette visite, et elle m'a fait d'autant plus de plaisir,

Le chevalier de Lorenzi m'a écrit deux fois, et je n'ai pas encore trouvé le moment de pouvoir lui répondre : mais il doit savoir que j'aime plus que je n'écris : pour lui, je crois qu'il fait le contraire.

Il souffle un grand vent qui me fait beaucoup de plaisir, parce que les vents de cette espèce sont les précurseurs du printemps. Cette saison commence, madame, le jour de votre arrivée ; il me semble que le vent me porte à pleines voiles au 12 de mars.

LETTRE CCXLV.

A M. DE ***.

Montmorency, le 19 février 1761.

Voilà, monsieur, ma réponse aux observations que vous avez eu la bonté de m'envoyer sur *la Nouvelle Héloïse*. Vous l'avez élevée à l'honneur auquel elle ne s'attendoit guère, d'occuper des théologiens : c'est peut-être un sort attaché à ce nom et à celles qui le portent, d'avoir toujours à passer par les mains de ces messieurs-là. Je vois qu'ils ont travaillé à la conversion de celle-ci avec un grand zèle, et je ne doute point que leurs soins pieux n'en aient fait une personne très-orthodoxe ; mais je trouve qu'ils l'ont traitée avec un peu de rudesse : ils ont flétri ses charmes ; et j'avoue qu'elle me plaisoit plus, aimable quoique hérétique, que bigote et maussade comme la voilà. Je demande qu'on me la rende comme je l'ai donnée, ou je l'abandonnerai à ses directeurs.

LETTRE CCXLVI.

A MADAME LA DUCHESSE DE MONTMORENCY.

Montmorency, le 21 février 1761.

J'étois bien sûr, madame, que vous aimeriez la *Julie* malgré ses défauts ; le bon naturel les efface dans les cœurs faits pour les sentir. J'ai pensé que vous accepteriez des mains de madame la maréchale de Luxembourg ce léger hommage que je n'osois vous offrir moi-même. Mais en m'en faisant des remerciements, madame, vous prévenez les miens, et vous augmentez l'obligation. J'attends avec empressement le moment de vous faire ma cour à Montmorency, et de vous renouveler, madame la duchesse, les assurances de mon profond respect.

LETTRE CCXLVII.

A MADAME DE CRÉQUI.

Montmorency, le 25 février 1761.

MADAME,

Je vous dois bien des réponses; j'aime à recevoir de vos lettres; j'ai du plaisir à vous écrire; je voudrois vous écrire long-temps; il me semble que j'ai mille choses à vous dire, mais il m'est impossible de vous écrire à mon aise quant à présent : les tracas m'absorbent, me tuent; je suis excédé. Permettez que je renvoie à un temps plus tranquille le plaisir de m'entretenir avec vous. Je prends part à tous vos soucis : les miens ne sont pas si graves, mais ils me touchent d'aussi près. Si vous effectuez jamais le projet d'aller vivre à la campagne, ne me laissez pas ignorer votre retraite; car, fussiez-vous au bout du royaume, si vous ne rebutez pas ma visite, j'irai de mon pied faire un pélerinage auprès de vous.

LETTRE CCXLVIII.

A MADAME BOURETTE,

Qui m'avoit écrit deux lettres consécutives avec des vers, et qui m'invitoit à prendre du café chez elle dans une tasse incrustée d'or, que M. de Voltaire lui avoit donnée.

Montmorency, le 12 mars 1761.

Je n'avois pas oublié, madame, que je vous devois une réponse et un remerciement; je serois plus exact si l'on me laissoit plus libre, mais il faut malgré moi disposer de mon temps, bien plus comme il plaît à autrui que comme je le devrois et le voudrois. Puisque l'anonyme vous avoit prévenue, il étoit naturel que sa réponse précédât aussi la vôtre; et d'ailleurs je ne vous dissimulerai pas qu'il avoit parlé de plus près à mon cœur que ne font des compliments et des vers.

Je voudrois, madame, pouvoir répondre à l'honneur que vous me faites de me demander un exemplaire de la *Julie* ; mais tant de gens vous ont encore ici prévenue, que les exemplaires qui m'avoient été envoyés de Hollande par mon libraire sont donnés ou destinés, et je n'ai nulle espèce de relation avec ceux qui les débitent à Paris. Il faudroit en acheter un pour vous l'offrir; et c'est, vu l'état de ma fortune, ce que vous n'approuveriez pas vous-même : de plus, je ne sais point payer les louanges; et si je faisois tant que de payer les vôtres, j'y voudrois mettre un plus haut prix.

Si jamais l'occasion se présente de profiter de votre invitation, j'irai, madame, avec grand plaisir vous rendre visite et prendre du café chez vous; mais ce ne sera pas, s'il vous plaît, dans la tasse dorée de M. de Voltaire; car je ne bois point dans la coupe de cet homme-là.

Agréez, madame, que je vous réitère mes très-humbles remerciements et les assurances de mon respect.

LETTRE CCXLIX.

A M. MOULTOU.

Montmorency, mars 1761.

Il faudroit être le dernier des hommes pour ne pas s'intéresser à l'infortunée Louison. La pitié, la bienveillance que son honnête historien m'inspire pour elle, ne me laissent pas douter que son zèle à lui-même ne puisse être aussi pur que le mien; et cela supposé, il doit compter sur toute l'estime d'un homme qui ne la prodigue pas. Grâce au ciel, il se trouve, dans un rang plus élevé, des cœurs aussi sensibles, et qui ont à la fois le pouvoir et la volonté de protéger la malheureuse mais estimable victime de l'infamie d'un brutal. Monsieur le maréchal de Luxembourg et madame la maréchale, à qui j'ai communiqué votre lettre, ont été émus, ainsi que moi, à sa lecture ; ils sont disposés, monsieur, à vous entendre et à consulter avec vous ce qu'on peut et ce qu'il convient de faire pour tirer la jeune personne de la détresse où elle est. Ils retournent à Paris après Pâques. Allez, monsieur, voir ces dignes et respectables seigneurs ; parlez-leur avec cette simplicité touchante qu'ils aiment dans votre lettre ; soyez avec eux sincère en tout, et croyez que leurs cœurs bienfaisants s'ouvriront à la candeur du vôtre. Louison sera protégée si elle mérite de l'être ; et vous, monsieur, vous serez estimé comme le mérite votre bonne action. Que si dans cette attente, quoique assez courte, la situation de la jeune personne étoit trop dure, vous devez savoir que, quant à présent, je puis payer, modiquement à la vérité, le tribut dû, par quiconque a son nécessaire, aux indigents honnêtes qui ne l'ont pas.

LETTRE CCL.

A MADAME LA MARÉCHALE DE LUXEMBOURG.

Ce jeudi 26.

Vous comptez par les jours, madame, et moi par les heures; cela fait que l'intervalle me paroît vingt-quatre fois plus long qu'à vous, et les quinze jours qui restent jusqu'à votre voyage font, selon mon calcul, encore un an tout entier.

Je ne vous croyois pas si vindicative : pour avoir osé disputer un moment sur un panier de beurre, je m'en vois continuellement jeter des pots par la tête. Si la vengeance n'est pas dure, elle est obstinée, et je l'endure avec tant de patience, qu'elle doit me valoir enfin mon pardon.

Je crois que M. Coindet m'aime beaucoup, il met tous ses soins à me le prouver : et moi je l'aime encore plus de ce que vous approuvez mon attachement pour lui, et de ce qu'il m'apporte souvent de vos nouvelles. Mais il m'a fait, de votre part, un reproche qui me confond, sur le premier exemplaire de la *Julie*. En vous le promettant ne l'ai-je pas promis à M. le maréchal? En le lui donnant, ne vous l'ai-je pas donné? Vous auriez beau vouloir être deux, je n'admettrai jamais ce partage; mon attachement, mon respect, ne vous distinguent plus l'un de l'autre; vous n'êtes qu'un dans le fond de mon cœur. Comme une copie étoit déjà dans vos mains, je mis l'exemplaire dans les siennes; j'en aurois pu faire autant dans tout autre cas; et toutes les fois que je tiendrai à l'un ce que j'aurai promis à l'autre, je croirai toujours avoir bien rempli ma foi.

Les Ximénès et les Voltaire peuvent critiquer la *Julie* à leur aise [1]: ce n'est pas à eux qu'elle est curieuse de plaire; et tout ce qui fâche à l'éditeur, de leurs critiques, c'est qu'ils les fassent de si loin. Bonjour, madame la maréchale: il faut absolument que vous embrassiez M. le maréchal de ma part. Pour vous, il faut se mettre à genoux en lisant la fin de vos lettres, les baiser, soupirer, et dire: Que n'est-elle ici!

LETTRE CCLI.

A M. MOULTOU.

Montmorency, le 29 mai 1761.

Vous pardonneriez aisément mon silence, cher Moultou, si vous connoissiez mon état; mais, sans

[1] *Allusion à la brochure qui fut attribuée au marquis de Ximénès, et intitulée *Lettres sur la Nouvelle Héloïse de J. J. Rousseau*, 1761, in-8° de 27 pages.

vous écrire, je ne laisse pas de penser à vous, et j'ai une proposition à vous faire. Ayant quitté la plume et ce tumultueux métier d'auteur, pour lequel je n'étois point né, je m'étois proposé, après la publication de mes rêveries sur l'éducation, de finir par une édition générale de mes écrits, dans laquelle il en seroit entré quelques-uns qui sont encore en manuscrit. Si peut-être le mal qui me consume ne me laissoit pas le temps de faire cette édition moi-même, seriez-vous homme à faire le voyage de Paris, à venir examiner mes papiers dans les mains où ils seront laissés, et à mettre en état de paroître ceux que vous jugerez bons à cela? Il faut vous prévenir que vous trouverez des sentiments sur la religion qui ne sont pas les vôtres, et que peut-être vous n'approuverez pas, quoique les dogmes essentiels à l'ordre moral s'y trouvent tous. Or je ne veux pas qu'il soit touché à cet article : il s'agit donc de savoir s'il vous convient de vous prêter à cette édition avec cette réserve qui, ce me semble, ne peut vous compromettre en rien, quand on saura qu'elle vous est formellement imposée, sauf à vous de réfuter en votre nom, et dans l'ouvrage même, si vous le jugez à propos, ce qui vous paroîtra mériter réfutation; pourvu que vous ne changiez ni supprimiez rien sur ce point, sur tout autre vous serez le maître.

J'ai besoin, monsieur, d'une réponse sur cette proposition, avant de prendre les derniers arrangements que mon état rend nécessaires. Si votre situation, vos affaires, ou d'autres raisons vous empêchent d'acquiescer, je ne vois que M. Roustan, qui m'appelle son maître, lui qui pourroit être le mien, auquel je pusse donner la même confiance, et qui, je crois, rendroit volontiers cet honneur à ma mémoire. En pareil cas, comme sa situation est moins aisée que la vôtre, on prendroit des mesures pour que ces soins ne lui fussent pas onéreux. Si cela ne vous convient ni à l'un ni à l'autre, tout restera comme il est; car je suis bien déterminé à ne confier les mêmes soins à nul homme de lettres de ce pays. Réponse précise et directe, je vous supplie, le plus tôt qu'il se pourra, sans vous servir de la voie de M. Coindet. Sur pareille matière le secret convient, et je vous le demande. Adieu, vertueux Moultou : je ne vous fais pas des complimens, mais il ne tient qu'à vous de voir si je vous estime.

Vous comprenez bien que *la Nouvelle Héloïse* ne doit pas entrer dans le recueil de mes écrits.

LETTRE CCLII.

A MADAME LA MARÉCHALE DE LUXEMBOURG [1].

Montmorency, le 12 juin 1761.

Que de choses j'aurois à vous dire avant que de vous quitter! Mais le temps me presse, il faut abréger ma confession, et verser dans votre cœur bienfaisant mon dernier secret. Vous saurez donc que depuis seize ans j'ai vécu dans la plus grande intimité avec cette pauvre fille qui demeure avec moi, excepté depuis ma retraite à Montmorency, que mon état m'a forcé de vivre avec elle comme avec ma sœur; mais ma tendresse pour elle n'a point diminué, et, sans vous, l'idée de la laisser sans ressource empoisonneroit mes derniers instants.

De ces liaisons sont provenus cinq enfants, qui tous ont été mis aux Enfants-Trouvés, et avec si peu de précaution pour les reconnoître un jour, que je n'ai pas même gardé la date de leur naissance. Depuis plusieurs années le remords de cette négligence trouble mon repos, et je meurs sans pouvoir la réparer, au grand regret de la

---

[1] * Cette lettre a été imprimée pour la première fois dans le deuxième volume du *Conservateur*, publié par M. François de Neufchâteau en l'an VIII.

mère et au mien. Je fis mettre seulement dans les langes de l'aîné une marque dont j'ai gardé le double; il doit être né, ce me semble, dans l'hiver de 1746 à 47, ou à peu près. Voilà tout ce que je me rappelle. S'il y avoit le moyen de retrouver cet enfant, ce seroit faire le bonheur de sa tendre mère; mais j'en désespère, et je n'emporte point avec moi cette consolation. Les idées dont ma faute a rempli mon esprit ont contribué en grande partie à me faire méditer le *Traité de l'Éducation;* et vous y trouverez, dans le livre Ier, un passage qui peut vous indiquer cette disposition[1]. Je n'ai point épousé la mère; et je n'y étois point obligé, puisqu'avant de me lier avec elle je lui ai déclaré que je ne l'épouserois jamais, et même un mariage public nous eût été impossible à cause de la différence de religion; mais du reste je l'ai toujours aimée et honorée comme ma femme, à cause de son bon cœur, de sa sincère affection, de son désintéressement sans exemple, et de sa fidélité sans tache, sur laquelle elle ne m'a pas même occasioné le moindre soupçon.

Voilà, madame la maréchale, la trop juste raison de ma sollicitude sur le sort de cette pauvre fille après qu'elle m'aura perdu, tellement que, si j'avois moins de confiance en votre amitié pour moi et en celle de M. le maréchal, je partirois pénétré de douleur de l'abandon où je la laisse;

---

[1] * Voyez *Émile*, livre I. Voyez aussi les *Confessions*, livre XII.

mais je vous la confie, et je meurs en paix à cet égard. Il me reste à vous dire ce que je pense qui conviendroit le mieux à sa situation et à son caractère, et qui donneroit le moins de prise à ses défauts.

Ma première idée étoit de vous prier de lui donner asile dans votre maison, ou auprès de l'enfant qui en est l'espoir, jusqu'à ce qu'il sortît des mains des femmes : mais infailliblement cela ne réussiroit point; il y auroit trop d'intermédiaire entre vous et elle, et elle a, dans votre maison, des malveillants qu'elle ne s'est assurément point attirés par sa faute, et qui trouveroient infailliblement l'art de la disgracier tôt ou tard auprès de vous ou de M. le maréchal. Elle n'a pas assez de souplesse et de prudence pour se maintenir avec tant d'esprits différents, et se prêter aux petits manéges avec lesquels on gagne la confiance des maîtres, quelque éclairés qu'ils soient. Encore une fois cela ne réussiroit point, ainsi je vous prie de n'y pas songer.

Je ne voudrois pas non plus qu'elle demeurât à Paris de quelque manière que ce fût, bien sûr que, craintive et facile à subjuguer, elle y deviendroit la proie et la victime de sa nombreuse famille, gens d'une avidité et d'une méchanceté sans bornes, auxquels j'ai eu moi-même bien de la peine à l'arracher, et qui sont cause en grande partie de ma retraite en campagne. Si jamais elle demeure à Paris elle est perdue; car, leur fût-elle cachée, comme elle est d'un bon naturel, elle ne pourra jamais s'abstenir de les voir, et en peu de temps ils lui suceront le sang jusqu'à la dernière goutte, et puis la feront mourir de mauvais traitements.

Je n'ai pas de moins fortes raisons pour souhaiter qu'elle n'aille point demeurer avec sa mère, livrée à mes plus cruels ennemis, nourrie par eux à mauvaise intention, et qui ne cherchent que l'occasion de punir cette pauvre fille de n'avoir point voulu se prêter à leurs complots contre moi. Elle est la seule qui n'ait rien eu de sa mère, et la seule qui l'ait nourrie et soignée dans sa misère; et si j'ai donné, durant douze ans, asile à cette femme, vous comprenez bien que c'est pour la fille que je l'ai fait. J'ai mille raisons, trop longues à détailler, pour désirer qu'elle ne retourne point avec elle. Ainsi je vous prie d'interposer même, s'il le faut, votre autorité pour l'en empêcher.

Je ne vois que deux partis qui lui conviennent; l'un de continuer d'occuper mon logement [1]; et de vivre en paix à Montmorency; ce qu'elle peut faire à peu de frais avec votre assistance et pro-

---

[1] Je ne vous propose point de lui en donner un vous-même à Montmorency, à cause de Chassot et de sa famille, qui le lui feroient cruellement payer. Mon loyer n'étant que de cinquante livres, ne lui sera pas plus onéreux qu'une chambre à Paris.

tection, tant du produit de mes écrits que de celui de son travail, car elle coud très-bien, et il ne lui manque que de l'occupation, que vous voudrez bien lui donner ou lui procurer, souhaitant seulement qu'elle ne soit point à la discrétion des femmes de chambre, car leur tyrannie et leur monopole me sont connus.

L'autre parti est d'être placée dans quelque communauté de province où l'on vit à bon marché, et où elle pourroit très-bien gagner sa vie par son travail. J'aimerois moins ce parti que l'autre, parce qu'elle seroit ainsi trop loin de vous, et pour d'autres raisons encore. Vous choisirez pour le mieux, madame la maréchale; mais, quelque choix que vous fassiez, je vous supplie de faire en sorte qu'elle ait toujours sa liberté, et qu'elle soit la maîtresse de changer de demeure sitôt qu'elle ne se trouvera pas bien. Je vous supplie enfin de ne pas dédaigner de prendre soin de ses petites affaires, en sorte que, quoi qu'il arrive, elle ait du pain jusqu'à la fin de ses jours.

J'ai prié M. le maréchal de vous consulter sur le choix de la personne qu'il chargeroit de veiller aux intérêts de la pauvre fille, après mon décès. Vous n'ignorez pas l'injuste partialité que marque contre elle celui qui naturellement seroit choisi pour cela. Quelque estime que j'aie conçue pour sa probité, je ne voudrois pas qu'elle restât à la merci d'un homme que je dois croire honnête;

mais que je vois livré, par un aveuglement inconcevable, aux intérêts et aux passions d'un fripon.

Vous voyez, madame la maréchale, avec quelle simplicité, avec quelle confiance j'épanche mon cœur devant vous. Tout le reste de l'univers n'est déjà plus rien à mes yeux. Ce cœur qui vous aima sincèrement ne vit déjà plus que pour vous, pour M. le maréchal, et pour la pauvre fille. Adieu, amis tendres et chéris; aimez un peu ma mémoire; pour moi, j'espère vous aimer encore dans l'autre vie : mais, quoi qu'il en soit de cet obscur et redoutable mystère, en quelque heure que la mort me surprenne, je suis sûr qu'elle me trouvera pensant à vous.

LETTRE CCLIII.

A M. VERNES.

Montmorency, le 24 juin 1761.

J'étois presque à l'extrémité, cher concitoyen, quand j'ai reçu votre lettre; et maintenant que j'y réponds, je suis dans un état de souffrances continuelles, qui, selon toute apparence, ne me quitteront qu'avec la vie. Ma plus grande consolation, dans l'état où je suis, est de recevoir des témoignages d'intérêt de mes compatriotes, et surtout de vous, cher Vernes, que j'ai toujours aimé et que j'aimerai toujours. Le cœur me rit, et il me semble que je me ranime au projet d'aller partager avec vous cette retraite charmante qui me tente encore plus par son habitant que par elle-même. Oh! si Dieu raffermissoit assez ma santé pour me mettre en état d'entreprendre ce voyage, je ne mourrois point sans vous embrasser encore une fois.

Je n'ai jamais prétendu justifier les innombrables défauts de *la Nouvelle Héloïse*; je trouve que l'on l'a reçue trop favorablement: et dans les jugements du public, j'ai bien moins à me plaindre de sa rigueur qu'à me louer de son indulgence; mais vos griefs contre *Wolmar* me prouvent que j'ai mal rempli l'objet du livre, ou que vous ne l'avez pas bien saisi. Cet objet étoit de rapprocher les partis opposés, par une estime réciproque; d'apprendre aux *philosophes* qu'on peut croire en Dieu sans être hypocrite, et aux *croyants* qu'on peut être incrédule sans être un coquin. *Julie* dévote est une leçon pour les philosophes, et *Wolmar* athée en est une pour les intolérants. Voilà le vrai but du livre. C'est à vous de voir si je m'en suis écarté[1]. Vous me reprochez de n'avoir pas fait changer de système à *Wolmar* sur la fin

---

[1] * Il est revenu depuis sur cette idée en écrivant ses *Confessions*. Voyez au livre ix.

du *roman* : mais, mon cher Vernes, vous n'avez pas lu cette fin; car sa conversion y est indiquée avec une clarté qui ne pouvoit souffrir un plus grand développement sans vouloir faire une capucinade.

Adieu, cher Vernes : je saisis un intervalle de mieux pour vous écrire. Je vous prie d'informer de ce mieux ceux de vos amis qui pensent à moi, et entre autres messieurs Moultou et Roustan, que j'embrasse de tout mon cœur ainsi que vous.

LETTRE CCLIV.

A M. MOLLET,

En réponse à une lettre qui contenoit la description d'une fête militaire célébrée à Genève le 5 juin 1761.

A Montmorency, le 26 juin 1761.

Je vous remercie, monsieur, de tout mon cœur, de la charmante relation que vous m'avez envoyée de la fête du 5 de ce mois. Je l'ai lue et relue avec intérêt, avec attendrissement, avec un sincère regret de n'en avoir pas été témoin. De tels amusements ne sont point frivoles, ils réveillent dans les cœurs des sentiments que tout tend à éteindre dans notre siècle, et même dans notre patrie; puissiez-vous, monsieur, vous et tous les bons citoyens qui vous ressemblent, ramener parmi nous ces goûts, ces jeux, ces fêtes patriotiques qui s'allient avec les mœurs, avec la vertu, qu'on goûte avec transport, qu'on se rappelle avec délices, et que le cœur assaisonne d'un charme que n'auront jamais tous ces criminels amusements si vantés des gens à la mode !

J'étois très-mal, monsieur, quand je reçus votre lettre; c'est ce qui m'a empêché de vous en remercier plus tôt. Quoique je continue à souffrir beaucoup, je ne puis me refuser plus long-temps à la douce et salutaire distraction de m'occuper de la patrie et de vous. J'ai lu déjà bien des fois votre lettre; je la lirai bien des fois encore : si ce n'est pas un remède à mes maux, c'est du moins une consolation. Heureux si j'y pouvois ajouter l'espoir de vous embrasser quelque jour à Genève, et d'y voir encore une fois en ma vie une fête pareille à celle que vous décrivez si bien ! Je vous salue de tout mon cœur.

LETTRE CCLV.

A JACQUELINE DANET,

SA NOURRICE.

Montmorency, le 22 juillet 1761.

Votre lettre, ma chère Jacqueline, est venue réjouir mon cœur dans un moment où je n'étois guère en état d'y répondre. Je saisis un temps de relâche pour vous remercier de votre souvenir, et de votre amitié, qui me sera toujours chère. Pour moi, je n'ai point cessé de penser à vous et de vous aimer. Souvent je me suis dit dans mes souffrances que si ma bonne Jacqueline n'eût pas tant pris de peine à me conserver étant petit, je n'aurois pas souffert tant de maux étant grand. Soyez persuadée que je ne cesserai jamais de prendre le plus tendre intérêt à votre santé et à votre bonheur, et que ce sera toujours un vrai plaisir pour moi de recevoir de vos nouvelles. Adieu, ma chère et bonne Jacqueline. Je ne vous parle pas de ma santé, pour ne pas vous affliger; que le bon Dieu conserve la vôtre, et vous comble de tous les biens que vous désirez.

Votre pauvre Jean-Jacques, qui vous embrasse de tout son cœur.

LETTRE CCLVI.

A M. MOULTOU.

Montmorency, le 24 juillet 1761.

Je ne doutois pas, monsieur, que vous n'acceptassiez avec plaisir les soins que je prenois la liberté de confier à votre amitié, et votre consentement m'a plus touché que surpris. Je puis donc, en quelque temps que je cesse de souffrir, compter que si mon recueil n'est pas encore en état de voir le jour, vous ne dédaignerez pas de l'y mettre; et cette confiance m'ôte absolument l'inquiétude qu'il est difficile de n'avoir pas en pareil cas pour le sort de ses ouvrages. Quant aux soins qui regardent l'impression, comme il ne faut que de l'amitié pour les prendre, ils seront remplis en ce pays-ci par les amis auxquels je suis attaché, et que je laisserai dépositaires de mes papiers pour en disposer selon leur prudence et vos conseils. S'il s'y trouve en manuscrit quelque chose qui mérite d'entrer dans votre cabinet, de quoi je doute, je m'estimerai plus honoré qu'il soit dans vos mains que dans celles du public; et mes amis penseront comme moi. Vous voyez qu'en pareil cas un voyage à Paris seroit indispensable; mais vous seriez toujours le maître de choisir le temps de votre commodité, et, dans votre façon de penser, vous ne tiendriez pas ce voyage pour perdu, non seulement par le service que vous rendriez à ma mémoire, mais encore par le plaisir de connoître des personnes estimables et respectables, les seuls vrais amis que j'ai jamais eus, et qui sûrement deviendroient aussi les vôtres. En attendant, je n'épargne rien pour vous abréger du travail. Le peu de moments où mon état me permet de m'occuper sont uniquement employés à mettre au net mes chiffons, et, depuis ma lettre, je n'ai pas laissé d'avancer assez la besogne pour espérer de l'achever, à moins de nouveaux accidents.

Connoissez-vous un M. Mollet, dont je n'ai jamais entendu parler? Il m'écrivit, il y a quelque temps, une espèce de relation de fête militaire, laquelle me fit grand plaisir, et je l'en remerciai. Il est parti de là pour faire imprimer, sans m'en parler, non seulement sa lettre, mais ma réponse, qui n'étoit sûrement pas faite pour paroître en public. J'ai quelquefois essuyé de pareilles malhonnêtetés; mais ce qui me fâche est que celle-ci vienne de Genève. Cela m'apprendra une fois pour toutes à ne plus écrire à gens que je ne connois point.

Voici, monsieur, deux lettres dont je grossis à regret celle-ci : l'une est pour M. Roustan, dont vous avez bien voulu m'en faire parvenir une, et l'autre pour une bonne femme qui m'a élevé, et pour laquelle je crois que vous ne regretterez pas l'augmentation d'un port de lettre, que je ne veux pas lui faire coûter, et que je ne puis affranchir avec sûreté à Montmorency. Lisez dans mon cœur, cher Moultou, le principe de la familiarité dont j'use avec vous, et qui seroit indiscrétion pour un autre; le vôtre ne lui donnera pas ce nom-là. Mille choses pour moi à l'ami Vernes. Adieu : je vous embrasse tendrement.

LETTRE CCLVII.

A MADAME LA MARÉCHALE DE LUXEMBOURG.

Lundi 10 août.

Je vois avec peine, madame la maréchale, combien vous vous en donnez pour réparer mes fautes; mais je sens qu'il est trop tard, et que mes mesures ont été mal prises. Il est juste que je porte la peine de ma négligence, et le succès même de vos recherches ne pourroit plus me donner une satisfaction pure et sans inquiétude; il est trop tard, il est trop tard : ne vous opposez point à l'effet de vos premiers soins, mais je vous supplie de ne pas y en donner davantage. J'ai reçu dans cette occasion la preuve la plus chère et la plus touchante de votre amitié ; ce précieux souvenir me tiendra lieu de tout, et mon cœur est trop plein de vous pour sentir le vide de ce qui me manque. Dans l'état où je suis, cette recherche m'intéressoit encore plus pour autrui que pour moi ; et, vu le caractère trop facile à subjuguer de la personne en question, il n'est pas sûr que ce qu'elle eût trouvé déjà tout formé, soit en bien, soit en mal, ne fût pas devenu pour elle un présent funeste. Il eût été bien cruel pour moi de la laisser victime d'un bourreau.

Vous voulez que je vous parle de mon état : n'est-il pas convenu que je ne vous en donnerai des nouvelles que quand il y en aura ? et il n'y en a pas jusqu'ici. Si je puis parvenir à rebuter enfin les importuns consolateurs, et à jouir tout-à-fait de la solitude que mon état exige, j'aurai du moins le repos ; et c'est, avec le petit nombre d'attachements qui me sont chers, le seul bien qui me reste à goûter dans la vie.

LETTRE CCLVIII.

A LA MÊME.

Ce lundi 18, été de 1761.

J'avois espéré, madame la maréchale, de vous porter hier moi-même de mes nouvelles à votre passage à Saint-Brice ; mais vos relais n'étant point venus, l'heure étant incertaine, et le temps menaçant de pluie, je n'osai, n'étant point encore bien remis, hasarder cette course sans être sûr de vous rencontrer. Vous êtes trop en peine de mon état; il n'est pas si mauvais qu'on vous l'a fait : j'ai plus d'inquiétude que de douleurs, et les alternatives qui se succèdent me font croire que, pour cette fois, il n'empirera pas considérablement. Si vous étiez actuellement au château, je vous irois voir à l'ordinaire, et je ne serai pas assez malheureux pour ne le pouvoir pas quand vous y serez. Ce voyage, dont j'espère profiter, fait mon espoir le plus doux, et je puis vous répondre que mon cœur n'est point malade. Quant à mon corps, s'il n'est pas bien, c'est une espèce de soulagement pour moi de savoir qu'il ne peut être mieux, ou du moins que cela ne dépend pas des hommes : par là, j'évite la peine et la gêne attachées à la crédulité des malades et à la charlatanerie des médecins. Je ne veux plus ajouter la dépendance de ces messieurs-là à celle de la nécessité, dont ils ne dispensent pas, quoi qu'ils fassent : comme j'ai pris mon parti là-dessus depuis long-temps, j'attends de l'amitié dont vous m'honorez que vous voudrez bien ne m'en plus parler. Bonjour, madame la maréchale; conservez votre santé, et venez m'aider à rétablir la mienne. Si votre présence et celle de monsieur le maréchal ne guérit pas mes souffrances, elle me les fera oublier.

LETTRE CCLIX.

A LA MÊME.

Ce vendredi 28, été de 1761.

Voilà, madame la maréchale, la *Julie angloise*. Si madame la comtesse de Boufflers prend la peine de la parcourir et d'y faire des observations, je lui serai fort obligé de vouloir bien me les communiquer : le libraire anglois m'en demande pour une nouvelle édition, et je n'entends pas assez la langue pour me fier aux miennes.

Je ne vous dirai point que j'ai le cœur plein de votre voyage, de tous vos soins, de toutes vos bontés; en ceci plus on sent, moins on peut dire. Je ne sais si vous n'appelez tout cela qu'une omelette, mais je sais qu'il faut un estomac bien chaud pour la digérer. En vérité, madame, il faut toute la plénitude des sentiments que vous m'avez inspirés pour suffire à la reconnoissance sans rien ôter à l'amitié.

LETTRE CCLX.

A LA MÊME.

A Montmorency, le 1er septembre 1761.

Il est vrai, madame la maréchale, que j'avois grand besoin de votre dernière lettre pour me tranquilliser, d'autant plus que, par une fatalité qui me poursuit en toutes choses, celle de M. le maréchal, qui auroit fait le même effet, s'est égarée en route, et ne m'est parvenue que depuis quelques jours. Depuis que vous avez daigné me rassurer, je n'ai plus besoin de réponse ; je saurai des nouvelles de votre santé ; et d'ailleurs, puisque vos bontés pour moi sont toujours les mêmes, il ne me faut plus de nouvelles sur ce point-là. J'ai pourtant un peu votre dernier mot sur le cœur ; vous me reprochez de l'avoir moins tendre que vous. Madame la maréchale, à cela je n'ai qu'un mot à dire : à Dieu ne plaise que je vous cause jamais le quart des inquiétudes et des peines que vous m'avez fait souffrir depuis deux mois !

LETTRE CCLXI.

A MADAME LATOUR.

Montmorency, le 29 septembre 1761.

J'espère, madame, malgré le début de votre lettre, que vous n'êtes point auteur, que vous n'eûtes jamais intention de l'être, et que ce n'est point un combat d'esprit auquel vous me provoquez, genre d'escrime pour lequel j'ai autant d'aversion que d'incapacité. Cependant vous vous êtes promis, dites-vous, de n'écrire de vos jours; je me suis promis la même chose, madame, et sûrement je le tiendrai. Mais cet engagement n'est relatif qu'au public; il ne s'étend point jusqu'aux commerces de lettres, et bien m'en prend sans doute; car il seroit fort à craindre que la vôtre ne me coûtât une infidélité. A l'éditeur d'une Julie vous en annoncez une autre, une réellement existante, dont vous êtes la Claire. J'en suis charmé pour votre sexe, et même pour le mien; car, quoi qu'en dise votre amie, sitôt qu'il y aura des Julies et des Claires, les Saint-Preux ne manqueront pas ; avertissez-là de cela, je vous supplie, afin qu'elle se tienne sur ses gardes ; et vous-même, fussiez-vous (ce que je ne présume pas) aussi folle que votre modèle, n'allez pas croire, à son exemple, que cela suffit pour être à l'abri des folies. Peut-être tout ce que je vous dis ici vous paroîtra-t-il fort inconsidéré ; mais c'est votre faute. Que dire à des personnes qu'on aime à croire très-aimables et très-vertueuses, mais qu'on ne connoît point du tout ? Charmantes amies ! si vous êtes telles que mon cœur le suppose, puissiez-vous, pour l'honneur de votre sexe, et pour le bonheur de votre vie, ne trouver jamais de Saint-Preux ! Mais si vous êtes comme les autres, puissiez-vous ne trouver que des Saint-Preux !

Vous parlez de faire connoissance avec moi ; vous ignorez sans doute que l'homme à qui vous écrivez, affligé d'une maladie incurable et cruelle, lutte tous les jours de sa vie entre la douleur et la mort, et que la lettre même qu'il vous écrit est souvent interrompue par des distractions d'un genre bien différent. Toutefois je ne puis vous cacher que votre lettre me donne un désir secret de vous connoître toutes deux ; et que si notre commerce finit là, il ne me laissera pas sans quelque inquiétude. Si ma curiosité étoit satisfaite, ce seroit peut-être bien pis encore. Malgré les ans, les maux, la raison, l'expérience, un solitaire ne doit point s'exposer à voir des Julies et des Claires, quand il veut garder sa tranquillité.

Je vous écris, madame, comme vous me l'avez prescrit, sans m'informer de ce que vous ne voulez pas que sache. Si j'étois indiscret, il ne me seroit peut-être pas impossible de vous connoître ; mais fussiez-vous madame de Solar elle-même, je ne saurai jamais de votre secret que ce que j'en apprendrai de vous. Si votre intention est que je le devine, vous me trouverez fort bête; mais vous n'avez pas dû vous attendre à me trouver plus d'esprit.

LETTRE CCLXII.

A M. D'OFFREVILLE, a Douai,

Sur cette question : S'IL Y A UNE MORALE DÉMONTRÉE, OU S'IL N'Y EN A POINT.

Montmorency, le 4 octobre 1761.

La question que vous me proposez, monsieur, dans votre lettre du 15 septembre, est importante et grave; c'est de sa solution qu'il dépend de savoir s'il y a une morale démontrée, ou s'il n'y en a point.

Votre adversaire soutient que tout homme n'agit, quoi qu'il fasse, que relativement à lui-même, et que, jusqu'aux actes de vertu les plus sublimes, jusqu'aux œuvres de charité les plus pures, chacun rapporte tout à soi.

Vous, monsieur, vous pensez qu'on doit faire le bien pour le bien, même sans aucun retour d'intérêt personnel; que les bonnes œuvres qu'on rapporte à soi ne sont plus des actes de vertu, mais d'amour-propre : vous ajoutez que nos aumônes sont sans mérite si nous ne les faisons que par vanité ou dans la vue d'écarter de notre esprit l'idée des misères de la vie humaine; et en cela vous avez raison.

Mais, sur le fonds de la question, je dois vous avouer que je suis de l'avis de votre adversaire : car, quand nous agissons, il faut que nous ayons un motif pour agir, et ce motif ne peut être étranger à nous, puisque c'est nous qu'il met en œuvre; il est absurde d'imaginer qu'étant moi, j'agirai comme si j'étois un autre. N'est-il pas vrai que si l'on vous disoit qu'un corps est poussé sans que rien le touche, vous diriez que cela n'est pas concevable? C'est la même chose en morale, quand on croit agir sans nul intérêt.

Mais il faut expliquer ce mot d'*intérêt*, car vous pourriez lui donner tel sens, vous et votre adversaire, que vous seriez d'accord sans vous entendre, et lui-même pourroit lui en donner un si grossier, qu'alors ce seroit vous qui auriez raison.

Il y a un intérêt sensuel et palpable qui se rapporte uniquement à notre bien-être matériel, à la fortune, à la considération, aux biens physiques qui peuvent résulter pour nous de la bonne opinion d'autrui. Tout ce qu'on fait pour un tel intérêt ne produit qu'un bien du même ordre, comme un marchand fait son bien en vendant sa marchandise le mieux qu'il peut. Si j'oblige un autre homme en vue de m'acquérir des droits sur sa reconnoissance, je ne suis en cela qu'un marchand qui fait le commerce, et même qui ruse avec l'acheteur. Si je fais l'aumône pour me faire estimer charitable et jouir des avantages attachés à cette estime, je ne suis encore qu'un marchand qui achète de la réputation. Il en est à peu près de même si je ne fais cette aumône que pour me délivrer de l'importunité d'un gueux ou du spectacle de sa misère. Tous les actes de cette espèce qui ont en vue un avantage extérieur ne peuvent porter le nom de bonnes actions; et l'on ne dit pas d'un marchand qui a bien fait ses affaires qu'il s'y est comporté vertueusement.

Il y a un autre intérêt qui ne tient point aux avantages de la société, qui n'est relatif qu'à nous-mêmes, au bien de notre ame, à notre bien-être absolu, et que pour cela j'appelle intérêt spirituel ou moral, par opposition au premier; intérêt qui, pour n'avoir pas des objets sensibles, matériels, n'en est pas moins vrai, pas moins grand, pas moins solide, et, pour tout dire en un mot, le seul qui, tenant intimement à notre nature, tende à notre véritable bonheur. Voilà, monsieur, l'intérêt que la vertu se propose, et qu'elle doit se proposer, sans rien ôter au mérite, à la pureté, à la bonté morale des actions qu'elle inspire.

Premièrement, dans le système de la religion, c'est-à-dire des peines et des récompenses de l'autre vie, vous voyez que l'intérêt de plaire à l'auteur de notre être et au juge suprême de nos actions est d'une importance qui l'emporte sur les plus grands maux, qui fait voler au martyre les vrais croyants, et en même temps d'une pureté qui peut ennoblir les plus sublimes devoirs. La loi de bien faire est tirée de la raison même ; et le chrétien n'a besoin que de logique pour avoir de la vertu.

Mais outre cet intérêt, qu'on peut regarder en quelque façon comme étranger à la chose, comme n'y tenant que par une expresse volonté de Dieu, vous me demanderez peut-être s'il y a quelque autre intérêt lié plus immédiatement, plus nécessairement à la vertu par sa nature, et qui doive nous la faire aimer uniquement pour elle-même. Ceci tient à d'autres questions dont la discussion passe les bornes d'une lettre, et dont, par cette raison, je ne tenterai pas ici l'examen : comme, si nous avons un amour naturel pour l'ordre, pour le beau moral ; si cet amour peut être assez vif par lui-même pour primer sur toutes nos passions ; si la conscience est innée dans le cœur de l'homme, ou si elle n'est que l'ouvrage des préjugés et de l'éducation : car en ce dernier cas il est clair que nul n'ayant en soi-même aucun intérêt à bien faire, ne peut faire aucun bien que par le profit qu'il en attend d'autrui ; qu'il n'y a par conséquent que des sots qui croient à la vertu, et des dupes qui la pratiquent. Telle est la nouvelle philosophie.

Sans m'embarquer ici dans cette métaphysique, qui nous mèneroit trop loin, je me contenterai de vous proposer un fait que vous pourrez mettre en question avec votre adversaire, et qui, bien discuté, vous instruira peut-être mieux de ses vrais sentiments que vous ne pourriez vous en instruire en restant dans la généralité de votre thèse.

En Angleterre, quand un homme est accusé criminellement, douze jurés enfermés dans une chambre pour opiner, sur l'examen de la procédure, s'il est coupable ou s'il ne l'est pas, ne sortent plus de cette chambre, et n'y reçoivent point à manger qu'ils ne soient tous d'accord ; en sorte que leur jugement est toujours unanime et décisif sur le sort de l'accusé.

Dans une de ces délibérations, les preuves paroissant convaincantes, onze des jurés le condamnèrent sans balancer ; mais le douzième s'obstina tellement à l'absoudre, sans vouloir alléguer d'autre raison, sinon qu'il le croyoit innocent, que, voyant ce juré déterminé à mourir de faim plutôt que d'être de leur avis, tous les autres, pour ne pas s'exposer au même sort, revinrent au sien, et l'accusé fut renvoyé absous.

L'affaire finie, quelques-uns des jurés pressèrent en secret leur collègue de leur dire la raison de son obstination; et ils surent enfin que c'étoit lui-même qui avoit fait le coup dont l'autre étoit accusé, et qu'il avoit eu moins d'horreur de la mort que de faire périr l'innocent chargé de son propre crime.

Proposez le cas à votre homme, et ne manquez pas d'examiner avec lui l'état de ce juré dans toutes ses circonstances. Ce n'étoit point un homme juste, puisqu'il avoit commis un crime; et, dans cette affaire, l'enthousiasme de la vertu ne pouvoit point lui élever le cœur et lui faire mépriser la vie. Il avoit l'intérêt le plus réel à condamner l'accusé pour ensevelir avec lui l'imputation du forfait; il devoit craindre que son invincible obstination n'en fît soupçonner la véritable cause, et ne fût un commencement d'indice contre lui : la prudence et le soin de sa sûreté demandoient, ce semble, qu'il fît ce qu'il ne fit pas, et l'on ne voit aucun intérêt sensible qui dût le porter à faire ce qu'il fit. Il n'y avoit cependant qu'un intérêt très-puissant qui pût le déterminer ainsi dans le secret de son cœur à toute sorte de risque : quel étoit donc cet intérêt auquel il sacrifioit sa vie même?

S'inscrire en faux contre le fait seroit prendre une mauvaise défaite; car on peut toujours l'établir par supposition, et chercher, tout intérêt étranger mis à part, ce que feroit en pareil cas, pour l'intérêt de lui-même, tout homme de bon sens qui ne seroit ni vertueux ni scélérat.

Posant successivement les deux cas : l'un, que le juré ait prononcé la condamnation de l'accusé et l'ait fait périr pous se mettre en sûreté; l'autre, qu'il l'ait absous, comme il fit, à ses propres risques; puis, suivant dans les deux cas le reste de la vie du juré et la probabilité du sort qu'il se seroit préparé, pressez votre homme de prononcer décisivement sur cette conduite, et d'exposer nettement, de part ou d'autre, l'intérêt et les motifs du parti qu'il auroit choisi; alors, si votre dispute n'est pas finie, vous connoîtrez du moins si vous vous entendez l'un l'autre, ou si vous ne vous entendez pas.

Que s'il distingue entre l'intérêt d'un crime à commettre ou à ne pas commettre, et celui d'une bonne action à faire ou à ne pas faire, vous lui ferez voir aisément que, dans l'hypothèse, la raison de s'abstenir d'un crime avantageux qu'on peut commettre impunément est du même genre que celle de faire, entre le ciel et soi, une bonne action onéreuse; car outre que, quelque bien que nous puissions faire, en cela nous ne sommes que justes, on ne peut avoir nul intérêt en soi-même à ne pas faire le mal qu'on n'ait un intérêt semblable à faire le bien; l'un et l'autre dérivent de la même source et ne peuvent être séparés.

Surtout, monsieur, songez qu'il ne faut point outrer les choses au-delà de la vérité, ni confondre, comme faisoient les stoïciens, le bonheur avec la vertu. Il est certain que faire le bien pour le bien c'est le faire pour soi, pour notre propre intérêt, puisqu'il donne à l'ame une satisfaction intérieure, un contentement d'elle-même sans lequel il n'y a point de vrai bonheur. Il est sûr encore que les méchants sont tous misérables, quel que soit leur sort apparent, parce que le bonheur s'empoisonne dans une ame corrompue comme le plaisir des sens dans un corps malsain. Mais il est faux que les bons soient tous heureux dès ce monde; et comme il ne suffit pas au corps d'être en santé pour avoir de quoi se nourrir, il ne suffit pas non plus à l'ame d'être saine pour obtenir tous les biens dont elle a besoin. Quoiqu'il n'y ait que les gens de bien qui puissent vivre contents, ce n'est pas à dire que tout homme de bien vive content. La vertu ne donne pas le bonheur, mais elle seule apprend à en jouir quand on l'a : la vertu ne garantit pas des maux de cette vie et n'en procure pas les biens; c'est ce que ne fait pas non plus le vice avec toutes ses ruses; mais la vertu fait porter plus patiemment les uns et goûter plus délicieusement les autres. Nous avons donc, en tout état de cause, un véritable intérêt à la cultiver, et nous faisons bien de travailler pour cet intérêt, quoiqu'il y ait des cas où il seroit insuffisant par lui-même sans l'attente d'une vie à venir. Voilà mon sentiment sur la question que vous m'avez proposée.

En vous remerciant du bien que vous pensez de moi, je vous conseille pourtant, monsieur, de ne plus perdre votre temps à me défendre ou à me louer. Tout le bien ou le mal qu'on dit d'un homme qu'on ne connoît point ne signifie pas grand'chose. Si ceux qui m'accusent ont tort, c'est à ma conduite à me justifier; toute autre apologie est inutile ou superflue. J'aurois dû vous répondre plus tôt; mais le triste état où je vis doit excuser ce retard. Dans le peu d'intervalle que mes maux me laissent, mes occupations ne sont pas de mon choix ; et je vous avoue que quand elles en seroient, ce choix ne seroit pas d'écrire des lettres. Je ne réponds point à celles de compliments, et je ne répondrois pas non plus à la vôtre, si la question que vous m'y proposez ne me faisoit un devoir de vous en dire mon avis.

Je vous salue, monsieur, de tout mon cœur.

LETTRE CCLXIII.

A MADAME LA MARÉCHALE DE LUXEMBOURG.

Ce mercredi 18.

Voici, madame, une quatrième partie que vous devriez avoir depuis long-temps; mais mon libraire et d'autres tracas dont je vous rendrai compte ne me laissent pas le temps d'aller plus vite, quelque effort que je fasse pour cela. Tous les tracas du monde ne justifieroient pourtant pas mon silence, et ne m'auroient pas empêché d'écrire à M. le maréchal et à vous. Mon excuse est d'une autre espèce, et plus propre à me faire trouver grâce auprès de vous. Dans le commencement de mes attachements, j'écris fréquemment pour les serrer, pour établir la confiance; quand elle est acquise, je n'écris plus que pour le besoin; il me semble qu'alors on s'entend assez sans se rien dire. Si vous trouvez cette raison valable, voici, madame la maréchale, comment vous me le ferez connoître, c'est en vous faisant, pour répondre, la même règle que je me fais pour écrire. Quand un honnête homme indifférent a l'honneur d'écrire à madame la maréchale de Luxembourg, sa politesse peut lui faire un devoir de répondre; mais quand elle ne répondra pas exactement à celui qu'elle honore d'une estime particulière, ce silence ne sera pas équivoque et vaudra bien une lettre. Je n'aime pas tout ce qui se fait par règle, si ce n'est n'en point avoir d'autre que son cœur; et je suis bien sûr que, sans me dicter de fréquentes lettres, le mien ne se taira jamais pour vous. J'apprends à l'instant la désertion de ce malheureux Saint-Martin : la plume m'en tombe des mains. Oh! si vous avez des fripons à votre service, qui jamais aura d'honnêtes gens? Que je vous plains! que je gémis de ce qui fait l'admiration des autres! Que la Providence, en vous rendant si bons, si aimables, si estimables, vous a tous deux déplacés! Ah! vous méritiez d'être nés obscurs et libres, de n'avoir ni maîtres ni valets, de vivre pour vous et pour vos amis : vous les auriez rendus heureux, et vous l'auriez été vous-mêmes.

LETTRE CCLXIV.

A MADAME LATOUR.

Montmorency, le 19 octobre 1761.

Le plaisir que j'ai, madame, de recevoir de vous une seconde lettre seroit tempéré ou peut-être augmenté par vos reproches, si je pouvois les concevoir; mais c'est à quoi je fais de vains efforts. Vous me parlez d'une lettre de votre amie; je n'en ai point reçu d'autre que celle qui accompagnoit la vôtre du 16, et qui est de même date; et cette lettre, ne vous déplaise, n'est point d'une femme, mais seulement d'un homme ou *d'un ange*, ce qui est tout un pour mon dépit. Vous semblez vous plaindre de ma négligence à répondre, et plus je mérite ce reproche de toute autre part, plus votre ingratitude en augmente, puisque j'ai répondu à votre première lettre le surlendemain de sa réception, et que, par un progrès de diligence dont je me passerois bien, voilà que dès le lendemain je réponds à la seconde.

Le grand mal est qu'en vous donnant un homme pour ami, vous êtes restée femme; et la tromperie est d'autant plus cruelle que vous ne m'avez trompé qu'à demi. Deux hommes me feroient mille pareils tours que je n'en ferois que rire; mais je ne sais pourquoi je ne puis vous imaginer tête-à-tête avec *monsieur* Julie, concertant vos lettres et tout le persifflage adressé à la pauvre dupe sans des mouvements de colère, et, je crois, de quelque chose de pis : si, pour me venger, je voulois vous imaginer horrible, vous vous doutez bien que cela me réussiroit mal; je me venge donc au contraire en vous imaginant si charmante que, comme que vous puissiez être, j'ai de quoi vous rendre jalouse de vous. Tout ce qui me déplaît dans cette vengeance est la peur de la prendre à mes dépens.

Nouvelle folie qu'il faut vous avouer. En lisant cette lettre désolante, l'examinant par tous les recoins, pour y chercher cette chimérique Julie, que je ne puis m'empêcher de regretter presque jusqu'aux larmes, j'ai été découvrir que le timbre de la petite poste avoit fait impression au papier, à travers l'enveloppe, d'où j'ai conclu que l'auteur de cette lettre ne l'avoit point écrite dans votre chambre. Cette découverte a sur-le-champ désarmé ma furie; et j'ai compris par là que je vous pardonnois plutôt le complot de me tromper, que le tête-à-tête de l'exécution. Pour Dieu, madame, vous qui devez faire des miracles, tolérez l'indiscrétion de ma prière; je vous demande à genoux de rechanger ce monsieur en femme. Abusez-moi, mentez-moi; mais de grâce, refaites-en, comme vous pourrez, un autre Julie, et je vous donnerai à toutes deux les cœurs de mille Saint-Preux dans un seul.

Quant aux lettres que vous dites m'avoir été précédemment écrites, et qu'il est, ajoutez-vous, impossible de supposer ne m'être pas parvenues, il ne faut pas, madame, le supposer, il faut en être persuadée. Je n'ai point reçu vos lettres; si je les avois reçues, j'aurois pu n'y pas répondre, du moins si tôt, car je suis paresseux, souffrant, triste, occupé, et de ma vie je n'ai pu avoir d'exactitude dans les correspondances qui m'intéressoient le plus; mais je n'en aurois point nié la reception, et je n'aurois point désavoué mon tort. Je juge par le tour de vos reproches qu'il étoit question du soin de ma santé, et je suis touché de l'intérêt que vous voulez bien y prendre. Loin que mon dessein soit de mourir, c'est pour vivre jusqu'à ma dernière heure que j'ai renoncé aux impostures des médecins. Vingt ans de tourments et d'expérience m'ont suffisamment instruit de la nature de mon mal et de l'insuffisance de leur art. Ma vie, quoique triste et douloureuse, ne m'est point à charge; elle n'est point sans douceurs, tant que des personnes telles que vous me paroissez être daignent y prendre intérêt; mais lutter en vain pour la prolonger, c'est l'user et l'accourcir; le peu qui m'en reste m'est encore assez cher pour en vouloir jouir en paix. Mon parti est pris, je n'aime pas la dispute, et je n'en veux point soutenir contre vous; mais je ne changerai pas de résolution. Adieu, madame; ici finira probablement notre courte correspondance; jouissez du triomphe aisé de me laisser du regret à la finir. Je suis sensible, facile, et naturellement fort aimant; je ne sais point résister aux caresses. D'une seule lettre vous m'aviez déjà subjugué; j'avoue aussi que votre feinte Julie ajoutoit beaucoup à votre empire; et maintenant encore que je sais qu'elle n'existe pas, son idée augmente le serrement de cœur qui me reste, en songeant au tour que vous m'avez joué.

LETTRE CCLXV.

AUX INSÉPARABLES, HOMMES OU FEMMES.

Ce lundi soir.

Il faut l'avouer, messieurs ou mesdames, me voilà tout aussi fou que vous l'avez voulu. Votre commerce me devient plus intéressant qu'il ne convient à mon âge, à mon état, à mes principes. Malgré cela, mes soupçons mal guéris ne me permettent plus de le continuer sans défiance. Voilà pourquoi je n'écris point nommément à Julie, parce qu'en effet si elle est ce que vous dites, ce que je désire, ou plutôt ce que je dois craindre, l'offense est moindre de ne lui point écrire, que de lui écrire autrement qu'il ne faudroit. Si elle est femme, elle est plus qu'un ange, il lui faut des adorations; si elle est homme, cet homme a beaucoup d'esprit; mais l'esprit est comme la puissance, on en abuse toujours quand on en a trop. Encore un coup, ceci devient trop vif pour continuer l'anonyme. Faites-vous connoître, ou je me tais; c'est mon dernier mot.

LETTRE CCLXVI.

A MADAME LA MARÉCHALE DE LUXEMBOURG.

Montmorency, le 22 octobre 1761.

J'ai reçu, madame la maréchale, une très-énergique réponse de M. le maréchal [1], et j'aime à me flatter que cette réponse vous est commune avec lui, d'autant plus que vous m'en faites quelques unes de ce ton-là, au papier près que vous n'y mettez pas. Il est vrai qu'une réponse que vous écrivez parle pour dix que vous n'écrivez point, et si j'étois moins insatiable, une seule de vos lettres suffiroit pour alimenter mon cœur pour toute ma vie : mais c'est précisément leur prix qui me rend avide, et je trouve que vous n'avez jamais assez dit ce que je me plais tant à entendre et à lire. Au moyen de la correspondance nouvellement établie, j'espère que vous me dispenserez plus libéralement des grâces qui me sont chères; il ne vous en coûtera qu'une feuille de papier et une adresse de votre main; car il me faut, s'il vous plaît, quel-

---

[1] * Le maréchal de Luxembourg n'avoit envoyé à Rousseau qu'une feuille de papier blanc. Il paroît qu'il étoit convenu entre eux que cet envoi tiendroit lieu de réponse de la part du maréchal, lorsqu'il n'auroit pas le temps d'écrire et n'auroit rien de nouveau à communiquer.

ques mots que vous ayez tracés, et qui me donneront la confiance de supposer dans la lettre tous ceux qui n'y seront point, mais que vos bontés pour moi et mon attachement pour vous m'y feront supposer. Nous gagnerons tous deux à cet arrangement, madame la maréchale : vous aurez la peine d'écrire de moins, et moi j'aurai le plaisir de lire des lettres, moins agréables peut-être que vous ne les auriez écrites, mais, en revanche, aussi tendres qu'il me plaira.

LETTRE CCLXVII.

A M. R....

Montmorency, le 24 octobre 1761.

Votre lettre, monsieur, du 30 septembre, ayant passé par Genève, c'est-à-dire ayant traversé deux fois la France, ne m'est parvenue qu'avant-hier. J'y ai vu, avec une douleur mêlée d'indignation, les traitements affreux que souffrent nos malheureux frères dans le pays où vous êtes, et qui m'étonnent d'autant plus que l'intérêt du gouvernement seroit, ce me semble, de les laisser en repos, du moins quant à présent. Je comprends bien que les furieux qui les oppriment consultent bien plus leur humeur sanguinaire que l'intérêt du gouvernement; mais j'ai pourtant quelque peine à croire qu'ils se portassent à ce point de cruauté si la conduite de nos frères n'y donnoit pas quelque prétexte. Je sens combien il est dur de se voir sans cesse à la merci d'un peuple cruel, sans appui, sans ressource, et sans avoir même la consolation d'entendre en paix la parole de Dieu. Mais cependant, monsieur, cette même parole de Dieu est formelle sur le devoir d'obéir aux lois des princes. La défense de s'assembler est incontestablement dans leurs droits; et, après tout, ces assemblées n'étant pas de l'essence du christianisme, on peut s'en abstenir sans renoncer à sa foi. L'entreprise d'enlever un homme des mains de la justice ou de ses ministres, fût-il même injustement détenu, est encore une rébellion qu'on ne peut justifier, et que les puissances sont toujours en droit de punir. Je comprends qu'il y a des vexations si dures qu'elles lassent même la patience des justes. Cependant qui veut être chrétien doit apprendre à souffrir, et tout homme doit avoir une conduite conséquente à sa doctrine. Ces objections peuvent être mauvaises, mais toutefois si on me les faisoit, je ne vois pas trop ce que j'aurois à répliquer.

Malheureusement je ne suis pas dans le cas d'en courir le risque. Je suis très-peu connu de M....., et je ne le suis même que par quelque tort qu'il a eu jadis avec moi, ce qui ne le disposeroit pas favorablement pour ce que j'aurois à lui dire; car, comme vous devez savoir, quelquefois l'offensé pardonne, mais l'offenseur ne pardonne jamais. Je ne suis pas en meilleur prédicament auprès des ministres; et quand j'ai eu à demander à quelqu'un d'eux non des grâces, je n'en demande point, mais la justice la plus claire et la plus due, je n'ai pas même obtenu de réponse. Je ne ferois, par un zèle indiscret, que gâter la cause pour laquelle je voudrois m'intéresser. Les amis de la vérité ne sont pas bien venus dans les cours, et ne doivent pas s'attendre à l'être. Chacun a sa vocation sur la terre; la mienne est de dire au public des vérités dures, mais utiles; je tâche de la remplir sans m'embarrasser du mal que m'en veulent les méchants, et qu'ils me font quand ils peuvent. J'ai prêché l'humanité, la douceur, la tolérance, autant qu'il a dépendu de moi; ce n'est pas ma faute si l'on ne m'a pas écouté; du reste, je me suis fait une loi de m'en tenir toujours aux vérités générales : je ne fais ni libelles, ni satires; je n'attaque point un homme, mais les hommes; ni une action, mais un vice. Je ne saurois, monsieur, aller au-delà.

Vous avez pris un meilleur expédient en écrivant à M..... Il est fort ami de....., et se feroit certainement écouter s'il lui parloit pour nos frères; mais je doute qu'il mette un grand zèle à sa recommandation : mon cher monsieur, la volonté lui manque, à moi le pouvoir; et cependant le juste pâtit. Je vois par votre lettre que vous avez, ainsi que moi, appris à souffrir à l'école de la pauvreté. Hélas! elle nous fait compatir aux malheurs des autres; mais elle nous met hors d'état de les soulager. Bonjour, monsieur; je vous salue de tout mon cœur.

LETTRE CCLXVIII.

A MADAME LA MARÉCHALE DE LUXEMBOURG.

Ce dimanche 26 octobre.

Permettez, madame la maréchale, que je vous envoie le bulletin de ma journée d'hier. J'appris le matin que vous deviez passer à Saint-Brice, entre midi et une heure. Je dînai à onze heures et demie; et, de peur d'arriver trop tard, voulant gagner le temps du relais, j'allai couper le grand chemin au barrage de Pierre-Fite; de là je remontai au petit pas jusqu'à la vue de Saint-Brice. Là, les premières gouttes de pluie m'ayant surpris, je fus me réfugier chez le curé de Groslay, d'où, voyant que la pluie ne faisoit qu'augmenter, je pris enfin le parti de me remettre en route, et j'arrivai chez moi mouillé jusqu'aux os, crotté jusqu'au dos, et, qui pis est, ne vous ayant point vue. Je voudrois bien, madame la maréchale, que tous ces maux excitassent votre pitié, et me valussent un petit emplâtre de papier blanc.

LETTRE CCLXIX.

A LA MÊME.

Ce mardi matin.

Bon Dieu! madame, quelle lettre! quel style! Est-ce bien à moi que vous écrivez? est-ce une plaisanterie, et vous moquez-vous de mes frayeurs? J'aurois ce soupçon, peut-être, s'il ne faisoit que m'humilier; mais il vous outrage, et je l'étouffe. Non, non, plus d'alarmes, plus d'inquiétudes; cet état est trop cruel, et sans doute il est trop injuste; j'y renonce pour la vie; je me livre dans la simplicité de mon cœur à toute la bonté du vôtre; et je suis bien sûr, quelque ton que vous puissiez prendre, que je ne mériterai jamais que vous quittiez celui de l'amitié.

Mais quoi! toujours des torts? Vous m'en reprochez d'autres au sujet du livre. Qu'ai-je donc fait? Que vous m'affligez! Oui, madame la maréchale, si je vous ai promis quelque chose que j'aie oublié, il faut que je sois un monstre : je ne sens pas en moi que je sois fait pour l'être; en vérité je croyois être en règle. Je vais tout quitter à l'instant pour me mettre à vos copies, et je vous promets, et je m'en souviendrai, que je ne les suspendrai point sans votre congé.

J'écris ces mots à la hâte pour vous renvoyer plus tôt votre exprès; je voudrois qu'il eût des ailes pour vous porter ce témoignage de ma reconnoissance et de mon repentir. Mais pourtant je ne puis avoir regret au souci que m'a donné ma mauvaise tête, puisqu'il m'attire un soin si obligeant de votre part.

LETTRE CCLXX.

A JULIE.

Je joindrois une épithète si j'en savois quelqu'une qui pût ajouter à ce mot.

30 octobre 1761.

Oui, madame, vous êtes femme, j'en suis persuadé; si, sur les indices contraires que je vous dirai quand il vous plaira, je m'obstinois après vos protestations à en douter encore, je ne ferois plus de tort qu'à moi. Cela posé, je sens que j'ai à réparer près de vous toutes les offenses qu'on peut faire à quelqu'un qu'on ne connoît que par son esprit; mais ce devoir ne m'effraie point, et il faudra que vous soyez bien inexorable, si la disposition où je suis de m'humilier devant vous ne vous apaise pas. D'ailleurs vous vous trompez fort quand vous regardez votre amour-propre comme offensé par mes doutes; la frayeur que j'avois qu'ils ne fussent fondés vous en venge assez; et pensez-vous que ce ne fût rien, quand vous avez osé prendre ce nom de Julie, de n'avoir pu vous le disputer?

La condition sous laquelle vous daignez satisfaire l'empressement que j'ai de savoir qui vous êtes me confirme qu'il vous est bien dû. Je vous rends donc justice; mais vous ne me la rendez pas, quand vous me supposez plus curieux que sensible. Non, madame, ce que je n'aurois pas fait pour vous complaire, je ne le ferois pas pour vous connoître, et je ne vous vendrois pas un bien que vous voulez me faire, pour en arracher un *plus grand* malgré vous. Je suppose que l'homme que vous voulez que je voie est le frère Côme, dont vous m'avez parlé précédemment; si la chose étoit à faire, je vous obéirois, et vous resteriez inconnue : mais l'amitié a prévenu l'humanité. M. le maréchal de Luxembourg exigea l'été dernier que je le visse; j'obéis, et il l'a fait venir deux fois. Le frère Côme a fait ce que n'avoit pu faire avant lui nul homme de l'art; je n'ai rien vu de lui qui ne soit très-conforme à sa réputation et au jugement que vous en portez; enfin il m'a délivré d'une erreur fâcheuse, en vérifiant que mon mal n'étoit point celui que je croyois avoir. Mais celui que j'ai n'en est ni moins inconnu, ni moins incurable qu'auparavant, et je n'en souffre pas moins depuis ses visites; ainsi tous les soins humains ne servent plus qu'à me tourmenter. Ce n'est sûrement pas votre intention qu'ils aient cet usage.

Vous me reprochez l'abus de l'esprit qu'en vous supposant homme j'avois cru voir dans vos lettres. J'ignore si cette imputation est fondée, mais je n'ai jamais cru avoir assez d'esprit pour en pouvoir abuser, et je n'en fais pas assez de cas pour le vouloir. Mais il est vrai que dans l'espèce de correspondance qu'il vous a plu d'établir avec moi, l'embarras de savoir que dire a pu me faire recourir à de mauvaises plaisanteries qui ne me vont point, et dont je me tire toujours gauchement. Il ne tiendra qu'à vous, madame, et à votre aimable amie, de connoître que mon cœur et ma plume ont un autre langage, et que celui de l'estime et de la confiance ne m'est pas absolument étranger. Mais vous qui parlez, il s'en faut beaucoup que vous soyez disculpée auprès de moi sur ce chapitre; et je vous avertis que ce grief n'est pas si léger à mon opinion qu'il ne vaille la peine d'être d'abord discuté, et puis tout-à-fait ôté d'une correspondance continuée.

Après ma lettre pliée, je m'aperçois qu'on peut lire l'écriture à travers le papier, ainsi je mets une enveloppe.

LETTRE CCLXXI.

A M. LE MARÉCHAL DE LUXEMBOURG.

Montmorency, le 3 novembre 1761.

Monsieur le maréchal, je ne suis point un sinistre interprète; j'ai donné à votre lettre blanche le sens qu'elle devoit avoir : mais je vous avoue que l'invincible silence de madame la maréchale m'épouvante, et me fait craindre d'avoir été trop confiant. Je ne comprends rien à cet effrayant mystère, et n'en suis que plus alarmé. De grâce, faites cesser un silence aussi cruel. Quelle douleur seroit la mienne s'il duroit au point de me forcer de l'entendre ! C'est ce que je n'ose même imaginer.

LETTRE CCLXXII.

A JULIE.

Montmorency, le 10 novembre 1761.

Je crois, madame, que vous avez deviné juste, et que je me serois moins avancé, à l'égard de l'homme en question, si, malgré ce que m'avoit écrit votre amie, j'avois cru que ce ne fût pas le frère Côme; non, ce me semble, par le désir de me faire honneur d'une déférence que je ne voulois pas avoir, mais parce que, avant d'avoir vu le frère Côme, il me restoit à faire un dernier sacrifice, que vous eussiez sans doute obtenu, quoique j'en susse le désagrément et l'inutilité. Maintenant qu'il est fait, ce sacrifice a mis le terme à ma complaisance, et je ne veux plus rien faire, à cet égard, que ce que j'ai promis. Je ne me souviens pas de ma lettre, mais soyez vous-même juge de cet engagement : si je ne suis tenu à rien, je ne veux rien accorder; si vous me croyez lié par ma parole, envoyez M. Sarbourg, il sera content de ma docilité. Mais, au reste, de quelque manière que se passe cette entrevue, elle ne peut aboutir de sa part qu'à un examen de pure curiosité; car s'il osoit entreprendre ma guérison, je ne serois pas assez fou pour me livrer à cette entreprise, et je suis très-sûr de n'avoir rien promis de pareil. J'ai senti dès l'enfance les premières atteintes du mal qui me consume; il a sa source dans quelque vice de conformation né avec moi; les plus crédules dupes de la médecine ne le furent jamais au point de penser qu'elle pût guérir de ceux-là. Elle a son utilité, j'en conviens; elle sert à leurrer l'esprit d'une vaine espérance; mais les emplâtres de cette espèce ne mordent plus sur le mien.

A l'égard de la promesse conditionnelle de vous

faire connoître, je vous en remercie; mais je vous en relève, quelque parti que vous preniez au sujet de M. Sarbourg. En y mieux pensant, j'ai changé de sentiment sur ce point; si, selon votre manière d'interpréter, vous trouvez encore là une indifférence désobligeante, ce ne sera pas en cette occasion que je vous reprocherai trop d'esprit. Mon empressement de savoir qui vous êtes venoit de ma défiance sur votre sexe, elle n'existe plus; je vous crois femme, je n'en doute point, et c'est pour cela que je ne veux plus vous connoître; vous ne sauriez plus y gagner, et moi j'y pourrois trop perdre.

Ne croyez pas, au reste, que jamais j'aie pu vous prendre pour un homme; il n'y a rien de moins alliable que les deux idées qui me tourmentoient; j'ai seulement cru vos lettres de la main d'un homme : je l'ai cru, fondé sur l'écriture, aussi liée, aussi formée que celle d'un homme; sur la grande régularité de l'orthographe; sur la ponctuation plus exacte que celle d'un prote d'imprimerie; sur un ordre que les femmes ne mettent pas communément dans leurs lettres, et qui m'empêchoit de me fier à la délicatesse qu'elles y mettent, mais que quelques hommes y mettent aussi; enfin sur les citations italiennes, qui me déroutoient le plus. Le temps est passé des Bouillon, des La Suze, des La Fayette, des dames françoises qui lisoient et aimoient la poésie italienne. Aujourd'hui leurs oreilles racornies à votre Opéra ont perdu toute finesse, toute sensibilité : ce goût est éteint pour jamais parmi elles.

> Nè più il vestigio appar; nè dir si può
> Egli qui fue.

Ajoutez à tout cela certain petit trait accolé de deux points, qui finit toutes vos lettres, et qui me fournissoit un indice décisif au gré de ma pointilleuse défiance. Où diantre avez-vous aussi pêché ce maudit trait qu'on ne fit jamais que dans des bureaux, et qui m'a tant désolé ? Charmante Claire, examinez bien la jolie main de votre amie ; je parie que ses petits doigts ne sauroient faire un pareil trait sans contracter un durillon. Mais ce n'est pas tout ; vous voulez savoir sur quoi portoit aussi ma frayeur que cette lettre ne fût de la main d'un homme : *c'est que votre Claire vous avoit donné la vie, et que cet homme-là vous tuoit.*

Il est vrai, madame, que je n'ai pas répondu à vos six pages, et que je n'y répondrois pas en cent. Mais, soit que vous comptiez les pages, les choses, les lettres, je serai toujours en reste ; et si vous exigez autant que vous donnez, je n'accepte point un marché qui passe mes forces. Je ne sais par quel prodige j'ai été jusqu'ici plus exact avec vous, que je ne connois point, que je ne le fus de ma vie avec mes amis les plus intimes. Je veux conserver ma liberté jusque dans mes attachements ; je veux qu'une correspondance me soit un plaisir et non pas un devoir; je porte cette indépendance dans l'amitié même; je veux aimer librement mes amis pour le plaisir que j'y prends; mais, sitôt qu'ils mettent les services à la place des sentiments, et que la reconnoissance m'est imposée, l'attachement en souffre, et je ne fais plus avec plaisir ce que je suis forcé de faire. Tenez-vous cela pour dit, quand vous m'aurez envoyé votre M. Sarbourg. Je comprends que vous n'exigerez rien; c'est pour cela même que je vous devrai davantage, et que je m'acquitterai d'autant plus mal. Ces dispositions me font peu d'honneur, sans doute; mais les ayant malgré moi, tout ce que je puis faire est de les déclarer : je ne vaux pas mieux que cela. Revenant donc à nos lettres, soyez persuadée que je recevrai toujours les vôtres et celles de votre amie *avec quelque chose de plus que du plaisir*, qu'elles peuvent charmer mes maux et parer ma solitude; mais, que quand j'en recevrois dix de suite sans faire une réponse, et que vous écrivant enfin, au lieu de répondre article par article, je suivrois seulement le sentiment qui me fait prendre la plume, je ne ferois rien que j'aie promis de ne pas faire, et à quoi vous ne deviez vous attendre.

C'est encore à peu près la même chose à l'égard du ton de mes lettres. Je ne suis pas poli, madame; je sens dans mon cœur de quoi me passer de l'être, et il y *surviendra bien du changement si jamais je suis tenté de l'être avec vous.* Voyez encore quelle interprétation votre bénignité veut donner à cela, car pour moi je ne puis m'expliquer mieux. D'ailleurs, j'écris très-difficilement quand je veux châtier mon style : j'ai par-dessus la tête du métier d'auteur; la gêne qu'il impose est une des raisons qui m'y font renoncer. A force de peine et de soin, je puis trouver enfin le tour convenable et le mot propre; mais je ne veux mettre ni peine ni soin dans mes lettres; j'y cherche le délassement d'être incessamment vis-à-vis du public; et quand j'écris avec plaisir, je veux écrire à mon aise. Si je ne dis ni ce qu'il faut, ni comme il faut, qu'importe? Ne sais-je pas que mes amis m'entendront toujours, qu'ils expliqueront mes discours par mon caractère, non mon caractère par mes discours, et que si j'avois le malheur de leur écrire des choses malhonnêtes, ils seroient sûrs de ne m'avoir entendu qu'en y trouvant un sens qui ne le fût pas? Vous me direz que tous ceux à qui j'écris ne sont ni mes amis, ni obligés de me connoître. Pardonnez-moi, madame; je n'ai ni ne veux avoir de simples connoissances; je ne sais ni ne veux savoir comment on leur écrit. Il se peut que je mette mon commerce à trop haut prix, mais je n'en veux rien rabattre, *surtout avec vous, quoique je ne vous connoisse pas*, car je présume qu'il m'est plus aisé de vous aimer sans vous connoître, que de vous connoître sans vous aimer. Quoi qu'il en soit, c'est ici une affaire de convention : n'attendez de moi nulle exactitude, et n'allez plus épiloguant sur mes mots. Si je ne vous écris ni régulièrement, ni convenablement, je vous écris pourtant : cela dit tout, et corrige tout le reste. Voilà mes explications, mes conditions ; acceptez ou refusez, mais ne marchandez pas ; cela seroit inutile.

Je vois par ce que vous me marquez, et par la couleur de votre cachet, que vous avez fait quelque perte, et je sais par votre amie que vous n'êtes pas heureuse : c'est peut-être à cela que je dois votre commisération et l'intérêt que vous daignez prendre à moi. L'infortune attendrit l'ame ; les gens heureux sont toujours durs. Madame, *plus le cas que je fais de votre bienveillance augmente, plus je la trouve trop chère à ce prix.*

Je vous dirai une autre fois ce que je pense de l'affranchissement de votre lettre, et de la mauvaise raison que vous m'en donnez. En attendant, je vous prie, par cette raison même, de ne plus continuer d'affranchir, c'est le vrai moyen de faire perdre les lettres. Je suis à présent fort riche, et le serai, j'espère, long-temps *pour cela;* tout ce que j'ôte à la vanité dans ma dépense, *c'est pour le donner au vrai plaisir.*

LETTRE CCLXXIII.

A MADAME LATOUR.

Lundi 16.

Ah! ces maudits médecins, ils me la tueront avec leurs saignées[1]! Madame, j'ai été très-sujet aux esquinancies, et toujours par les saignées elles sont devenues pour moi des maladies terribles. Quand, au lieu de me faire saigner, je me suis contenté de me gargariser, et de tenir les pieds dans l'eau chaude, le mal de gorge s'est en allé[2] dès le lendemain : mais malheureusement il étoit trop tard; quand on a commencé de saigner, alors il faut continuer, de peur d'étouffer. Des nouvelles, et très-promptement, je vous en supplie; je ne puis, quant à présent, répondre à votre lettre; et moi-même aussi je suis encore moins bien qu'à mon ordinaire. J'ajouterai seulement, sur votre anonyme, qu'il n'est guère étonnant que vous ne puissiez deviner ce que je veux; car, en vérité, je ne le sais pas trop moi-même. J'avoue pourtant que toutes ces enveloppes et adresses me semblent assez incommodes, et que je ne vois

---

[1] * Jean-Jacques avoit horreur de la saignée, il la refusa obstinément dans sa chute de 1776.

[2] * On doit dire *s'en est allé*, et non *s'est en allé*.

pas l'inconvénient qu'il y auroit à s'en délivrer.

Je n'ai montré vos lettres à personne au monde. Si vous prenez le parti de vous nommer, j'approuve très-fort que nous continuions à garder l'*incognito* dans notre correspondance.

LETTRE CCLXXIV.

A L'ABBÉ DE JODELH.

Montmorency, le 16 novembre 1761.

Est-il bien naturel, monsieur, que, pour avoir des éclaircissements sur un écrit des pasteurs de Genève, vous vous adressiez à un homme qui n'a pas l'honneur d'être de leur nombre? et ne seroit-ce pas matière à scandale de voir un ecclésiastique dans un séminaire demander à un hérétique des instructions sur la foi, si l'on ne présumoit que c'est une ruse polie de votre zèle pour me faire accepter les vôtres? Mais, monsieur, quelque disposé que je puisse être à les recevoir dans tout autre temps, les maux dont je suis accablé me forcent de vaquer à d'autres soins que cette petite escrime de controverse, bonne seulement pour amuser les gens oisifs qui se portent bien. Recevez donc, monsieur, mes remerciements de votre soin pastoral, et les assurances de mon respect.

LETTRE CCLXXV.

A JULIE.

Montmorency, le 24 novembre 1761.

Vous serez peu surprise, madame, et peut-être encore moins flattée, quand je vous dirai que la relation de votre amie m'a touché jusqu'aux larmes. Vous êtes faite pour en faire verser, et pour les rendre délicieuses; il n'y a rien là de nouveau ni de bien piquant pour vous. Mais ce qui sans doute est un peu plus rare est que votre esprit et votre ame ont tout fait, sans que votre figure s'en soit mêlée; et, en vérité, je suis bien aise de vous connoître sans vous avoir vue, afin de lui dérober un cœur qui vous appartienne, et de vous aimer autrement que tous ceux qui vous approchent. Providence immortelle ! il y a donc encore de la vertu sur la terre ! il y en a chez des femmes; il y en a en France, à Paris, dans le quartier du Palais-Royal ! Assurément, ce n'est pas là que j'aurois été la chercher. Madame, il n'y a rien de plus intéressant que vous : mais, malgré tous vos malheurs, je ne vous trouve point à plaindre. Une ame honnête et noble peut avoir des afflictions; mais elle a des dédommagements ignorés de toutes les autres, et je suis tous les jours plus persuadé qu'il n'y a point de jouissance plus délicieuse que celle de soi-même, quand on y porte un cœur content de lui.

Pardonnez-moi ce moment d'enthousiasme. Vous êtes au-dessus des louanges; elles profanent le vrai mérite, et je vous promets que vous n'en recevrez plus de moi. Mais, en revanche, attendez-vous à de fréquents reproches; vous ne savez peut-être pas que plus vous m'inspirez d'estime, plus vous me rendez exigeant et difficile. Oh! je vous avertis que vous faites tout ce qu'il faut, vous et votre amie, pour que je ne sois jamais content de vous. Par exemple, qu'est-ce que c'est que ce caprice, après que vous avez été rétablie, de ne pas m'écrire, parce que je ne vous avois pas écrit? Eh! mon Dieu, c'est précisément pour cela qu'il falloit écrire, de peur que le commerce ne languît des deux côtés. Avez-vous donc oublié notre traité, ou est-ce ainsi que vous en remplissez les conditions? Quoi! madame, vous allez donc compter mes lettres par numéros, un, deux, trois, pour savoir quand vous devez m'écrire, et quand vous ne le devez pas. Faites encore une fois ou deux un pareil calcul, et je pourrai vous adorer toujours, mais je ne vous écrirai de ma vie.

Et l'autre qui vient m'écrire bêtement qu'elle n'a point d'esprit! Je suis donc un sot, moi, qui lui en trouve presque autant qu'à vous? Cela n'est-il pas bien obligeant? Aimable Claire, pardonnez-moi ma franchise; je ne puis m'empêcher de vous dire que les gens d'esprit se mettent toujours à leur place, et que chez eux la modestie est toujours fausseté.

Mais si elle m'a donné quelque prise en parlant d'elle, que d'hommages ne m'arrache-t-elle point pour son compte en parlant de vous! avec quel plaisir son cœur s'épanche sur ce charmant texte! avec quel zèle, avec quelle énergie elle décrit les malheurs et les vertus de son amie! Vingt fois, en lisant sa dernière lettre, j'ai baisé sa main tout au moins, et nous étions au clavecin. Encore si c'étoit là mon plus grand malheur! mais non : le pis est qu'il faut vous dire cela comme un crime que je suis obligé de vous confesser.

Adieu, belle Julie; je ne vous écrirai de six semaines, cela est résolu : voyez ce que vous voulez faire durant ce temps-là. Je vous parlerois de moi si j'avois quelque chose de consolant à vous dire : mais quoi! plus souffrant qu'à l'ordinaire, accablé de tracas et de chagrins de toute espèce, mon mal est le moindre de mes maux. Ce n'est pas ici le moment de M. Sarbourg. Je n'ai pas oublié son article, auquel votre amie revient avec tant d'obstination; il sera traité dans ma première lettre.

LETTRE CCLXXVI.

A M. LE MARÉCHAL DE LUXEMBOURG.

Montmorency, le 26 novembre 1761.

Savez-vous bien, M. le maréchal, que celle de toutes vos lettres dont j'avois le plus grand besoin, savoir la dernière, sans date mais timbrée de Fontainebleau, ne m'est arrivée que depuis trois ou quatre jours, quoique je la croie écrite depuis assez long-temps? Je soupçonne, par les chiffres et les renseignements dont elle est couverte, qu'elle est allée à Enghien en Flandre avant de me parvenir. Ce sont des fatalités faites pour moi. Heureusement, il m'est venu dans l'intervalle une lettre de madame la maréchale, qui m'a rassuré; la vôtre achève de me rendre le repos, et enfin me voilà tranquille sur la chose qui m'intéresse le plus au monde. Assurément je n'avois pas besoin qu'une pareille alarme vînt me faire sentir tout le prix de vos bontés. M. le maréchal, il me reste un seul plaisir dans la vie, c'est celui de vous aimer et d'être aimé de vous. Je sens que si jamais je perdois celui-là, je n'aurois plus rien à perdre.

LETTRE CCLXXVII.

A MADAME LA MARÉCHALE DE LUXEMBOURG.

Ce mercredi soir.

J'ai beau relire le passage que vous avez transcrit, il faut, madame, que je vous avoue ma bêtise; je n'y vois point ce qui peut vous offenser; je n'y vois qu'une plaisanterie, mauvaise à la vérité, mais non pas criminelle, puisque la seule volonté fait le crime : je n'y trouve à blâmer que de vous avoir déplu; et sans ce malheur je la pourrois faire encore, et ne me la reprocherois pas plus qu'auparavant. Daignez donc vous expliquer davantage; dites-moi précisément de quoi il faut que je me repente, et tenez-le déjà rétracté.

Vous voulez savoir des nouvelles de ma santé : je me proposois de répondre aujourd'hui là-dessus au petit billet que M. le maréchal me fit écrire mercredi dernier pour s'en informer. Trouvez donc bon que cette réponse vous soit commune, ainsi que tous les sentiments de mon cœur. Je me porte moins bien depuis quelque temps; les approches de l'hiver ne sont point pour moi sans conséquence : les premières gelées se sont fait sentir si vivement que je me suis cru tout-à-fait arrêté. Cependant je suis mieux depuis deux ou trois jours : le relâchement de l'air m'a beaucoup soulagé; et si cet état continue, je n'aurai pas plus à me plaindre de ma santé depuis l'été dernier qu'elle étoit si bonne, que de mon sort depuis que je suis aimé de vous.

LETTRE CCLXXVIII.

A JULIE.

A Montmorency, le 29 novembre 1761.

Encore une lettre perdue, madame! Cela devient fréquent, et il est bizarre que ce malheur ne m'arrive qu'avec vous. Dans le premier transport que me donna la relation de votre amie, je vous écrivis, le cœur plein d'attendrissement, d'admiration, et les yeux en larmes. Ma lettre fut mise à la poste, sous son adresse, rue..., comme elle me l'avoit marqué. Le lendemain je reçus la vôtre, où vous me tancez de mon impolitesse, et je craignis de là que la dernière ne vous eût encore déplu; car je n'ai qu'un ton, madame, et je n'en saurois changer, même avec vous. Si mon style vous déplaît, il faut me taire; mais il me semble que mes sentiments devroient me faire pardonner. Adieu, madame; je ne puis maintenant vous parler de mon état, ni vous écrire de quelque temps; mais soyez sûre que, quoi qu'il arrive, votre souvenir me sera cher.

Mille choses de ma part à l'aimable Claire; j'ai du regret de ne pouvoir écrire à toutes deux.

LETTRE CCLXXIX.

A M. MOULTOU.

Montmorency, le 12 décembre 1761.

Vous voulez, cher Moultou, que je vous parle de mon état. Il est triste et cruel à tous égards; mon corps souffre, mon cœur gémit, et je vis encore. Je ne sais si je dois m'attrister ou me réjouir d'un accident qui m'est arrivé il y a trois semaines, et qui doit naturellement augmenter mais abréger mes souffrances. Un bout de sonde molle, sans laquelle je ne saurois plus pisser, est resté dans le canal de l'urètre, et augmente considérablement la difficulté du passage; et vous savez que dans cette partie-là les corps étrangers ne restent pas dans le même état, mais croissent incessamment, en devenant les noyaux d'autant de pierres. Dans peu de temps nous saurons à quoi nous en tenir sur ce nouvel accident.

Depuis long-temps j'ai quitté la plume et tout travail appliquant; mon état me forceroit à ce sacrifice, quand je n'en aurois pas pris la résolution. Que ne l'ai-je prise trois ans plus tôt! Je me serois épargné les cruelles peines qu'on me donne et qu'on me prépare au sujet de mon dernier ouvrage. Vous savez que j'ai jeté sur le papier quelques idées sur l'éducation. Cette importante matière s'est étendue sous ma plume au point de faire un assez et trop gros livre, mais qui m'étoit cher, comme le plus utile, le meilleur et le dernier de mes écrits. Je me suis laissé guider dans la disposition de cet ouvrage; et, contre mon avis, mais non pas sans l'aveu du magistrat, le manuscrit a été remis à un libraire de Paris, pour l'imprimer; et il en a donné six mille francs, moitié comptant, et moitié en billets payables à divers termes. Ce libraire a ensuite traité avec un autre libraire de Hollande, pour faire en même temps, et sur ses feuilles, une autre édition parallèle à la sienne, pour la Hollande, l'Allemagne et l'Angleterre. Vous croirez là-dessus que l'intérêt du libraire françois étant de retirer et faire valoir son argent, il n'auroit eu plus grande hâte que d'imprimer et publier le livre; point du tout, monsieur. Mon livre se trouve perdu, puisque je n'en ai aucun double, et mon manuscrit supprimé, sans qu'il me soit possible de savoir ce qu'il est devenu. Pendant deux ou trois mois, le libraire, feignant de vouloir imprimer, m'a envoyé quelques épreuves, et même quelques dessins de planches; mais ces épreuves allant et revenant incessamment les mêmes, sans qu'il m'ait jamais été possible de voir une seule bonne feuille, et ces dessins ne se gravant point, j'ai enfin découvert que tout cela ne tendoit qu'à m'abuser par une feinte; qu'après les épreuves tirées on défaisoit les formes, au lieu d'imprimer, et qu'on ne songeoit à rien moins qu'à l'impression de mon livre.

Vous me demanderez quel peut être de la part du libraire le but d'une conduite si contraire à son intérêt apparent. Je l'ignore; il ne peut certainement être arrêté que par un intérêt plus grand, ou par une force supérieure. Ce que je sais, c'est que ce libraire dépend d'un autre libraire nommé Guérin, beaucoup plus riche, plus accrédité, qui imprime pour la police, qui voit les ministres, qui a l'inspection de la bibliothèque de la Bastille, qui est au fait des affaires secrètes, qui a la confiance du gouvernement, et qui est absolument dévoué aux jésuites. Or vous saurez que depuis long-temps les jésuites ont paru fort inquiets de mon traité de l'éducation : les alarmes qu'ils en ont prises m'ont fait plus d'honneur que je n'en mérite, puisque dans ce livre il n'est pas question d'eux ni de leurs colléges, et que je me suis fait une loi de ne jamais parler d'eux dans mes écrits ni en bien ni en mal. Mais il est vrai que celui-ci contient une profession de foi qui n'est pas plus favorable aux intolérants qu'aux incrédules, et qu'il faut bien à ces gens-là des fanatiques, mais non pas des gens qui croient en Dieu. Vous saurez de plus que ledit Guérin, par mille avances d'amitié, m'a circonvenu depuis plusieurs années en se récriant contre les marchés que je faisois avec Rey, en le décriant dans mon esprit, et prenant mes intérêts avec une générosité sans exemple. Enfin, sans vouloir être mon imprimeur lui-même, il m'a donné celui-ci, auquel sans doute il a fait les avances nécessaires pour avoir le manuscrit; car, malheureusement pour eux, il n'étoit plus dans mes mains, mais dans celles de madame de Luxembourg, qui n'a pas voulu le lâcher sans argent.

Voilà les faits; voici maintenant mes conjectures. On ne jette pas six mille francs dans la rivière simplement pour supprimer un manuscrit. Je présume que l'état de dépérissement où je suis aura fait prendre à ceux qui s'en sont emparés le parti de gagner du temps, et différer l'impression du mien jusqu'après ma mort. Alors, maîtres de l'ouvrage, sur lequel personne n'aura plus d'inspection, ils le changeront et falsifieront à leur fantaisie; et le public sera tout surpris de voir paroître une doctrine jésuitique sous le nom de J.-J. Rousseau.

Jugez de l'effet que doit faire une pareille prévoyance sur un pauvre solitaire qui n'est au fait de rien, sur un pauvre malade qui se sent finir, sur un auteur enfin qui peut-être a trop cherché sa gloire, mais qui ne l'a cherchée au moins que dans des écrits utiles à ses semblables. Cher Moultou, il faut tout mon espoir dans celui qui protége l'innocence pour me faire endurer l'idée qu'on n'attend que de me voir les yeux fermés pour déshonorer ma mémoire par un livre pernicieux. Cette crainte m'agite au point que, malgré mon état, j'ose entreprendre de me remettre sur mon brouillon pour refaire une seconde fois mon livre : mais, en pareil cas même, comment en tirer parti, je ne dis pas quant à l'argent, car, vu la matière et les circonstances, un tel livre doit donner au moins vingt mille francs de profit au libraire, et je ne demande qu'à pouvoir rendre les mille écus que j'ai reçus; mais je dis quant au crédit des opposants, qui trouveront partout, avec leurs intrigues, le moyen d'arrêter une édition dont ils seront instruits? Il faudroit un libraire en état de faire une pareille entreprise, et Rey pour cela peut être bon; mais il faudroit aussi de la diligence et du secret, et l'on ne peut attendre de lui ni l'un ni l'autre. D'ailleurs il faut du temps, et je ne sais si la nature m'en donnera; sans compter que ceux qui ont intercepté le livre ne seront pas, quels qu'ils soient, gens à laisser l'auteur en repos, s'il vit trop long-temps à leur gré. Souvent l'offensé pardonne, mais l'offenseur ne pardonne jamais. Voilà mes embarras : je crois qu'un plus sage en auroit à moins. Prendre le parti de me plaindre seroit agir en enfant : *Nescit Orcus reddere prædam.* Je n'ai pour moi que le droit et la justice contre des adversaires qui ont la ruse, le crédit, la puissance : c'est le moyen de se faire haïr.

Cher Moultou, cher Roustan, soyez tous deux, dans cet état, ma consolation, mon espérance. Instruits de mon malheur et de sa cause, promettez-moi, si mes craintes se vérifient, que vous ne laisserez pas sans désaveu passer sous mon nom un livre falsifié. Vous reconnoîtrez aisément mon style, et vous n'ignorez pas quels sont mes sentiments : ils n'ont point changé. J'ai peine à croire que jamais des jésuites y substituent assez adroitement les leurs pour vous en imposer ; mais au moins ils tronqueront et mutileront mon livre, et par cela seul ils le défigureront : en ôtant mes éclaircissements et mes preuves, ils rendront extravagant ce qui est démontré. Protestez hautement contre une édition infidèle, désavouez-la publiquement en mon nom : cette lettre vous y autorise ; une telle démarche est sans danger dans le pays où vous êtes ; et prendre la juste défense d'un ami qui n'est plus, c'est travailler à sa propre gloire. Que Roustan ne laisse pas avilir dans l'opprobre la mémoire d'un homme qu'il honora du nom de son maître. Quelque peu mérité que soit de ma part un pareil titre, cela ne le dispense pas des devoirs qu'il s'est imposés en me le donnant.

Rien ne l'obligeoit à contracter la dette, mais maintenant il doit la payer. Vous avez en commun celle de l'amitié, d'autant plus sacrée qu'elle eut pour premier fondement l'estime et l'amour de la vertu. Marquez-moi si vous acceptez l'engagement. J'ai grand besoin de tranquillité, et je n'en aurai point jusqu'à votre réponse.

Parlons maintenant de votre voyage. L'espérance est la dernière chose qui nous quitte, et je ne puis renoncer à celle que vous m'avez donnée. Oh! venez, cher Moultou. Qui sait si le plaisir de vous voir, de vous presser contre mon cœur, ne me rendra pas assez de force pour vous suivre dans votre retour, et pour aller au moins mourir dans cette terre chérie où je n'ai pu vivre? C'est un projet d'enfant, je le sens; mais, quand toutes les autres consolations nous manquent, il faut bien s'en faire de chimériques. Venez, cher Moultou; voilà l'essentiel; si nous y sommes à temps, alors nous délibérerons du reste. Quant au passeport, ayez-le par vos amis, si cela se peut; sinon, je crois, de manière ou d'autre, pouvoir vous le procurer; mais je vous avoue que je me sens une répugnance mortelle à demander des grâces dans un pays où l'on me fait des injustices.

Je vous remercie de ce que vous avez fait pour moi sur la lettre à M. de Voltaire, et je vous prie d'en faire aussi mes très-humbles remerciements à M. le syndic Mussard. Je n'ai pour raison de

m'opposer à sa publication que les égards dus à
M. de Voltaire, et que je ne perdrai jamais, de
quelque manière qu'il se conduise avec moi; car
je ne me sens porté à l'imiter en rien. Cependant,
puisque cette lettre est déjà publique, il y auroit
peu de mal qu'elle le devînt davantage en devenant plus correcte; et je ne crains sur ce point
la critique de personne, honoré du suffrage de
M. Abauzit. Faites là-dessus tout ce qui vous paroîtra convenable; je m'en rapporte entièrement
à vous.

J'ai trouvé parmi mes chiffons un petit morceau que je vous destine, puisque vous l'avez souhaité. Le morceau est très-foible; mais il a été fait
pour une occasion où il n'étoit pas permis de mieux
faire, ni de dire ce que j'aurois voulu. D'ailleurs il
est lisible et complet; c'est déjà quelque chose:
de plus, il ne peut jamais être imprimé, parce
qu'il a été fait de commande et qu'il m'a été payé.
Ainsi c'est un dépôt d'estime et d'amitié qui ne
doit jamais passer en d'autres mains que les vôtres;
et c'est uniquement par là qu'il peut valoir quelque chose auprès de vous. Je voudrois bien espérer de vous le remettre; mais si vous m'indiquez
quelque occasion pour vous l'envoyer, je vous
l'enverrai.

Que Dieu bénisse votre famille croissante, et
donne à ma patrie, dans vos enfants, des citoyens
qui vous ressemblent. Adieu, cher Moultou.

P. S. 18 déc. J'ai suspendu l'envoi de ma lettre jusqu'à plus ample éclaircissement sur la matière principale qui la remplit; et tout concourt à guérir des soupçons conçus mal à propos, bien plus sur la paresse du libraire que sur son infidélité. Or ces soupçons ébruités deviendroient d'horribles calomnies; ainsi, jusqu'à nouvel avis, le secret en doit demeurer entre vous et moi sans que personne en ait le moindre vent, non pas même le cher Roustan. Je récrirois même ma lettre, où j'en ferois une autre, si j'avois la force; mais je suis accablé de mal et de travail; et ce qui seroit indiscrétion avec un autre n'est que confiance avec un homme vertueux. Dans cet intervalle j'ai travaillé à remettre au net le morceau le plus important de mon livre, et je voudrois trouver quelque moyen de vous l'envoyer secrètement. Quoique écrit fort serré, il coûteroit beaucoup par la poste. Je ne suis pas à portée d'affranchir sûrement; et si je fais contre-signer le paquet, mon secret tout au moins est aventuré. Marquez-moi votre avis là-dessus, et du secret. Adieu.

LETTRE CCLXXX.

A MADAME LA MARÉCHALE DE LUXEMBOURG.

Montmorency, le 13 décembre 1761.

Je ne voulois point, madame la maréchale, vous inquiéter de l'histoire de mon malheur; mais puisque le chevalier vous en a parlé et que vous voulez y chercher remède, je ne puis vous dissimuler que mon livre est perdu. Je ne doute nullement que les jésuites ne s'en soient emparés avec le projet de ne point le laisser paroître de mon vivant; et, sûrs de ne pas long-temps attendre, d'en substituer, après ma mort, un autre toujours sous mon nom, mais de leur fabrique, lequel réponde mieux à leurs vues. Il faudroit un mémoire pour vous exposer les raisons que j'ai de penser ainsi. Ce qu'il y a de très-sûr, au moins, c'est que le libraire n'imprime ni ne veut imprimer, qu'il a trompé M. de Malesherbes, qu'il vous trompera, et qu'il se moque de moi avec l'impudence d'un coquin qui n'a pas peur et qui se sent bien soutenu. Cette perte, la plus sensible que j'aie jamais faite, a mis le comble à mes maux, et me coûtera la vie: mais je la crois irréparable; ce qui tombe dans ce gouffre-là n'en sort plus : ainsi je vous conjure de tout laisser là et de ne vous pas compromettre inutilement. Toutefois, si vous voulez absolument parler au libraire, M. de Malesherbes est au fait et lui a parlé ; il seroit peut-être à propos qu'il vous vît auparavant. Si, contre toute attente de ma part, il est possible d'avoir un manuscrit en rendant tout, faites, madame la maréchale, et je vous devrai plus que la vie. Les quinze cents francs que j'ai reçus ne doivent point faire d'obstacle ; je puis les retrouver et vous les renvoyer au premier signe.

LETTRE CCLXXXI.

A JULIE.

A Montmorency, le 19 décembre 1761.

Je voudrois continuer de vous écrire, madame, à vous et à votre digne amie ; mais je ne puis, et je ne supporterois pas l'idée que vous attribuassiez à négligence ou à indifférence un silence que je compte parmi les malheurs de mon état. Vous exigez de l'exactitude dans le commerce, et c'est bien le moins que je doive à celui que vous daignez lier avec moi ; mais cette exactitude m'est impossible : ma situation empirée partage mon temps entre l'occupation et la souffrance ; il ne m'en reste plus à donner à mon plaisir. Il n'est pas naturel que vous vous mettiez à ma place, vous qui avez du loisir et de la santé; mais faites donc comme les dieux,

> Donnez en commandant le pouvoir d'obéir.

Il faut, malgré moi, finir une correspondance dans laquelle il m'est impossible de mettre assez du mien, et qu'avec raison vous n'êtes point d'humeur d'entretenir seules. Si peut-être dans la suite... mais... c'est une folie de vouloir s'aveugler, et une bêtise de regimber contre la nécessité. Adieu donc, mesdames; forcé par mon état, je cesse de vous écrire, mais je ne cesse point de penser à vous.

Je découvre à l'instant que toutes vos lettres ont été à Beaumont avant que de me parvenir. Il ne falloit que *Montmorency* sur l'adresse, sans parler de la route de Beaumont.

LETTRE CCLXXXII.

A M. MOULTOU [1].

Montmorency, le 23 décembre 1761.

C'en est fait, cher Moultou, nous ne nous reverrons plus que dans le séjour des justes. Mon

---

[1] * Cette lettre, ainsi que la suivante, trouvées dans les papiers

sort est décidé par les suites de l'accident dont je vous ai parlé ci-devant; et quand il en sera temps, je pourrai, sans scrupule, prendre chez milord Édouard les conseils de la vertu même[1].

Ce qui m'humilie et m'afflige est une fin si peu digne, j'ose dire, de ma vie, et du moins de mes sentiments. Il y a six semaines que je ne fais que des iniquités, et n'imagine que des calomnies contre deux honnêtes libraires, dont l'un n'a de tort que quelques retards involontaires, et l'autre un zèle plein de générosité et de désintéressement; que j'ai payé, pour toute reconnoissance, d'une accusation de fourberie. Je ne sais quel aveuglement, quelle sombre humeur, inspirée dans la solitude par un mal affreux, m'a fait inventer, pour en noircir ma vie et l'honneur d'autrui, ce tissu d'horreurs, dont le soupçon, changé dans mon esprit prévenu presque en certitude, n'a pas mieux été déguisé à d'autres qu'à vous. Je sens pourtant que la source de cette folie ne fut jamais dans mon cœur. Le délire de la douleur m'a fait perdre la raison avant la vie; en faisant des actions de méchant, je n'étois qu'un insensé.

Toutefois, dans l'état de dérangement où est

---

de l'auteur, n'ont pas été envoyées à leur adresse; mais, puisque Rousseau les a conservées, on n'a pas cru devoir les supprimer. (*Note de du Peyrou.*)

[1] * Voyez *Nouvelle Héloïse*, troisième partie, lettre XXII. Rousseau revient sur cette idée, et en termes encore plus clairs, dans une lettre à Duclos du 1er août 1763.

ma tête, ne me fiant plus à rien de ce que je vois et de ce que je crois, j'ai pris le parti d'achever la copie du morceau dont je vous ai parlé ci-devant, et même de vous l'envoyer, très-persuadé qu'il ne sera jamais nécessaire d'en faire usage, mais plus sûr encore que je ne risque rien de le confier à votre probité. C'est avec la plus grande répugnance que je vous extorque les frais immenses que ce paquet vous coûtera par la poste. Mais le temps presse; et, tout bien pesé, j'ai pensé que de tous les risques, celui que je pouvois regarder comme le moindre étoit celui d'un peu d'argent. Certainement j'aurois fait mieux si je l'avois pu sans danger. Mais au reste, en supposant, comme je l'espère, qu'il ne sera jamais nécessaire d'ébruiter cette affaire, je vous en demande le secret, et je mets mes dernières fautes à couvert sous l'aile de votre charité. Le paquet sera mis, demain 24 décembre, à la poste, sans lettre; et même il y a quelque apparence que c'est ici la dernière que je vous écrirai.

Adieu, cher Moultou. Vous concevrez aisément que la profession de foi du vicaire savoyard est la mienne. Je désire trop qu'il y ait un Dieu pour ne pas le croire; et je meurs avec la ferme confiance que je trouverai dans son sein le bonheur et la paix dont je n'ai pu jouir ici-bas.

J'ai toujours aimé tendrement ma patrie et mes concitoyens; j'ose attendre de leur part quelque témoignage de bienveillance pour ma mémoire. Je laisse une gouvernante presque sans récompense, après dix-sept ans de services et de soins très-pénibles auprès d'un homme presque toujours souffrant. Il me seroit affreux de penser qu'après m'avoir consacré ses plus belles années, elle passeroit ses vieux jours dans la misère et l'abandon. J'espère que cela n'arrivera pas : je lui laisse pour protecteurs et pour appuis tous ceux qui m'ont aimé de mon vivant. Toutefois, si cette assistance venoit à lui manquer, je crois pouvoir espérer que mes compatriotes ne lui laissèroient pas mendier son pain. Engagez, je vous supplie, ceux d'entre eux en qui vous connoissez l'ame génevoise à ne jamais la perdre de vue, et à se réunir, s'il le falloit, pour lui aider à couler ses jours en paix à l'abri de la pauvreté.

Voici une lettre pour mon très-honoré disciple. Je crois que j'aurois été son maître en amitié; en tout le reste je me serois glorifié de prendre leçon de lui. Je souhaite fort qu'il accepte la proposition de faire la préface du recueil de mes œuvres; et en ce cas vous voudrez bien faire avec M. le maréchal de Luxembourg des arrangements pour lui faire agréer un présent sur l'édition. Au reste, si les choses ne tournoient pas comme je l'espère pour une édition en France, je n'ai point à me plaindre de la probité de Rey, et je crois qu'il n'a pas non plus à se plaindre de mes écrits. On pourroit s'adresser à lui.

Adieu derechef. Aimez vos devoirs, cher Moultou; ne cherchez point les vertus éclatantes. Élevez avec grand soin vos enfants; édifiez vos nouveaux compatriotes sans ostentation et sans dureté, et pensez quelquefois que la mort perd beaucoup de ses horreurs quand on en approche avec un cœur content de sa vie.

Gardez-moi tous deux le secret sur ces lettres, du moins jusqu'après l'événement, dont j'ignore encore le temps, quoique sûrement peu éloigné. Je commence par les amis et les affaires, pour voir ensuite en repos avec Jean-Jacques si par hasard il n'a rien oublié.

Si vous venez, vous trouverez le morceau que je vous destinois parmi ce qu'il me reste encore de petits manuscrits. Si vous ne venez pas, et qu'on négligeât de vous l'envoyer, vous pouvez le demander, car votre nom y est en écrit. C'est, comme je crois vous l'avoir déjà marqué, une oraison funèbre de feu M. le duc d'Orléans.

LETTRE CCLXXXIII.

A M. ROUSTAN.

Montmorency, le 23 décembre 1761.

Mon disciple bien aimé, quand je reçus votre dernière lettre, j'espérois encore vous voir et vous embrasser un jour; mais le ciel en ordonne autrement : il faut nous quitter avant que de nous connoître. Je crois que nous y perdons tous deux. Vous avez du talent, cher Roustan; quand je finissois ma courte carrière, vous commenciez la vôtre, et j'augurois que vous iriez loin. La gêne de votre situation vous a forcé d'accepter un emploi qui vous éloigne de la culture des lettres. Je ne regarde point cet éloignement comme un malheur pour vous. Mon cher Roustan, pesez bien ce que je vais vous dire. J'ai fait quelque essai de la gloire; tous mes écrits ont réussi; pas un homme de lettres vivant, sans en excepter Voltaire, n'a eu des moments plus brillants que les miens, et cependant je vous proteste que, depuis le moment que j'ai commencé de faire imprimer, ma vie n'a été que peine, angoisse et douleur de toute espèce. Je n'ai vécu tranquille, heureux, et n'ai eu de vrais amis que durant mon obscurité. Depuis lors il a fallu vivre de fumée, et tout ce qui pouvoit plaire à mon cœur a fui sans retour. Mon enfant, fais-toi petit, disoit à son fils cet ancien politique; et moi, je dis à mon disciple Roustan : Mon enfant, reste obscur; profite du triste exemple de ton maître. Gardez cette lettre, Roustan : je vous en conjure. Si vous en dédaignez les conseils, vous pourrez réussir sans doute; car, encore une fois, vous avez du talent, quoique encore mal réglé par la fougue de la jeunesse : mais si jamais vous avez un nom, relisez ma lettre, et je vous promets que vous ne l'achèverez pas sans pleurer. Votre famille, votre fortune étroite, un émule, tout vous tentera; résistez, et sachez que, quoi qu'il arrive, l'indigence est moins dure, moins cruelle à supporter que la réputation littéraire.

Toutefois voulez-vous faire un essai? L'occasion est belle; le titre dont vous m'honorez vous la fournit, et tout le monde approuvera qu'un tel disciple fasse une préface à la tête du recueil des écrits de son maître. Faites donc cette préface; faites-la même avec soin; concertez-vous là-dessus avec Moultou. Mais gardez-vous d'aller faire le fade louangeur: vous feriez plus de tort à votre réputation que de bien à la mienne. Louez-moi d'une seule chose, mais louez-m'en de votre mieux, parce qu'elle est louable et belle: c'est d'avoir eu quelque talent et de ne m'être point pressé de le montrer; d'avoir passé sans écrire tout le feu de la jeunesse; d'avoir pris la plume à quarante ans, et de l'avoir quittée avant cinquante; car vous savez que telle étoit ma résolution, et le *Traité de l'Éducation* devoit être mon dernier ouvrage, quand j'aurois encore vécu cinquante ans. Ce n'est pas qu'il n'y ait chez Rey un *Traité du Contrat social*, duquel je n'ai encore parlé à personne, et qui ne paroîtra peut-être qu'après l'*Éducation;* mais il lui est antérieur d'un grand nombre d'années. Faites donc cette préface, et puis des sermons, et jamais rien de plus. Au surplus, soyez bon père, bon mari, bon régent, bon ministre, bon citoyen, homme simple en toute chose, et rien de plus, et je vous promets une vie heureuse. Adieu, Roustan ; tel est le conseil de votre maître et ami prêt à quitter la vie, en ce moment où ceux mêmes qui n'ont pas aimé la vérité la disent. Adieu.

LETTRE CCLXXXIV.

A M. COINDET.

Montmorency, ce vendredi.

Quelque aimable que puisse être M. l'abbé de Grave, comme je ne le connois point, et qu'en France tout le monde est aimable, il me semble que rien n'est moins pressé que d'abuser de sa complaisance pour l'amener à Montmorency, sans savoir si vous ne lui ferez point passer une mauvaise journée et à moi aussi. Vous êtes toujours là-dessus si peu difficile, qu'il faut bien que je le sois pour tous deux.

A l'égard de l'édition projetée, si tant est qu'elle doive se faire, il ne convient pas qu'elle se fasse si vite, au moins si j'y dois consentir. M. de Malesherbes a exigé des réponses à ses observations, il faut me laisser le temps de les faire et de les lui envoyer. Il faut laisser à Robin le temps de débiter les éditions précédentes, afin qu'il ne tire pas de là un prétexte pour ne pas payer Rey. Enfin il faut me laisser, à moi, le temps de voir pourquoi je dois mutiler mon livre, pour une édition dont je ne me soucie point de devenir peut-être un jour responsable au gouvernement de France de ce qui peut y déplaire à quelque ministre de mauvaise humeur. Puisque la permission du magistrat ne met à couvert de rien, qu'aurai-je à répondre à ceux qui viendront me dire : Pourquoi imprimez-vous chez nous des maximes hérétiques et républicaines? Je dirai que ce sont les miennes et celles de mon pays. Hé bien, me dira-t-on, que ne les imprimez-vous hors de chez nous? Qu'aurai-je à dire? Vous me direz que je n'ai qu'à les ôter. Autant vaudroit me dire de n'être plus moi. Je ne puis ni ne veux les ôter qu'en ôtant tout le livre. Je voudrois bien savoir ce qu'on peut répondre à cela. Tant y a que, si je veux bien m'exposer, je veux m'exposer avec toute ma vigueur première, et non pas déjà tout châtré, déjà tout tremblant, et comme un homme qui a déjà peur. Adieu, mon cher Coindet, je vous embrasse [1].

---

[1] * Cette lettre ne porte d'autre date que l'indication du jour de la semaine. Le sujet traité par Jean-Jacques sert à mettre une date probable. Il est question d'Émile, et c'est pendant qu'on imprimoit cet ouvrage. (*Note de M. Musset Pathay.*)

LETTRE CCLXXXV.

A M. DE MALESHERBES.

Montmorency, le 23 décembre 1761.

Il fut un temps, monsieur, où vous m'honorâtes de votre estime, et où je ne m'en sentois pas indigne : ce temps est passé, je le reconnois enfin; et quoique votre patience et vos bontés envers moi soient inépuisables, je ne puis plus les attribuer à la même cause sans le plus ridicule aveuglement. Depuis plus de six semaines ma conduite et mes lettres ne sont qu'un tissu d'iniquités, de folies, d'impertinences. Je vous ai compromis, monsieur, j'ai compromis madame la maréchale de la manière du monde la plus punissable. Vous avez tout enduré, tout fait pour calmer mon délire; et cet excès d'indulgence, qui pouvoit le prolonger, est en effet ce qui la détruit. J'ouvre en frémissant les yeux sur moi, et je me vois tout aussi méprisable que je le suis devenu. Devenu! non; l'homme qui porta cinquante ans le cœur que je sens renaître en moi n'est point celui qui peut s'oublier au point que je viens de faire : on ne demande point pardon à mon âge, parce qu'on n'en mérite plus; mais, monsieur, je ne prends aucun intérêt à celui qui vient d'usurper et déshonorer mon nom. Je l'abandonne à votre juste indignation, mais il est mort pour ne plus renaître : daignez rendre votre estime à celui qui vous écrit maintenant; il ne sauroit s'en passer, et ne méritera jamais de la perdre. Il en a pour garant non sa raison, mais son état qui le met désormais à l'abri des grandes passions.

Quoique je ne doive ni ne veuille plus, monsieur, vous importuner de l'affaire de Duchesne, et que je prétende encore moins m'excuser envers lui, je ne puis cependant me dispenser de vous dire que, s'il étoit vrai qu'il m'eût proposé de ne m'envoyer les bonnes feuilles que volume à volume, alors mes alarmes et le bruit que j'en ai fait ne seroient plus seulement les actes d'un fou, mais d'un vrai coquin.

Il faut vous avouer aussi, monsieur, que je n'ose écrire à madame la maréchale, et que je ne sais comment m'y prendre auprès d'elle, ignorant à quel point elle peut être irritée.

LETTRE CCLXXXVI.

A M. HUBER.

Montmorency, le 24 décembre 1761.

J'étois, monsieur, dans un accès du plus cruel des maux du corps quand je reçus votre lettre et vos idylles. Après avoir lu la lettre, j'ouvris machinalement le livre, comptant le refermer aussitôt; mais je ne le refermai qu'après avoir tout lu, et je le mis à côté de moi pour le relire encore. Voilà l'exacte vérité. Je sens que votre ami Gessner est un homme selon mon cœur, d'où vous pouvez juger de son traducteur et de son ami, par lequel seul il m'est connu. Je vous sais, en particulier, un gré infini d'avoir osé dépouiller notre langue de ce sot et précieux jargon qui ôte toute vérité aux images et toute vie aux sentiments. Ceux qui veulent embellir et parer la nature sont des gens sans ame et sans goût qui n'ont jamais connu ses beautés. Il y a six ans que je coule dans ma retraite une vie assez semblable à celle de Ménalque et d'Amyntas, au bien près, que j'aime comme eux, mais que je ne sais pas faire; et je puis vous protester, monsieur, que j'ai plus vécu durant ces six ans que je n'avois fait dans tout le cours de ma vie. Maintenant vous me faites désirer de revoir encore un printemps, pour faire avec vos charmants pasteurs de nouvelles promenades, pour partager avec eux ma solitude, et pour revoir avec eux des asiles champêtres qui ne sont pas inférieurs à ceux que M. Gessner et vous avez si bien décrits. Saluez-le de ma part, je vous supplie, et recevez aussi mes remerciements et mes salutations.

Voulez-vous bien, monsieur, quand vous écrirez à Zurich, faire dire mille choses pour moi à M. Usteri? J'ai reçu de sa part une lettre que je ne me lasse point de relire, et qui contient des relations d'un paysan plus sage, plus vertueux, plus sensé que tous les philosophes de l'univers. Je suis fâché qu'il ne me marque pas le nom de cet homme respectable[1]. Je lui voulois répondre un peu au long, mais mon déplorable état m'en a empêché jusqu'ici.

LETTRE CCLXXXVII.

A MADAME LA MARÉCHALE DE LUXEMBOURG.

Montmorency, le 24 décembre 1761.

Je sens vivement tous mes torts, et je les expie : oubliez-les, madame la maréchale, je vous en conjure. Il est certain que je ne saurois vivre dans votre disgrâce; mais si je ne mérite pas que cette considération vous touche, ayez, pour m'en délivrer, moins d'égard à moi qu'à vous. Songez que tout ce qui est grand et beau doit plaire à votre bon cœur, et qu'il n'y a rien de si grand ni de si

[1] * Il désigne ici Jacques Gujer, surnommé *Klyiogg*, cultivateur dans la paroisse d'Uster, canton de Zurich, et qui a donné au médecin Hirzel l'idée de son *Socrate rustique*. Voyez la lettre du 1.r novembre 1764.

beau que de faire grâce. Je voulois d'abord supplier M. le maréchal d'employer son crédit pour obtenir la mienne; mais j'ai pensé que la voie la plus courte et la plus simple étoit de recourir directement à vous, et qu'il ne falloit point arracher de votre complaisance ce que j'aime mieux devoir à votre seule générosité. Si l'histoire de mes fautes en faisoit l'excuse, je reprendrois ici le détail des indices qui m'ont alarmé, et que mon imagination troublée a changés en épreuves certaines : mais, madame la maréchale, quand je vous aurai montré comme quoi je fus un extravagant, je n'en serai pas plus pardonnable de l'être; et je ne vous demande pas ma grâce parce qu'elle m'est due, mais parce qu'il est digne de vous de me l'accorder.

LETTRE CCLXXXVIII.

A MADAME LATOUR.

A Montmorency, le 11 janvier 1762.

Saint-Preux avoit trente ans, se portoit bien, et n'étoit occupé que de ses plaisirs; rien ne ressemble moins à Saint-Preux que J. J. Rousseau. Sur une lettre pareille à la derniere, Julie se fût moins offensée de mon silence qu'alarmée de mon

état; elle ne se fût point, en pareil cas, amusée à compter des lettres et à souligner des mots : rien ne ressemble moins à Julie que madame de.......
Vous avez beaucoup d'esprit, madame, vous êtes bien aise de le montrer, et tout ce que vous voulez de moi ce sont des lettres : vous êtes plus de votre quartier que je ne pensois.

LETTRE CCLXXXIX.

A LA MÊME.

Montmorency, le 21 janvier 1762.

Je vous ai écrit, madame, espérant à peine de revoir le soleil; je vous ai écrit dans un état où, si vous aviez souffert la centième partie de mes maux, vous n'auriez sûrement guère songé à m'écrire; je vous ai écrit dans des moments où une seule ligne est sans prix. Là-dessus, tout ce que vous avez fait de votre côté a été de compter les lettres, et, voyant que j'étois en reste avec vous de ce côté, de m'envoyer pour toute consolation des plaintes, des reproches, et même des invectives. Après cela, vous apprenez dans le public que j'ai été très-mal, et que je le suis encore; cela fait nouvelle pour vous. Vous n'en avez rien vu dans mes lettres; c'est, madame, que votre cœur n'a pas autant d'esprit que votre esprit. Vous voulez alors être instruite de mon état ; vous demandez que ma gouvernante vous écrive; mais ma gouvernante n'a pas d'autre secrétaire que moi, et quand dans ma situation l'on est obligé de faire ses bulletins soi-même, en vérité l'on est bien dispensé d'être exact. D'ailleurs je vous avoue qu'un commerce de querelles n'a pas pour moi d'assez grands charmes pour me fatiguer à l'entretenir. Vous pouvez vous dispenser de mettre à prix la restitution de votre estime ; car je vous jure, madame, que c'est une restitution dont je ne me soucie point.

LETTRE CCXC.

A M. DE MALESHERBES.

Montmorency, le 8 février 1762.

Sitôt que j'ai appris, monsieur, que mon ouvrage seroit imprimé en France, je prévis ce qui m'arrive, et j'en suis moins fâché que si j'en étois surpris. Mais n'y auroit-il pas moyen de remédier pour l'avenir aux inconvénients que je prévois encore, si, publiant d'abord les deux premiers volumes, Duchesne et Néaulme son correspondant restent propriétaires des deux autres? Il résultera certainement de toutes ces cascades des difficultés et des embarras qui pourroient tellement prolonger la publication de mon livre, qu'il seroit à la fin supprimé ou mutilé, ou que je serois forcé de recourir tôt ou tard à quelque expédient dont les libraires croiroient avoir à se plaindre. Le remède à tout cela me paroît simple ; la moitié du livre est faite ou à peu près, la moitié de la somme est payée ; que le marché soit résilié pour le reste, et que Duchesne me rende mon manuscrit : ce sera mon affaire ensuite d'en disposer comme je l'entendrai. Bien entendu que cet arrangement n'aura lieu qu'avec l'agrément de madame la maréchale, qui sûrement ne le refusera pas lorsqu'elle saura mes raisons. Si vous vouliez bien, monsieur, négocier cette affaire, vous soulageriez mon cœur d'un grand poids qui m'oppressera sans relâche jusqu'à ce qu'elle soit entièrement terminée.

Quant aux changements à faire dans les deux premiers volumes avant leur publication, je voudrois bien qu'ils fussent une fois tellement spécifiés, que je fusse assuré qu'on n'en exigera pas d'ultérieurs, ou, pour parler plus juste, qu'ils ne seront pas nécessaires ; car, monsieur, je serois bien fâché que, par égard pour moi, vous laissassiez rien qui pût tirer à conséquence : il vaudroit alors cent fois mieux suivre l'idée d'envoyer toute l'édition hors du pays. C'est de quoi l'on ne peut juger qu'après avoir vu bien précisément à quoi se réduit tout ce qu'il s'agit d'ôter ou de changer; car je crains sur toute chose qu'on n'y revienne à deux fois. Pour prévenir cela, je vous supplie, monsieur, de lire ou faire lire les deux volumes en entier, afin qu'il ne s'y trouve plus rien qui n'ait été vu.

Je ne vous parlerai point de votre visite, jugeant que ce silence doit être entendu de vous. Agréez, monsieur, mon profond respect.

Je ne vois point qu'il soit nécessaire que vous vous donniez la peine d'envoyer ici personne pour cette affaire; il suffira peut-être de m'envoyer une note de ce qui doit être ôté, et j'écrirai là-dessus à Duchesne de faire les cartons nécessaires; car, encore une fois, monsieur, je ne veux en cette occasion disputer sur rien, et je serois bien fâché de laisser un seul mot qui pût faire trouver étrange qu'on eût laissé faire cette édition à Paris. Indiquez seulement ce qu'il convient qu'on ôte, et tout cela sera ôté. Une seule chose me fait de la peine, c'est qu'on ne sauroit exiger de Néaulme de faire en Hollande les mêmes cartons, et que, ne les faisant pas, son édition pourroit nuire à celle de Duchesne.

LETTRE CCXCI.

A M. MOULTOU.

Montmorency, 16 février 1762.

Plus de monsieur, cher Moultou, je vous en supplie ; je ne puis souffrir ce mot-là entre gens qui s'estiment et qui s'aiment : je tâcherai de mériter que vous ne vous en serviez plus avec moi.

Je suis touché de vos inquiétudes sur ma sûreté ; mais vous devez comprendre que, dans l'état où je suis, il y a plus de franchise que de courage à dire des vérités utiles, et je puis désormais mettre les hommes au pis, sans avoir grand'chose à perdre. D'ailleurs, en tout pays, je respecte la police et les lois ; et si je parois ici les éluder, ce n'est qu'une apparence qui n'est point fondée ; on ne peut être plus en règle que je le suis. Il est vrai que si l'on m'attaquoit, je ne pourrois sans bassesse employer tous mes avantages pour me défendre ; mais il n'en est pas moins vrai qu'on ne pourroit m'attaquer justement, et cela suffit pour ma tranquillité : toute ma prudence dans ma conduite est qu'on ne puisse jamais me faire mal sans me faire tort ; mais aussi je ne me dépars pas de là. Vouloir se mettre à l'abri de l'injustice, c'est tenter l'impossible, et prendre des précautions qui n'ont point de fin.

J'ajouterai qu'honoré dans ce pays de l'estime publique, j'ai une grande défense dans la droiture de mes intentions, qui se fait sentir dans mes écrits. Le François est naturellement humain et hospitalier : que gagneroit-on de persécuter un pauvre malade qui n'est sur le chemin de personne, et ne prêche que la paix et la vertu ? Tandis que l'auteur du livre *de l'Esprit* vit en paix dans sa patrie, J. J. Rousseau peut espérer de n'y être pas tourmenté.

Tranquillisez-vous donc sur mon compte, et soyez persuadé que je ne risque rien. Mais pour mon livre, je vous avoue qu'il est maintenant dans un état de crise qui me fait craindre pour son sort. Il faudra peut-être n'en laisser paroître qu'une partie, ou le mutiler misérablement; et là-dessus, je vous dirai que mon parti est pris. Je laisserai ôter ce qu'on voudra des deux premiers volumes; mais je ne souffrirai pas qu'on touche à la Profession de foi; il faut qu'elle reste telle qu'elle est, ou qu'elle soit supprimée : la copie qui est entre vos mains me donne le courage de prendre ma résolution là-dessus. Nous en reparlerons quand j'aurai quelque chose de plus à vous dire ; quant à présent tout est suspendu. Le grand éloignement de Paris et d'Amsterdam fait que toute cette affaire se traite fort lentement, et tire extrêmement en longueur.

L'objection que vous me faites sur l'état de la religion en Suisse et à Genève, et sur le tort qu'y peut faire l'écrit en question, seroit plus grave si elle étoit fondée; mais je suis bien éloigné de penser comme vous sur ce point. Vous dites que vous avez lu vingt fois cet écrit; eh bien! cher Moultou, lisez-le encore une vingt-unième; et si vous persistez alors dans votre opinion, nous la discuterons.

J'ai du chagrin de l'inquiétude de monsieur votre père, et surtout par l'influence qu'elle peut avoir sur votre voyage; car, d'ailleurs, je pense trop bien de vous pour croire que quand votre fortune seroit moindre, vous en fussiez plus malheureux. Quand votre résolution sera tout-à-fait prise là-dessus, marquez-le-moi, afin que je vous garde ou vous envoie le misérable chiffon auquel votre amitié veut bien mettre un prix. J'aurois d'autant plus de plaisir à vous voir que je me sens un peu soulagé et plus en état de profiter de votre commerce; j'ai quelques instants de relâche que je n'avois pas auparavant, et ces instants me seroient plus chers si je vous avois ici. Toutefois vous ne me devez rien, et vous devez tout à votre père, à votre famille, à votre état; et l'amitié qui se cultive aux dépens du devoir n'a plus de charmes. Adieu, cher Moultou; je vous embrasse de tout mon cœur. J'ai brûlé votre précédente lettre: mais pourquoi signer? avez-vous peur que je ne vous reconnoisse pas?

LETTRE CCXCII.

A MADAME LA MARÉCHALE DE LUXEMBOURG.

Montmorency, le 18 février 1762.

Vous êtes, madame la maréchale, comme la Divinité, qui ne parle aux mortels que par les soins de sa providence et les dons de sa libéralité. Quoique ces marques de votre souvenir me soient très-précieuses, d'autres me le seroient encore plus : mais quand on est si riche, on ne doit pas être insatiable ; et il faut bien, quant à présent, me contenter du bien que vous me faites en signe de celui que vous me voulez. Avec quel empressement je vois approcher le temps de recevoir des témoignages d'amitié de votre bouche, et combien cet empressement n'augmenteroit-il pas encore, si mes maux, me donnant un peu de relâche, me laissoient plus en état d'en profiter ! Oh ! venez, madame la maréchale : quand, aux approches de Pâques, j'aurai vu M. le maréchal et vous, en quelque situation que je reste, je chanterai d'un cœur content le cantique de Siméon.

M. de Malesherbes vous aura dit, madame la maréchale, qu'il se présente, sur la publication de mon ouvrage, quelques difficultés que j'ai prévues depuis long-temps, et qu'il faudra lever par des changements pour la partie qui est imprimée; mais quant à la partie qui ne l'est pas, je souhaite fort, tant pour la sûreté du libraire que pour ma propre tranquillité, qu'elle ne soit pas imprimée en France. Ce même libraire ne devant plus l'imprimer lui-même, il est inutile qu'il en reste chargé pour la faire imprimer en pays étranger par un autre; et toutes ces cascades, diminuant mon inspection sur mon propre ouvrage, le laissent trop à la discrétion de ces messieurs-là. Voilà ce qui me fait désirer, si vous l'agréez, que le traité soit annulé pour cette partie; que les billets soient rendus à Duchesne, et que le reste de mon manuscrit me soit aussi rendu. J'aime beaucoup mieux supprimer mon ouvrage que le mutiler; et, s'il lui demeure, il faudra nécessairement qu'il soit mutilé, gâté, estropié pour le faire paroître; ou, ce qui est encore pis, qu'il reste après moi à la discrétion d'autrui, pour être ensuite publié sous mon nom dans l'état où l'on voudra le mettre. Je vous supplie, madame la maréchale, de peser ces considérations, et de décider là-dessus ce que vous jugez à propos qui se fasse; car mon plus grand désir dans cette affaire est qu'il vous plaise d'en être l'arbitre, et que que rien ne soit fait que sur votre décision.

LETTRE CCXCIII.

A LA MÊME.

Montmorency, le 19 février 1762.

Je vois, madame la maréchale, que vous ne vous lassez point de prendre soin de mon malheureux livre : et véritablement il a grand besoin de votre protection et de celle de M. de Malesherbes, qui a poussé la bonté jusqu'à venir même à Montmorency pour cela. Je crains que le parti de faire imprimer les deux derniers volumes en Hollande ne devienne chaque jour sujet à plus d'inconvénients, parce que Duchesne, paresseux ou diligent toujours mal à propos, a commencé ces deux volumes, quoique je lui eusse écrit de suspendre : mais comme, de peur d'en trop dire, je ne lui ai écrit que par forme de conseil, il n'en a tenu compte; et ce sera du travail perdu dont il faudra le dédommager, à moins qu'il n'envoie les feuilles en Hollande ; auquel cas autant vaudroit peut-être qu'il achevât et prît le même parti pour le tout. Je souffre véritablement, madame la maréchale, du tracas que tout ceci vous donne depuis si long-temps; et moi, de mon côté, j'en suis aussi depuis cinq mois dans des angoisses continuelles, sans qu'il me soit possible encore de prévoir quand et comment tout ceci finira. Voici une petite note en réponse à celle que M. de Malesherbes m'a envoyée, et que je suppose que vous aurez vue. Je vous supplie de la lui communiquer quand il sera de retour.

Vous me marquez et M. le maréchal me marque aussi que vous me cherchez un chien. En combien de manières ne vous occupez-vous point de moi ! Mais, madame, ce n'est pas un autre chien qu'il me faut, c'est un autre *Turc*, et le mien étoit unique : les pertes de cette espèce ne se remplacent point. J'ai juré que mes attachements de toutes les sortes seroient désormais les derniers. Celui-là, dans son espèce, étoit du nombre ; et pour avoir un chien auquel je ne m'attache point, je l'aime mieux de toute autre main que de la vôtre. Ainsi ne songez plus, de grâce, à m'en chercher un. Bonjour, madame la maréchale ; bonjour, monsieur le maréchal : je n'écris jamais à l'un ou à l'autre sans m'attendrir sur cette réflexion, qu'il y a longtemps que je n'ai plus de moments heureux de la part des hommes que ceux qui me viennent de vous.

LETTRE CCXCIV.

A LA MÊME.

Montmorency, le 25 mars 1762.

Il faut, madame la maréchale, que je vous confie mes inquiétudes, car elles troublent mon cœur à proportion qu'il tient à ses attachements. M. le maréchal ayant été incommodé, et M. Dubertier ayant bien voulu m'informer de son état, je l'avois prié de continuer jusqu'à son entier rétablissement; et précisément depuis ce moment il ne m'a pas écrit un mot : le même M. Dubertier est venu hier à Montmorency, et ne m'a rien fait dire. J'ai écrit en dernier lieu à M. le maréchal, et il ne m'a pas répondu. Le temps du voyage approche; il avoit coutume de me réjouir le cœur en me l'annonçant, et cette fois il a gardé le silence : enfin tout le monde se tait, et moi je m'alarme. C'est un défaut très-importun, je le sens bien, aux personnes qui me sont chères, mais qui, tenant à mon caractère, est impossible à guérir, et que la solitude et les maux ne font qu'augmenter. Ayez-en pitié, madame la maréchale, vous qui m'en pardonnez tant d'autres, et sur qui tant de marques d'intérêt et de bonté que j'ai reçues de vous en dernier lieu m'empêchent d'étendre mes craintes. Engagez, de grâce, M. le maréchal à les dissiper par une simple feuille de papier blanc. Ce témoignage si chéri, si désiré, me dira tout; et, en vérité, j'en ai besoin pour goûter sans alarmes l'attente du moment qui s'approche, et pour me livrer sans crainte à l'épanouissement de cœur que j'éprouve toujours en vous abordant.

LETTRE CCXCV.

A MADAME LATOUR.

Ce 4 avril 1762.

Ma situation, madame, est toujours la même, et j'avoue que sa durée me la rend quelquefois pénible à supporter; elle me met hors d'état d'entretenir aucune correspondance suivie, et le ton de vos précédentes lettres achevoit de me déterminer à n'y plus répondre; mais vous en avez pris un dans les dernières auquel j'aurai toujours peine à résister. N'abusez pas de ma foiblesse, madame; de grâce, devenez moins exigeante, et ne faites pas le tourment de ma vie d'un commerce qui, dans tout autre état, en feroit l'agrément.

LETTRE CCXCVI.

A LA MÊME.

24 avril 1762.

J'étois si occupé, madame, à l'arrivée de votre exprès, que je fus contraint d'user de la permission de ne lui donner qu'une réponse verbale. Je n'ai pas un cœur insensible à l'intérêt qu'on paroît prendre à moi, et je ne puis qu'être touché de la persévérance d'une personne faite pour éprouver celle d'autrui; mais, quand je songe que mon âge et mon état ne me laissent plus sentir que la gêne du commerce avec les dames, quand je vois ma vie pleine d'assujettissements, auxquels vous en ajoutez un nouveau, je voudrois bien pouvoir accorder le retour que je vous dois avec la liberté de ne vous écrire que lorsqu'il m'en prend envie. Quant au silence de votre amie, j'en avois deviné la cause, et ne lui en savois point mauvais gré, quoiqu'elle rendît en cela plus de justice à ma négligence qu'à mes sentiments. Du reste, cette fierté ne me déplaît pas, et je la trouve de fort bon exemple. Bonjour, madame; on n'a pas besoin d'être bienfaisant pour vous rendre ce qui vous est dû; il suffit d'être juste, et c'est ce que je serai toujours avec vous, tout au moins.

LETTRE CCXCVII.

A M. MOULTOU.

Montmorency, le 25 avril 1762.

Je voulois, mon cher concitoyen, attendre, pour vous écrire et pour vous envoyer le chiffon ci-joint, puisque vous le désirez, de pouvoir vous annoncer définitivement le sort de mon livre; mais cette affaire se prolonge trop pour m'en laisser attendre la fin. Je crois que le libraire a pris le parti de revenir au premier arrangement, et de faire imprimer en Hollande, comme il s'y étoit d'abord engagé. J'en suis charmé; car c'étoit toujours malgré moi que, pour augmenter son gain, il prenoit le parti de faire imprimer en France, quoique de ma part je fusse autant en règle qu'il me convient; et que je n'eusse rien fait sans l'aveu du magistrat. Mais maintenant que le libraire a reçu et payé le manuscrit, il en est le maître. Il ne me le rendroit pas quand je lui rendrois son argent, ce que j'ai voulu faire inutilement plusieurs fois, et ce que je ne suis plus en état de faire. Ainsi j'ai résolu de ne plus m'inquiéter de cette affaire, et de laisser courir sa fortune au livre, puisqu'il est trop tard pour l'empêcher.

Quoique par-là toute discussion sur le danger

de la Profession de foi devienne inutile, puisque assurément, quand je la voudrois retirer, le libraire ne me la rendroit pas, j'espère pourtant que vous avez mis ses effets au pis, en supposant qu'elle jetteroit le peuple parmi nous dans une incrédulité absolue; car, premièrement, je n'ôte pas à pure perte, et même je n'ôte rien, et j'établis plus que je ne détruis. D'ailleurs le peuple aura toujours une religion positive, fondée sur l'autorité des hommes; et il est impossible que, sur mon ouvrage, le peuple de Genève en préfère une autre à celle qu'il a. Quant aux miracles, ils ne sont pas tellement liés à cette autorité, qu'on ne puisse les en détacher à certain point; et cette séparation est très-importante à faire; afin qu'un peuple religieux ne soit pas à la discrétion des fourbes et des novateurs; car, quand vous ne tenez le peuple que par des miracles, vous ne tenez rien. Ou je me trompe fort, ou ceux sur qui mon livre feroit quelque impression, parmi le peuple, en seroient beaucoup plus gens de bien, et n'en seroient guère moins chrétiens; ou plutôt ils le seroient plus essentiellement. Je suis donc persuadé que le seul mauvais effet que pourra faire mon livre parmi les nôtres sera contre moi, et même je ne doute point que les plus incrédules ne soufflent encore plus le feu que les dévots: mais cette considération ne m'a jamais retenu de faire ce que j'ai cru bon et utile. Il y a long-temps que j'ai mis les hommes au pis; et puis je vois très-bien que cela ne fera que démasquer des haines qui couvent; autant vaut les mettre à leur aise. Pouvez-vous croire que je ne m'aperçoive pas que ma réputation blesse les yeux de mes concitoyens, et que si Jean-Jacques n'était pas de Genève, Voltaire y eût été moins fêté? Il n'y a pas une ville de l'Europe dont il ne me vienne des visites à Montmorency, mais on n'y aperçoit jamais la trace d'un Génevois; et quand il y en est venu quelqu'un, ce n'a jamais été que des disciples de Voltaire, qui ne sont venus que comme espions. Voilà, très-cher concitoyen, la véritable raison qui m'empêchera de jamais me retirer à Genève; un seul haineux empoisonneroit tout le plaisir d'y trouver quelques amis. J'aime trop ma patrie pour supporter de m'y voir haï : il vaut mieux vivre et mourir en exil. Dites-moi donc ce que je risque. Les bons sont à l'épreuve, et les autres me haïssent déjà. Ils prendront ce prétexte pour se montrer, et je saurai du moins à qui j'ai affaire. Du reste, nous n'en serons pas sitôt à la peine. Je vois moins clair que jamais dans le sort de mon livre; c'est un abîme de mystère où je ne saurois pénétrer. Cependant il est payé, du moins en partie; et il me semble que, dans les actions des hommes, il faut toujours, en dernier ressort, remonter à la loi de l'intérêt. Attendons.

Le *Contrat social* est imprimé, et vous en recevrez, par l'envoi de Rey, douze exemplaires, francs de port, comme j'espère; sinon vous aurez la bonté de m'envoyer la note de vos déboursés. Voici la distribution que je vous prie de vouloir bien faire des onze qui vous resteront, le vôtre prélevé.

Un à la Bibliothèque, etc.

A propos de la Bibliothèque, ne sachant point le nom des messieurs qui en sont chargés à présent, et par conséquent ne pouvant leur écrire, je vous prie de vouloir bien leur dire de ma part que je suis chargé, par M. le maréchal de Luxembourg, d'un présent pour la Bibliothèque. C'est un exemplaire de la magnifique édition des Fables de La Fontaine, avec des figures d'Oudry, en quatre volumes in-folio. Ce beau livre est actuellement entre mes mains, et ces messieurs le feront retirer quand il leur plaira. S'ils jugent à propos d'en écrire une lettre de remerciement à M. le maréchal, je crois qu'ils feroient une chose convenable. Adieu, cher concitoyen; ma feuille est finie, et je ne sais finir avec vous que comme cela. Je vous embrasse.

P. S. Vous verrez que cette lettre est écrite à deux reprises, parce que je me suis fait une blessure à la main droite, qui m'a long-temps empêché de tenir la plume. C'est avec regret que je vous fait coûter un si gros port; mais vous l'avez voulu.

LETTRE CCXCVIII.

A MM. DE LA SOCIÉTÉ ÉCONOMIQUE DE BERNE.

Montmorency, le 29 avril 1762.

Vous êtes moins inconnus, messieurs, que vous ne pensez, et il faut que votre société ne manque pas de célébrité dans le monde, puisque le bruit en est parvenu dans cet asile à un homme qui n'a plus aucun commerce avec les gens de lettres. Vous vous montrez par un côté si intéressant, que votre projet ne peut manquer d'exciter le public, et surtout les honnêtes gens, à vouloir vous connoître ; et pourquoi voulez-vous dérober aux hommes le spectacle si touchant et si rare dans notre siècle de vrais citoyens aimant leurs frères et leurs semblables, et s'occupant sincèrement du bonheur de la patrie et du genre humain.

Quelque beau cependant que soit votre plan, et quelques talents que vous ayez pour l'exécuter, ne vous flattez pas d'un succès qui réponde entièrement à vos vues. Les préjugés qui ne tiennent qu'à l'erreur se peuvent détruire, mais ceux qui sont fondés sur nos vices ne tomberont qu'avec eux. Vous voulez commencer par apprendre aux hommes la vérité pour les rendre sages ; et, tout au contraire, il faudroit d'abord les rendre sages pour leur faire aimer la vérité. La vérité n'a presque jamais rien fait dans le monde, parce que les hommes se conduisent toujours plus par leurs passions que par leurs lumières, et qu'ils font le mal, approuvant le bien. Le siècle où nous vivons est des plus éclairés, même en morale : est-il des meilleurs? Les livres ne sont bons à rien; j'en dis autant des académies et des sociétés littéraires; on ne donne jamais à ce qui en sort d'utile qu'une approbation stérile : sans cela, la nation qui a produit les Fénélon, les Montesquieu, les Mirabaud, ne seroit-elle pas la mieux conduite et la plus heureuse de la terre? En vaut-elle mieux depuis les écrits de ces grands hommes? et un seul abus a-t-il été redressé sur leurs maximes? Ne vous flattez pas de faire plus qu'ils n'ont fait. Non, messieurs, vous pourrez instruire les peuples, mais vous ne les rendrez ni meilleurs ni plus heureux. C'est une des choses qui m'ont le plus découragé durant ma courte carrière littéraire, de sentir que, même me supposant tous les talents dont j'avois besoin, j'attaquerois sans fruit des erreurs funestes, et que quand je les pourrois vaincre, les choses n'en iroient pas mieux. J'ai quelquefois charmé mes maux en satisfaisant mon cœur, mais sans m'en imposer sur l'effet de mes soins. Plusieurs m'ont lu, quelques-uns m'ont approuvé même; et, comme je l'avois prévu, tous sont restés ce qu'ils étoient auparavant. Messieurs, vous direz mieux et davantage, mais vous n'aurez pas un meilleur succès; et, au lieu du bien public que vous cherchez, vous ne trouverez que la gloire que vous semblez craindre.

Quoi qu'il en soit, je ne puis qu'être sensible à l'honneur que vous me faites, de m'associer en quelque sorte, par votre correspondance, à de si nobles travaux. Mais, en me le proposant, vous ignoriez sans doute que vous vous adressiez à un pauvre malade qui, après avoir essayé dix ans du triste métier d'auteur, pour lequel il n'étoit point fait, y renonce dans la joie de son cœur, et, après avoir eu l'honneur d'entrer en lice avec respect, mais en homme libre, contre une tête couronnée, ose dire, en quittant la plume pour ne la jamais reprendre :

Victor cœstus artemque repono.

Mais sans aspirer aux prix donnés par votre munificence, j'en trouverai toujours un très-grand dans l'honneur de votre estime; et si vous me jugez digne de votre correspondance, je ne refuse point de l'entretenir autant que mon état, ma retraite et mes lumières pourront le permettre; et, pour commencer par ce que vous exigez de moi, je vous dirai que votre plan, quoique très-bien fait, me paroît généraliser un peu trop les idées, et tourner trop vers la métaphysique des recherches qui deviendroient plus utiles, selon vos vues, si elles avoient des applications pratiques, locales, et particulières. Quant à vos questions, elles sont très-belles; la troisième[1] surtout me plaît beaucoup; c'est celle qui me tenteroit si j'avois à écrire. Vos vues, en la proposant, sont assez claires; et il faudra que celui qui la traitera soit bien maladroit s'il ne les remplit pas. Dans la première, où vous demandez *quels sont les moyens de tirer un peuple de la corruption*, outre que ce mot de *corruption* me paroît un peu vague, et rendre la question presque indéterminée, il faudroit commencer peut-être par demander s'il est de tels moyens; car c'est de quoi l'on peut tout au moins douter. En compensation vous pourriez ôter ce que vous ajoutez à la fin, et qui n'est qu'une répétition de la question même, ou en fait une autre tout-à-fait à part[2].

Si j'avois à traiter votre seconde question[3], je ne puis vous dissimuler que je me déclarerois avec Platon pour l'affirmative, ce qui sûrement n'étoit pas votre intention en la proposant. Faites comme l'académie françoise, qui prescrit le parti que l'on doit prendre et qui se garde bien de mettre en problème les questions sur lesquelles elle a peur qu'on ne dise la vérité.

[1] « Quel peuple a jamais été le plus heureux? »
[2] Voici la suite de cette question : « et quel est le plan le plus « parfait qu'un législateur puisse suivre à cet égard? »
[3] « Est-il des préjugés respectables qu'un bon citoyen doive se « faire un scrupule de combattre publiquement? »

La quatrième¹ est la plus utile, à cause de cette application locale dont j'ai parlé ci-devant; elle offre de grandes vues à remplir. Mais il n'y a qu'un Suisse, ou quelqu'un qui connoisse à fond la constitution physique, politique et morale du corps helvétique, qui puisse la traiter avec succès. Il faudroit voir soi-même pour oser dire, *O utinam!* Hélas! c'est augmenter ses regrets de renouveler des vœux formés tant de fois et devenus inutiles. Bonjour, monsieur : je vous salue, vous et vos dignes collègues, de tout mon cœur et avec le plus vrai respect.

―――――――――――――――――

LETTRE CCXCIX.

A M. DE MALESHERBES.

Montmorency, le 7 mai 1762.

C'est à moi, monsieur, de vous remercier de ne pas dédaigner de si foibles hommages, que je voudrois bien rendre plus dignes de vous être offerts. Je crois, à propos de ce dernier écrit, devoir vous informer d'une action du sieur Rey, laquelle a peu d'exemples chez les libraires, et ne sauroit

―――――
¹ « Par quel moyen pourroit-on resserrer les liaisons et l'amitié
« entre les citoyens des diverses républiques qui composent la
« confédération helvétique? »

manquer de lui valoir quelque partie des bontés dont vous m'honorez. C'est, monsieur, qu'en reconnoissance des profits qu'il prétend avoir faits sur mes ouvrages, il vient de passer, en faveur de ma gouvernante, l'acte d'une pension viagère de trois cents livres; et cela de son propre mouvement, et de la manière du monde la plus obligeante. Je vous avoue qu'il s'est attaché pour le reste de ma vie un ami par ce procédé; et j'en suis d'autant plus touché que ma plus grande peine, dans l'état où je suis, étoit l'incertitude de celui où je laisserois cette pauvre fille après dix-sept ans de services, de soins et d'attachement. Je sais que le sieur Rey n'a pas une bonne réputation dans ce pays-ci, et j'ai eu moi-même plus d'une occasion de m'en plaindre, quoique jamais sur des discussions d'intérêt, ni sur sa fidélité à faire honneur à ses engagements. Mais il est constant aussi qu'il est généralement estimé en Hollande; et voilà, ce me semble, un fait authentique qui doit effacer bien des imputations vagues. En voilà beaucoup, monsieur, sur une affaire dont j'ai le cœur plein; mais le vôtre est fait pour sentir et pardonner ces choses-là.

LETTRE CCC.

A MADAME LA MARÉCHALE DE LUXEMBOURG.

Montmorency, le 19 mai 1762.

Je ne croyois pas, madame la maréchale, que notre livre pût paroître avant les fêtes; mais Duchesne me marque qu'il compte pouvoir le mettre en débit la semaine prochaine; et vous pensez bien que je vois ce qui l'a rendu diligent. J'avois destiné, pour vos distributions et celles de M. le maréchal, les quarante exemplaires qui ont été stipulés de plus que les soixante que je me réserve ordinairement; mais mes distributions indispensables ont tellement augmenté, que je me vois forcé de vous en voler dix pour y suffire; sauf restitution cependant, si vous n'en avez pas assez : encore ai-je espéré que vous voudriez bien en faire agréer un à M. le prince de Conti, et un autre à M. le duc de Villeroi, désirant quils reçoivent quelque prix auprès d'eux de la main qui les offrira. Je voudrois bien en présenter un exemplaire à M. le marquis d'Armentières, qui m'a paru prendre intérêt à cet ouvrage; mais ne sachant comment le lui envoyer, je vous supplie, madame la maréchale, de vouloir bien, si vous le jugez à propos, vous charger de cet envoi, et j'en remplirai le vide.

J'ai écrit à Duchesne d'envoyer les trente exemplaires à l'hôtel de Luxembourg, dans le courant de la semaine, et de commencer, dimanche prochain, 23, mes distributions, dont je lui ai envoyé la note. Si voulez bien, madame la maréchale, n'ordonner les vôtres que le même jour, cela fera que moins de gens auront à se plaindre que d'autres aient eu le livre avant eux. Au reste, quel que soit son succès dans le monde, mon dernier ouvrage ayant été publiquement honoré de vos soins et de votre protection, je crois ma carrière très-heureusement couronnée : il étoit impossible de mieux finir.

Pour éviter tout double emploi, je crois devoir vous prévenir, madame la maréchale, que j'enverrai un exemplaire à madame la comtesse de Boufflers, ainsi qu'au chevalier de Lorenzi.

LETTRE CCCI.

A MADAME LATOUR.

A Montmorency, le 23 mai 1762.

Vous avez fait, madame, un petit *quiproquo*: voilà la lettre de votre heureux papa; redemandez-lui la mienne, je vous prie : étant pour moi, elle est à moi, je ne veux pas la perdre; car, depuis que vous avez changé de ton, votre douceur me gagne, et je m'affectionne de plus en plus à tout ce qui me vient de vous. Ce petit accident même ne vous rend pas, dans mon esprit, un mauvais office; et dût-il entrer du bonheur dans cette affaire, on ne peut que bien penser des mœurs d'une jeune femme dont les méprises ne sont pas plus dangereuses.

Mais à juger de vos sociétés par les gens dont vous m'avez parlé, j'avoue que ce préjugé vous seroit bien moins favorable. Je n'avois de ma vie ouï parler de Sire-Jean, non plus que de M. Maillard, dont vous m'avez fait mention ci-devant. Mon prétendu jugement contre vous a été controuvé par le premier, ainsi que mon prétendu voyage à Paris par l'autre. Je n'aime point à prononcer; je ne blâme qu'avec connoissance, et ne vais jamais à Paris. Que faut-il donc penser de ces messieurs-là, madame, et quelle liaison doit exister entre vous et de telles gens ?

LETTRE CCCII.

A MADAME LA MARÉCHALE DE LUXEMBOURG.

Vendredi 28 mai.

Vous savez, madame la maréchale, qu'il y a une édition contrefaite de mon livre, laquelle doit paroître ces fêtes. Il est certain que si cette édition se débite, Duchesne est ruiné, et que si les auteurs ne sont pas découverts, je suis déshonoré. Quelque nouvel embarras que ceci vous donne, il ne faut pas qu'il puisse être dit qu'une affaire entreprise par madame la maréchale de Luxembourg ait eu une si triste fin. J'ai écrit hier à M. de Malesherbes : mais j'ai quelque frayeur, je l'avoue, qu'on n'ait abusé de sa confiance, et que l'auteur de la fraude ne soit plus près de lui qu'il ne pense. Car enfin cet auteur est l'imprimeur, ou le correcteur, ou l'homme chargé de cette affaire, ou moi. Or il est bien difficile que ce soit l'imprimeur, puisqu'ils étoient deux, lesquels n'avoient aucune communication ensemble : le correcteur est l'ami du libraire, et même toutes les feuilles n'ont pas passé par ses mains. Resteroit donc à chercher le fripon entre deux hommes dont je suis l'un. J'écris aujourd'hui à M. le lieutenant de police, et je vous envoie copie de ma lettre. J'aurois voulu me trouver à votre passage au retour de l'Ile-Adam; mais je n'ai pu venir à bout de savoir si c'étoit aujourd'hui ou demain que vous deviez venir; et je suis si foible, si troublé, si occupé, que, ne sachant pas non plus l'heure, je ne tenterai pas même de m'y trouver, espérant me dédommager mardi prochain. Je vous excède, madame la maréchale, j'en suis navré; mais si cette affaire n'est éclaircie, il faut que j'en meure de désespoir.

Vous comprenez qu'il ne faudroit pas montrer ma lettre à M. de Malesherbes, mais seulement le prier de vouloir bien regarder lui-même à cette affaire. Le premier colporteur saisi d'un exemplaire de la fausse édition donne le bout de la pelotte; il n'y a plus qu'à dévider.

LETTRE CCCIII.

A M. DE SARTINE.

Du 28 mai 1762.

Monsieur,

Permettez que l'auteur d'un livre sur l'éducation, au sujet duquel requête vous a été présentée, prenne la liberté d'y joindre la sienne. Si l'édition contrefaite est mise en vente, mon libraire en souffrira des pertes que je dois partager; si les auteurs de la fraude ne sont pas connus, je serai suspect d'en être complice. N'en voilà que trop, monsieur, pour autoriser l'extrême inquiétude où je suis, et l'importunité que je vous cause. A la manière dont s'y prennent ces éditeurs frauduleux, j'ai lieu de croire qu'ils se sentent appuyés, et même, malgré vos ordres, le colporteur de Saugen en promet à ses camarades des exemplaires pour la veille des fêtes. Mais je suis fortement persuadé, sur quelque protection qu'ils comptent, qu'un magistrat de votre intégrité et de votre fermeté ne permettra jamais que cette protection soit portée jusqu'à favoriser les fripons aux dépens de la fortune du libraire et de la réputation de l'auteur.

Daignez, monsieur, agréer mon profond respect, et vous rappeler que je m'honorois de ce sentiment pour vous avant que je pusse prévoir que j'implorerois un jour votre justice.

LETTRE CCCIV.

A MADAME LATOUR.

Ce samedi 29.

La preuve, madame, que je n'ai point voulu mettre en égalité votre amie et vous est que son exemplaire vous a été remis, quoique j'eusse son adresse ainsi que la vôtre. J'ai pensé qu'ayant une fille à élever, elle seroit peut-être bien aise de voir ce livre, et comme le libraire le vend fort cher, et qu'elle n'est pas riche, j'ai pensé encore que vous seriez bien aise de le lui offrir. Offrez-le-lui donc, madame, non de ma part, mais de la vôtre, et ne lui faites aucune mention de moi. Du reste, quoi que vous puissiez dire, je n'appellerai ni Julie ni Claire deux femmes dont l'une aura des secrets pour l'autre : car, si j'imagine bien les cœurs de Julie et de Claire, ils étoient transparents l'un pour l'autre; il leur étoit impossible de se cacher. Contentez-vous, croyez-moi, d'être Marianne; et si cette Marianne est telle que je me la figure, elle n'a pas trop à se plaindre de son lot.

LETTRE CCCV.

A M. MOULTOU.

Montmorency, le 30 mai 1762.

L'état critique où étoient vos enfants quand vous m'avez écrit me fait sentir pour vous la sollicitude et les alarmes paternelles. Tirez-moi d'inquiétude aussitôt que vous le pourrez; car, cher Moultou, je vous aime tendrement.

Je suis très-sensible au témoignage d'estime que je reçois de la part de M. Reventlow, dans la lettre dont vous m'avez envoyé l'extrait : mais outre que je n'ai jamais aimé la poésie françoise, et que, n'ayant pas fait de vers depuis très-longtemps, j'ai absolument oublié cette petite mécanique, je vous dirai, de plus, que je doute qu'une pareille entreprise eût aucun succès ; et quant à moi du moins, je ne sais mettre en chanson rien de ce qu'il faut dire aux princes : ainsi je ne puis me charger du soin dont veut bien m'honorer M. de Reventlow. Cependant, pour lui prouver que ce refus ne vient point de mauvaise volonté, je ne refuserai pas d'écrire un mémoire pour l'instruction du jeune prince, si M. de Reventlow veut m'en prier. Quant à la récompense, je sais d'où la tirer sans qu'il s'en donne le soin. Aussi bien, quelque médiocre que puisse être mon travail en lui-même, si je faisois tant que d'y mettre un prix, il seroit tel que ni M. de Reventlow, ni le roi de Danemarck, ne pourroient le payer.

Enfin mon livre paroît depuis quelques jours, et il est parfaitement prouvé par l'évènement que j'ai payé les soins officieux d'un honnête homme des soupçons les plus odieux. Je ne me consolerai jamais d'une ingratitude aussi noire, et je porte au fond de mon cœur le poids d'un remords qui ne me quittera plus.

Je cherche quelque occasion de vous envoyer

des exemplaires, et, si je ne puis faire mieux, du moins le vôtre avant tout. Il y a une édition de Lyon qui m'est très-suspecte, puisqu'il ne m'a pas été possible d'en voir les feuilles; d'ailleurs le libraire Bruyset qui l'a faite s'est signalé dans cette affaire par tant de manœuvres artificieuses, nuisibles à Néaulme et à Duchesne, que la justice, aussi bien que l'honneur de l'auteur, demandent que cette édition soit décriée autant qu'elle mérite de l'être. J'ai grand'peur que ce ne soit la seule qui sera connue où vous êtes, et que Genève n'en soit infecté. Quand vous aurez votre exemplaire, vous serez en état de faire la comparaison et d'en dire votre avis.

Vous avez bien prévu que je serois embarrassé du transport des *Fables de La Fontaine*. Moi que le moindre tracas effarouche, et qui laisse dépérir mes propres livres dans les transports, faute d'en pouvoir prendre le moindre soin, jugez du souci où me met la crainte que celui-là ne soit pas assez bien emballé pour ne point souffrir en route, et la difficulté de le faire entrer à Paris sans qu'il aille traînant des mois entiers à la chambre syndicale. Je vous jure que j'aurois mieux aimé en procurer dix autres à la bibliothèque que de faire faire une lieue à celui-là. C'est une leçon pour une autre fois.

Vous qui dites que je suis si bien voulu dans Genève, répondez au fait que je vais vous exposer.

Il n'y a pas une ville en Europe dont les libraires ne recherchent mes écrits avec le plus grand empressement. Genève est la seule où Rey n'a pu négocier des exemplaires du *Contrat social*. Pas un seul libraire n'a voulu s'en charger. Il est vrai que l'entrée de ce livre vient d'être défendue en France; mais c'est précisément pour cela qu'il devroit être bien reçu dans Genève, car même j'y préfère hautement l'aristocratie à tout autre gouvernement. Répondez. Adieu, cher Moultou. Des nouvelles de vos enfants.

LETTRE CCCVI.

A MADAME LA MARQUISE DE CRÉQUI.

Montmorency, fin de mai 1762.

C'est vous, madame, qui m'oubliez; je le sens fort bien; mais je ne vous laisserai pas faire: car si j'ai peine à former des liaisons, j'en ai plus encore à les rompre, et surtout....

J'aurai donc soin, malgré vous, de vous faire quelquefois souvenir de moi, mais non pas de la même manière. Ayant posé la plume pour ne la jamais reprendre, je n'aurai plus, grâce au ciel, de pareils hommages à vous offrir[1]; mais pour ceux

---
[1] * L'envoi de son *Émile*. (*Note de du Peyrou.*)

d'un cœur plein de respect, de reconnoissance et d'attachement, ils ne finiront pour vous, madame, de ma part, qu'avec ma vie.

Quoi! vous voulez faire un pélerinage à Montmorency? Vous y viendrez visiter ces pauvres reliques génevoises, qui bientôt ne seront bonnes qu'à enchâsser? Que j'attends avec empressement ce pélerinage d'une espèce nouvelle, où l'on ne vient pas chercher le miracle, mais le faire, car vous me trouverez mourant, et je ne doute pas que votre présence ne me ressuscite, au moins pour quinze jours. Au reste, madame, préparez-vous à voir un joli garçon, qui s'est bien formé depuis cinq ou six ans; j'étois un peu sauvage à la ville, mais je suis venu me civiliser dans les bois.

Monsieur et madame de Luxembourg viennent ici mardi pour un mois. J'ai cru vous devoir cet avertissement, madame, sur la répugnance que vous avez à vous y trouver avec eux. Mais j'avoue que les raisons que vous en alléguez me semblent très-mal fondées; et de plus, j'ai pour eux tant d'attachement et d'estime, que, quand on ne m'en parle pas avec éloge, j'aimerois mieux qu'on ne m'en parlât point du tout.

Puisque vous aimez les solitaires, vous aimez aussi les promenades qui le sont: et, quoique vous connoissiez le pays, je vous en promets de charmantes, que vous ne connoissez sûrement pas. J'ai aussi mon intérêt à cela; car, outre l'avantage du moment présent, j'aurai encore pour l'avenir celui de parcourir avec plus de plaisir les lieux où j'aurai eu l'honneur de vous suivre.

LETTRE CCCVII.

À MADAME LATOUR.

Le 1er juin 1762.

Je suis mortifié, madame, que mon exemplaire n'ait pu être employé, et peut-être ne vous sera-t-il pas si aisé de le remplacer que vous ayez pu le croire; car on dit que mon livre est arrêté, et ne se vend plus: à tout évènement, il reste ici à vos ordres. Je ne renonce qu'à regret à l'espoir de vous en voir disposer, et je vous avoue que la délicatesse qui vous en empêche n'est pas de mon goût. Mais il faut se soumettre; nous parlerons du reste plus à loisir. Votre voyage est une affaire à méditer; car je vous avoue que, malgré mon état, j'ai grand'peur de vous.

LETTRE CCCVIII.

A LA MÊME.

A M. M. 4 juin 1762.

J'ai, madame, une requête à vous présenter : le cœur plein de vous, j'en ai parlé à madame la maréchale de Luxembourg; et, sans prévoir l'effet de mon zèle, je lui ai inspiré le désir de savoir qui vous êtes, et peut-être d'aller plus loin. Elle m'a donc chargé de vous demander la permission de vous nommer à elle, et je dois ajouter que vous m'obligerez de me l'accorder. Mais, du reste, vous pouvez me signifier vos volontés en toute confiance, vous serez fidèlement obéie. La seule chose que je vous demande pour l'acquit de ma commission est, en cas de refus, de vouloir bien tourner votre lettre de manière que je puisse la lui montrer.

Dois-je désirer ou craindre la visite que vous semblez me promettre? Je crois en vérité qu'elle m'ôte le repos d'avance; que sera-ce après l'évènement, mon Dieu! Que voulez-vous venir faire ici de ces beaux yeux vainqueurs des Suisses? Ne sauroient-ils du moins laisser en paix les Génevois? Ah! respectez mes maux et ma barbe grise, ne venez pas grêler sur le persil. Il faut pourtant achever de m'humilier, en vous disant combien les préjugés que vous craignez sont chimériques. Hélas! ce n'est pas d'aujourd'hui que de jolies femmes viennent impudemment insulter à ma misère, et me faire à la fois de leurs visites un honneur et un affront! Je ne sais pourquoi le cœur me dit que je me tirerai mal de la vôtre. Non, je n'ai jamais redouté femme autant que vous. Cependant je dois vous prévenir que si vous voulez tout de bon faire ce pélerinage, il faut nous concerter d'avance, et convenir du jour entre nous, surtout dans une saison où, sans cesse accablé d'importuns de toutes les sortes, je suis réduit à me ménager d'avance, et même avec peine, un jour de pleine liberté. Vous pouvez renvoyer la réponse à cet article à quelque autre lettre, et n'en point parler dans la réponse à celle-ci.

Je n'ai encore montré aucune de vos lettres à madame de Luxembourg; et si je lui en montre, et que vous ne vouliez pas être connue, soyez sûre que j'y mettrai le choix nécessaire, et qu'elle ne saura jamais qui vous êtes, à moins que vous n'y consentiez. Excusez mon barbouillage; j'écris à la hâte, fort distrait, et du monde dans ma chambre.

LETTRE CCCIX.

A M. NÉAULME.

Montmorency, le 5 juin 1762.

Je reçois, monsieur, à l'instant, et dans le même paquet, avec six feuilles imprimées, et cinq cartons, vos quatre lettres des 20, 22, 24 et 26 mai. J'y vois avec déplaisir la continuation de vos plaintes vis-à-vis de vos deux confrères; mais n'étant entré ni dans les traités ni dans les négociations réciproques, je me borne à désirer que la justice soit observée, et que vous soyez tous contents, sans avoir droit de m'ingérer dans une affaire qui ne me regarde pas. J'ajouterai seulement que j'aurois souhaité, et de grand cœur, que le tout eût passé par vos mains seules, et qu'on n'eût traité qu'avec vous; mais n'ayant pas été consulté dans cette affaire, je ne puis répondre de ce qui s'est fait à mon insu.

Je vous ai dit, monsieur, et je le répète, qu'*Émile* est le dernier écrit qui soit sorti et sortira jamais de ma plume pour l'impression. Je ne comprends pas sur quoi vous pouvez inférer le contraire; il me suffit de vous avoir dit la vérité : vous en croirez ce qu'il vous plaira.

Je suis très-fâché des embarras où vous dites

être au sujet de la Profession de foi; mais comme vous ne m'avez point consulté sur le contenu de mon manuscrit, en traitant pour l'impression, vous n'avez point à vous prendre à moi des obstacles qui vous arrêtent, et d'autant moins que les vérités hardies semées dans tous mes livres devoient vous faire présumer que celui-là n'en seroit pas exempt. Je ne vous ai ni surpris ni abusé, monsieur; j'en suis incapable; je voudrois même vous complaire, mais ce ne sauroit être en ce que vous exigez de moi sur ce point; et je m'étonne que vous puissiez croire qu'un homme qui prend tant de mesures pour que son ouvrage ne soit point altéré après sa mort le laisse mutiler durant sa vie [1].

A l'égard des raisons que vous m'exposez, vous pouviez vous dispenser de cet étalage, et supposer que j'avois pensé à ce qu'il me convenoit de faire. Vous dites que les gens même qui pensent comme moi me blâment. Je vous réponds que cela ne peut pas être; car moi, qui sûrement pense comme moi, je m'approuve, et ne fis rien de ma vie dont mon cœur fût aussi content. En rendant gloire à Dieu, et parlant pour le vrai bien des hommes, j'ai fait mon devoir: qu'ils en profitent ou non, qu'ils me blâment ou m'approuvent, c'est leur affaire; je ne donnerois pas un fétu pour changer

---

[1] * Pour l'explication de ceci, voyez au commencement de l'*Émile* la première des notes où il est question de Formey.

leur blâme en louange. Du reste, je les mets au pis; que me feront-ils que la nature et mes maux ne fassent bientôt sans eux? Ils ne me donneront ni ne m'ôteront ma récompense; elle ne dépend d'aucun pouvoir humain. Vous voyez bien, monsieur, que mon parti est pris. Ainsi je vous conseille de ne m'en plus parler, car cela seroit parfaitement inutile.

LETTRE CCCX.

A M. MOULTOU.

Montmorency, le 7 juin 1762.

Je me garderois de vous inquiéter, cher Moultou, si je croyois que vous fussiez tranquille sur mon compte; mais la fermentation est trop forte pour que le bruit n'en soit pas arrivé jusqu'à vous, et je juge par les lettres que je reçois des provinces que les gens qui m'aiment y sont encore plus alarmés pour moi qu'à Paris. Mon livre a paru dans des circonstances malheureuses. Le parlement de Paris, pour justifier son zèle contre les jésuites, veut, dit-on, persécuter aussi ceux qui ne pensent pas comme eux; et le seul homme en France qui croie en Dieu doit être la victime des défenseurs du christianisme. Depuis plusieurs jours tous mes amis s'efforcent à l'envi de m'effrayer : on m'offre partout des retraites ; mais comme on ne me donne pas, pour les accepter, des raisons bonnes pour moi, je demeure ; car votre ami Jean-Jacques n'a point appris à se cacher. Je pense aussi qu'on grossit le mal à mes yeux pour tâcher de m'ébranler ; car je ne saurois concevoir à quel titre, moi citoyen de Genève, je puis devoir compte au parlement de Paris d'un livre que j'ai fait imprimer en Hollande avec privilége des états-généraux. Le seul moyen de défense que j'entends employer, si l'on m'interroge, est la récusation de mes juges : mais ce moyen ne les contentera pas ; car je vois que, tout plein de son pouvoir suprême, le parlement a peu d'idée du droit des gens, et ne le respectera guère dans un petit particulier comme moi. Il y a dans tous les corps des intérêts auxquels la justice est toujours subordonnée ; et il n'y a pas plus d'inconvénient à brûler un innocent au parlement de Paris qu'à en rouer un autre au parlement de Toulouse. Il est vrai qu'en général les magistrats du premier de ces corps aiment la justice, et sont toujours équitables et modérés quand un ascendant trop fort ne s'y oppose pas ; mais si cet ascendant agit dans cette affaire comme il est probable, ils n'y résisteront point. Tels sont les hommes, cher Moultou ; telle est cette société si vantée : la justice parle, et les passions agissent. D'ailleurs, quoique je n'eusse qu'à déclarer ouvertement la vérité des faits, ou, au contraire, à user de quelque mensonge pour me tirer d'affaire, même malgré eux, bien résolu de ne rien dire que de vrai, et de ne compromettre personne, toujours gêné dans mes réponses, je leur donnerai le plus beau jeu du monde pour me perdre à leur plaisir.

Mais, cher Moultou, si la devise que j'ai prise n'est pas un pur bavardage, c'est ici l'occasion de m'en montrer digne; et à quoi puis-je employer mieux le peu de vie qui me reste? De quelque manière que me traitent les hommes, que me feront-ils que la nature et mes maux ne m'eussent bientôt fait sans eux? Ils pourront m'ôter une vie que mon état me rend à charge, mais ils ne m'ôteront pas ma liberté; je la conserverai, quoi qu'ils fassent, dans leurs liens et dans leurs murs. Ma carrière est finie, il ne me reste plus qu'à la couronner. J'ai rendu gloire à Dieu, j'ai parlé pour le bien des hommes. O ami! pour une si grande cause, ni toi ni moi ne refuserons jamais de souffrir. C'est aujourd'hui que le parlement rentre; j'attends en paix ce qu'il lui plaira d'ordonner de moi.

Adieu, cher Moultou; je vous embrasse tendrement : sitôt que mon sort sera décidé, je vous en instruirai, si je reste libre; sinon vous l'apprendrez par la voix publique.

LETTRE CCCXI.

A MADAME DE CRÉQUI.

Montmorency, le 7 juin 1762.

Je vous remercie, madame, de l'avis que vous voulez bien me donner; on me le donne de toutes parts, mais il n'est pas de mon usage; J. J. Rousseau ne sait point se cacher. D'ailleurs, je vous avoue qu'il m'est impossible de concevoir à quel titre un citoyen de Genève, imprimant un livre en Hollande, avec privilége des états-généraux, en peut devoir compte au parlement de Paris. Au reste, j'ai rendu gloire à Dieu, et parlé pour le bien des hommes. Pour une si digne cause, je ne refuserai jamais de souffrir. Je vous réitère mes remerciements, madame, et n'oublierai point ce soin de votre amitié.

LETTRE CCCXII.

A MADAME LATOUR.

A Montmorency, le 7 juin.

Rassurez-vous, madame, je vous supplie; vous ne serez ni nommée ni connue : je n'ai fait que ce que je pouvois faire sans indiscrétion. Je visiterai dès aujourd'hui toutes vos lettres; et, n'ayant pas le courage de les brûler, à moins que vous ne l'ordonniez, j'en ôterai du moins avec le plus grand soin tout ce qui pourroit servir de renseignement ou d'indice pour vous reconnoître. Au reste, attendez quelques jours à m'écrire. On dit que le parlement de Paris veut disposer de moi; il faut le laisser faire, et ne pas compromettre vos lettres dans cette occasion.

Je rouvre ma lettre pour vous dire que j'aurai soin d'ôter aussi votre cachet, et de mettre toutes vos lettres en sûreté; ainsi, soyez tranquille.

LETTRE CCCXIII.

A M. DE LA POPLINIÈRE.

Montmorency, le 8 juin 1762.

Non, monsieur, les livres ne corrigent pas les hommes, je le sais bien; dans l'état où ils sont, les mauvais les rendroient pires, s'ils pouvoient l'être, sans que les bons les rendissent meilleurs. Aussi ne m'en imposai-je point, en prenant la plume, sur l'inutilité de mes écrits; mais j'ai satisfait mon cœur en rendant hommage à la vérité. En parlant aux hommes pour leur vrai bien, en rendant gloire à

Dieu, en arrachant aux préjugés du vice l'autorité de la raison, je me suis mis en état, en quittant la vie, de rendre à l'auteur de mon être compte des talents qu'il m'avoit confiés. Voilà, monsieur, tout ce que je pouvois faire; rien de plus n'a dépendu de moi. Du reste, j'ai fini ma courte tâche; je n'ai plus rien à dire et je me tais. Heureux, monsieur, si, bientôt oublié des hommes, et rentré dans l'obscurité qui me convient, je conserve encore quelque place dans votre estime et dans votre souvenir.

LETTRE CCCXIV.

A M. MOULTOU.

Yverdun, le 15 juin 1762.

Vous aviez mieux jugé que moi, cher Moultou: l'évènement a justifié votre prévoyance, et votre amitié voyoit plus clair que moi sur mes dangers. Après la résolution où vous m'avez vu dans ma précédente lettre, vous serez surpris de me savoir maintenant à Yverdun; mais je puis vous dire que ce n'est pas sans peine, et sans des considérations très-graves, que j'ai pu me déterminer à un parti si peu de mon goût. J'ai attendu jusqu'au dernier moment sans me laisser effrayer; et ce ne fut qu'un courrier venu dans la nuit du 8 au 9, de M. le prince de Conti à madame de Luxembourg, qui apporta les détails sur lesquels je pris sur-le-champ mon parti. Il ne s'agissoit plus de moi seul, qui sûrement n'ai jamais approuvé le tour qu'on a pris dans cette affaire, mais des personnes qui, pour l'amour de moi, s'y trouvoient intéressées, et qu'une fois arrêté, mon silence même, ne voulant pas mentir, eût compromises. Il a donc fallu fuir, cher Moultou, et m'exposer, dans une retraite assez difficile, à toutes les transes des scélérats, laissant le parlement dans la joie de mon évasion, et très-résolu de suivre la contumace aussi loin qu'elle peut aller. Ce n'est pas, croyez-moi, que ce corps me haïsse et ne sente fort bien son iniquité; mais voulant fermer la bouche aux dévots en poursuivant les jésuites, il m'eût, sans égard pour mon triste état, fait souffrir les plus cruelles tortures; il m'eût fait brûler vif avec aussi peu de plaisir que de justice, et simplement parce que cela l'arrangeoit. Quoi qu'il en soit, je vous jure, cher Moultou, devant ce Dieu qui lit dans mon cœur, que je n'ai rien fait en tout ceci contre les lois; que non seulement j'étois parfaitement en règle, mais que j'en avois les preuves les plus authentiques, et qu'avant de partir je me suis défait volontairement de ces preuves pour la tranquillité d'autrui.

Je suis arrivé ici hier matin, et je vais errer dans ces montagnes jusqu'à ce que j'y trouve un asile assez sauvage pour y passer en paix le reste de mes misérables jours. Un autre me demanderoit peut-être pourquoi je ne me retire pas à Genève, mais, ou je connois mal mon ami Moultou, ou il ne me fera sûrement pas cette question; il sentira que ce n'est point dans la patrie qu'un malheureux proscrit doit se réfugier; qu'il n'y doit point porter son ignominie, ni lui faire partager ses affronts. Que ne puis-je, dès cet instant, y faire oublier ma mémoire! N'y donnez mon adresse à personne; n'y parlez plus de moi; ne m'y nommez plus. Que mon nom soit effacé de dessus la terre! Ah! Moultou, la Providence s'est trompée; pourquoi m'a-t-elle fait naître parmi les hommes, en me faisant d'une autre espèce qu'eux?

LETTRE CCCXV.

A M. LE MARÉCHAL DE LUXEMBOURG.

Yverdun, le 16 juin 1762.

Enfin j'ai mis le pied sur cette terre de justice et de liberté qu'il ne falloit jamais quitter. Je ne puis écrire aujourd'hui....: Il est temps d'arriver.

Mon adresse, sous le couvert de M. Daniel Roguin, à Yverdun en Suisse. Les lettres ne parviennent ici qu'affranchies jusqu'à la frontière.

De grâce, M. le maréchal, un mot de mademoiselle Le Vasseur. J'attends sa résolution pour prendre la mienne.

LETTRE CCCXVI.

A M. LE PRINCE DE CONTI.

Yverdun, le 17 juin 1762.

Monseigneur,

Je dois à V. A. S. ma vie, ma liberté, mon honneur même, plus augmenté par l'intérêt que vous daignez prendre à moi qu'altéré par l'iniquité du parlement de Paris. Ces biens, les plus estimés des hommes, ont un nouveau prix pour celui qui les tient de vous. Que ne puis-je, monseigneur, les employer au gré de ma reconnoissance! C'est alors que je me glorifierois tous les jours de ma vie d'être avec le plus profond respect, etc.

LETTRE CCCXVII.

A MADAME LA MARÉCHALE DE LUXEMBOURG.

Yverdun, le 17 juin 1762.

Vous l'avez voulu, madame la maréchale. Me voilà donc exilé loin de tout ce qui m'attachoit à la vie! Est-ce un bien de la conserver à ce prix? Du moins en perdant le bonheur auquel vous m'aviez accoutumé, ce sera quelque consolation dans ma misère de songer aux motifs qui m'ont déterminé.

Étant allé à Villeroy, comme nous en étions convenus, je remis à M. le duc la lettre que vous m'aviez donnée pour lui. Il me reçut en homme bien voulu de vous, et me donna une lettre pour le secrétaire de M. le commandant de Lyon; mais réfléchissant en chemin que celui à qui elle étoit adressée pouvoit être absent ou malade, et qu'alors je serois plus embarrassé peut-être que si M. le duc n'avoit point écrit, je pris le parti d'éviter également Lyon et Besançon, afin de n'avoir à comparoître par-devant aucun commandant; et, prenant entre les deux une route moins suivie, je suis venu ici, sans accident, par Salins et Pontarlier. Je dois pourtant vous dire qu'en passant à Dijon il fallut donner mon nom, et qu'ayant pris la plume dans l'intention de substituer celui de ma mère à celui de mon père, il me fut impossible d'en venir à bout : la main me trembloit tellement, que je fus contraint deux fois de poser la plume ; enfin le nom de Rousseau fut le seul que je pus écrire, et toute ma falsification consista à supprimer le J d'un de mes deux prénoms. Sitôt que je fus parti, je croyois toujours entendre la maréchaussée à mes trousses ; et un courrier ayant passé la même nuit sous mes fenêtres, je crus aussitôt qu'il venoit m'arrêter. Quels sont donc les tourments du crime, si l'innocence opprimée en a de tels ?

Je suis arrivé ici dans un accablement inconcevable ; mais, depuis deux jours que j'y suis, je me sens déjà beaucoup mieux : l'air natal, l'accueil de l'amitié, la beauté des lieux, la saison, tout concourt à réparer les fatigues du plus triste voyage. Quand j'aurai reçu de vos nouvelles, que vous m'aurez dit que vous m'aimez toujours, que M. le maréchal m'aura dit la même chose, je serai tranquille sur tout le reste. Quelque malheur qui m'attende, une consolation qui m'est sûre est de ne l'avoir pas mérité.

Voilà, madame la maréchale, une lettre pour M. le prince de Conti : je vous supplie de la lui faire agréer, et d'y joindre tout ce qui vous paroîtra propre à lui montrer la reconnoissance dont je suis pénétré pour ses bontés. Quand l'innocence a besoin de faveurs et de grâces, elle est heureuse au moins de les recevoir d'une main dont elle peut s'honorer. Je voudrois écrire à madame la comtesse de Boufflers; mais l'heure presse, et le courrier ne repartira de huit jours.

N'ayant point encore commencé mes recherches, j'ignore en quel lieu je fixerai ma retraite : de nouvelles courses m'effraient trop pour la chercher bien loin d'ici. Tout séjour m'est bon pourvu qu'il soit ignoré, et que l'injustice et la violence ne viennent pas m'y poursuivre, et c'est un malheur qu'on n'a pas à craindre en ce pays. Je n'ose vous demander des nouvelles, je les attends horribles; mais les jugements du parlement de Paris ne sont pas si respectables qu'on n'en puisse appeler à l'Europe et à la postérité. Je prends la liberté de vous recommander ma pauvre gouvernante. Dans quel embarras je l'ai laissée, et quel bonheur pour elle et pour moi que vous ayez été à Montmorency dans ces temps de nos calamités !

LETTRE CCCXVIII.

A M. LE MARÉCHAL DE LUXEMBOURG.

Yverdun, le 17 juin 1762.

Je vous écrivis de Dôle, M. le maréchal, samedi dernier. Hier je vous écrivis d'ici par la route de

Genève ; et je vous écris aujourd'hui par la route de Pontarlier. En voilà maintenant pour huit jours avant qu'aucun courrier reparte. A l'égard de ceux de Paris pour ce pays, on peut écrire presque tous les jours; il y en a cependant trois de préférence, mais le mercredi est le meilleur.

Si quelque chose au monde pouvoit me consoler de m'être éloigné de vous, ce seroit de retrouver ici, dans un digne Suisse, tout l'accueil de l'amitié, et dans tous les habitants du pays l'hospitalité la plus douce et la moins gênante. Je n'ai pourtant dit mon nom qu'à M. Roguin, et je ne suis connu de personne que comme un de ses amis; mais je ne pourrai éviter d'être présenté, aujourd'hui ou demain, à M. le bailli, qui est ici le gouverneur de la province. J'espère qu'en m'ouvrant à lui il me gardera le secret.

Tous mes arrangements ultérieurs dépendent tellement de la décision de mademoiselle Le Vasseur, qu'il faut que j'en sois instruit avant que de rien faire. Je verrai en attendant tous les lieux des environs où je puis chercher un asile, mais je ne le choisirai qu'après que j'aurai su si elle veut le partager; et là-dessus, je vous supplie qu'il ne lui soit rien insinué pour l'engager à venir si elle y a la moindre répugnance; car l'empressement de l'avoir avec moi n'est que le second de mes désirs; le premier sera toujours qu'elle soit heureuse et contente, et je crains qu'elle ne trouve ma retraite trop solitaire, qu'elle ne s'y ennuie. Si elle ne vient pas, je la regretterai toute ma vie; mais si elle vient, son séjour ici ne sera pas pour moi sans embarras; cependant qu'à cela ne tienne, et fût-elle ici dès demain!

Une autre chose qui me tient en suspens, c'est le sort des petits effets que j'ai laissés : s'ils me restent, ce que mademoiselle Le Vasseur ne voudra pas et qui sera d'un plus facile transport pourroit être emballé ou encaissé, et envoyé ici par les soins de M. de Rougemont, banquier, rue Beaubourg, lequel est prévenu. Mais si le parlement juge à propos de tout confisquer et de s'enrichir de mes guenilles, il faut que je pourvoie ici peu à peu aux choses dont j'ai un absolu besoin. Voulez-vous bien, M. le maréchal, me faire donner un mot d'avis sur tout cela, et vous charger des lettres que mademoiselle Le Vasseur peut avoir à m'écrire? car elle n'a pas mon adresse, et je souhaite qu'elle ne soit communiquée à personne, ne voulant plus être connu que de vous. Voici une lettre pour elle. Je me crois autorisé, par vos bontés, à prendre ces sortes de libertés.

Je ne vous ai point fait l'histoire de mon voyage : il n'a rien de fort intéressant. Je ne vous renouvelle plus l'exposition de mes sentiments, ils seront toujours les mêmes. Mon tendre attachement pour vous est à l'épreuve du temps, de l'éloignement, des malheurs, de ces malheurs mêmes auxquels le cœur d'un honnête homme ne sait point se préparer, parce qu'il n'est pas fait pour l'ignominie, et qui l'absorbent tout entier quand ils lui sont arrivés. En cachant ma honte à toute la terre, je penserai toujours à vous avec attendrissement, et ce précieux souvenir fera ma consolation dans mes misères. Mais vous, M. le maréchal, daignerez-vous quelquefois vous souvenir d'un malheureux proscrit?

LETTRE CCCXIX.

A MADEMOISELLE LE VASSEUR.

Yverdun, le 17 juin 1762.

Ma chère enfant, vous apprendrez avec grand plaisir que je suis en sûreté. Puissé-je apprendre bientôt que vous vous portez bien et que vous m'aimez toujours! Je me suis occupé de vous en partant et durant tout mon voyage; je m'occupe à présent du soin de nous réunir. Voyez ce que vous voulez faire, et ne suivez en cela que votre inclination; car quelque répugnance que j'aie à me séparer de vous, après avoir si long-temps vécu ensemble, je le puis cependant sans inconvénient, quoique avec regret; et même votre séjour en ce pays trouve des difficultés qui ne m'arrêteront pourtant pas s'il vous convient d'y venir. Consultez-vous donc, ma chère enfant, et voyez si vous pourrez supporter ma retraite. Si vous venez, je tâcherai de vous la rendre douce, et je pourvoirai même, autant qu'il sera possible, à ce que vous puissiez remplir les devoirs de votre religion aussi souvent qu'il vous plaira. Mais si vous aimez mieux rester, faites-le sans scrupule, et je concourrai toujours de tout mon pouvoir à vous rendre la vie commode et agréable.

Je ne sais rien de ce qui se passe, mais les iniquités du parlement ne peuvent plus me surprendre, et il n'y a point d'horreurs auxquelles je ne sois déjà préparé. Mon enfant, ne me méprisez pas à cause de ma misère. Les hommes peuvent me rendre malheureux, mais ils ne sauroient me rendre méchant ni injuste; et vous savez mieux que personne que je n'ai rien fait contre les lois.

J'ignore comment on aura disposé des effets qui sont restés dans ma maison; j'ai toute confiance en la complaisance qu'a eue M. Dumoulin de vouloir bien en être le gardien. Je crois que cela pourra lever bien des difficultés que d'autres auroient pu faire. Je ne présume pas que le parlement, tout injuste qu'il est, ait la bassesse de confisquer mes guenilles. Cependant, si cela arrivoit, venez avec rien, mon enfant, et je serai consolé de tout quand je vous aurai près de moi. Si, comme je le crois, on ferme les yeux et qu'on vous laisse disposer du tout, consultez MM. Mathas, Dumoulin, de La Roche, sur la manière de vous défaire de tout cela ou de la plus grande partie, surtout des livres et des gros meubles, dont le transport coûteroit plus qu'ils ne valent; et vous ferez emballer le reste avec soin, afin qu'il me soit envoyé par une voie qui est connue de M. le maréchal; mais, avant tout, vous tâcherez de me faire parvenir une malle pleine de linge et de hardes, dont j'ai un très-grand besoin, donnant avec la malle un mémoire exact de tout ce qu'elle contient. Si vous venez, vous garderez ce qu'il y a de meilleur et qui occupe le moins de volume, pour l'apporter avec vous, ainsi que l'argent que le reste aura produit, dont vous vous servirez pour votre voyage. Si cela, joint à l'appoint du compte de M. de La Roche, excède ce qui vous est nécessaire, vous le convertirez en lettre de change par le banquier qui dirigera votre voyage; car, contre mon attente, j'ai trouvé qu'il faisoit ici très-cher vivre, que tout y coûtoit beaucoup, et que s'il faut nous remonter absolument en meubles et hardes, ce ne sera pas une petite affaire. Vous savez qu'il y a l'épinette et quelques livres à restituer, et M. Mathas, et le boucher et mon barbier à payer : je vous enverrai un mémoire sur tout cela. Vous avez dû trouver, dans le couvercle de la boîte aux bonbons, trois ou quatre écus qui doivent suffire pour le paiement du boucher.

Je ne suis point encore déterminé sur l'asile que

je choisirai dans ce pays. J'attends votre réponse pour me fixer; car si vous ne veniez pas, je m'arrangerois différemment. Je vous prie de témoigner à messieurs Mathas et Dumoulin, à madame de Verdelin, à messieurs Alamanni et Mandard, à monsieur et madame de La Roche, et généralement à toutes les personnes qui vous paroîtront s'intéresser à mon sort, combien il m'en a coûté pour quitter si brusquement tous mes amis et un pays où j'étois bien voulu. Vous savez le vrai motif de mon départ; si personne n'eût été compromis dans cette malheureuse affaire, je ne serois sûrement jamais parti, n'ayant rien à me reprocher. Ne manquez pas aussi de voir de ma part M. le curé, et de lui marquer avec quelle édification j'ai toujours admiré son zèle et toute sa conduite, et combien j'ai regretté de m'éloigner d'un pasteur si respectable dont l'exemple me rendoit meilleur. M. Alamanni m'avoit promis de me faire faire un bandage semblable à un modèle qu'il m'a montré, excepté que ce qui étoit à droite devoit être à gauche; je pense que ce bandage peut très-bien se faire sans mesure exacte, en n'ouvrant pas les boutonnières, en sorte que je les pourrois faire ouvrir ici à ma mesure. S'il vouloit bien prendre la peine de m'en faire faire deux semblables, je lui en serois sensiblement obligé; vous auriez soin de lui en rembourser le prix, et de me les envoyer dans la première malle que vous me ferez parvenir. N'oubliez pas aussi les étuis à bougies, et soyez attentive à envelopper le tout avec le plus grand soin.

Adieu, ma chère enfant. Je me console un peu des embarras où je vous laisse, par les bontés et la protection de monsieur le maréchal et de madame la maréchale, qui ne vous abandonneront pas au besoin. Monsieur et madame Dubertier m'ont paru bien disposés pour vous; je souhaiterois que vous fissiez les avances d'un raccommodement, auquel ils se prêteront sûrement : que ne puis-je les raccommoder de même avec monsieur et madame de La Roche ! Si j'étois resté j'aurois tenté cette bonne œuvre, et j'ai dans l'esprit que j'aurois réussi. Adieu derechef. Je vous recommande toutes choses, mais surtout de vous conserver et de prendre soin de vous.

LETTRE CCCXX.

A M. MOULTOU.

Yverdun, le 22 juin 1762.

Ce que vous me marquez, cher Moultou, est à peine croyable. Quoi ! décrété sans être ouï ! Et où est le délit ? où sont les preuves ? Génevois, si telle est votre liberté, je la trouve peu regrettable. Cité à comparoître, j'étois obligé d'obéir, au lieu qu'un décret de prise de corps ne m'ordonnant rien, je puis demeurer tranquille. Ce n'est pas que je ne veuille purger le décret, et me rendre dans les prisons en temps et lieux, curieux d'entendre ce qu'on peut avoir à me dire; car j'avoue que je ne l'imagine pas. Quant à présent, je pense qu'il est à propos de laisser au Conseil le temps de revenir sur lui-même, et de mieux voir ce qu'il a fait. D'ailleurs il seroit à craindre que dans ce moment de chaleur quelques citoyens ne vissent pas sans murmure le traitement qui m'est destiné, et cela pourroit ranimer des aigreurs qui doivent rester à jamais éteintes. Mon intention n'est pas de jouer un rôle, mais de remplir mon devoir....

Je ne puis vous dissimuler, cher Moultou, que, quelque pénétré que je sois de votre conduite dans cette affaire, je ne saurois l'approuver. Le zèle que vous marquez ouvertement pour mes intérêts ne me fait aucun bien présent, et me nuit beaucoup pour l'avenir en vous nuisant à vous-même. Vous vous ôtez un crédit que vous auriez employé très-utilement pour moi dans un temps plus heureux. Apprenez à louvoyer, mon jeune ami, et ne heurtez jamais de front les passions des hommes, quand vous voulez les ramener à la raison. L'envie et la haine sont maintenant contre moi à leur comble; elles diminueront quand, ayant depuis long-temps cessé d'écrire, je commencerai d'être oublié du public, et qu'on ne craindra plus de moi la vérité. Alors, si je suis encore, vous me servirez, et l'on vous écoutera. Maintenant taisez-vous; respectez la décision des magistrats et l'opinion publique. Ne m'abandonnez pas ouvertement, ce seroit une lâcheté; mais parlez peu de moi, n'affectez point de me défendre, écrivez-moi rarement, et surtout gardez-vous de me venir voir, je vous le défends avec toute l'autorité de l'amitié : enfin, si vous voulez me servir, servez-moi à ma mode; je sais mieux que vous ce qui me convient.

J'ai fait assez bien mon voyage, mieux que je n'eusse osé l'espérer : mais ce dernier coup m'est trop sensible pour ne pas prendre un peu sur ma santé. Depuis quelques jours je sens des douleurs qui m'annoncent peut-être une rechute. C'est grand dommage de ne pas jouir en paix d'une retraite si agréable. Je suis ici chez un ancien et digne patron et bienfaiteur, dont l'honorable et nombreuse famille m'accable, à son exemple, d'amitiés et de caresses. Mon bon ami, que j'aime à être bien voulu et caressé ! Il me semble que je ne suis plus malheureux quand on m'aime : la bienveillance est douce à mon cœur, elle me dédommage de tout. Cher Moultou, un temps viendra peut-être que je pourrai vous presser contre mon sein, et cet espoir me fait encore aimer la vie.

LETTRE CCCXXI.

A M. DE GINGINS DE MOIRY,

Membre du conseil souverain de la république de Berne, et seigneur bailli à Yverdun.

Yverdun, le 22 juin 1762.

Monsieur,

Vous verrez, par la lettre ci-jointe, que je viens d'être décrété à Genève de prise de corps. Celle que j'ai l'honneur de vous écrire n'a point pour objet ma sûreté personnelle; au contraire, je sais que mon devoir est de me rendre dans les prisons de Genève puisqu'on m'y a jugé coupable, et c'est certainement ce que je ferai sitôt que je serai assuré que ma présence ne causera aucun trouble dans ma patrie. Je sais d'ailleurs que j'ai le bonheur de vivre sous les lois d'un souverain équitable et éclairé qui ne se gouverne point par les idées d'autrui, qui peut et qui veut protéger l'innocence opprimée. Mais, monsieur, il ne me suffit pas dans mes malheurs de la protection même du souverain, si je ne suis encore honoré de son estime, et s'il ne me voit de bon œil chercher un asile dans ses états. C'est sur ce point, monsieur, que j'ose implorer vos bontés, et vous supplier de vouloir bien faire au souverain sénat un rapport de mes respectueux sentiments. Si ma démarche a le malheur de ne pas agréer à LL. EE., je ne veux point abuser d'une protection qu'elles n'accorderoient qu'au malheureux, et dont l'homme ne leur paroîtroit pas digne, et je suis prêt à sortir de leurs états, même sans ordre; mais si le défenseur de la cause de Dieu, des lois, de la vertu, trouve grâce devant elles, alors, supposé que mon devoir ne m'appelle point à Genève, je passerai le reste de mes jours dans la confiance d'un cœur droit et sans reproche, soumis aux justes lois du plus sage des souverains.

LETTRE CCCXXII.

A M. MOULTOU.

Yverdun, le 24 juin 1762.

Encore un mot, cher Moultou, et nous ne nous écrirons plus qu'au besoin.

Ne cherchez point à parler de moi; mais, dans l'occasion, dites à nos magistrats que je les respecterai toujours, même injustes; et à tous nos concitoyens, que je les aimerai toujours, même ingrats. Je sens dans mes malheurs que je n'ai point l'ame haineuse, et c'est une consolation pour moi de me sentir bon aussi dans l'adversité. Adieu, vertueux Moultou; si mon cœur est ainsi pour les autres, vous devez comprendre ce qu'il est pour vous.

LETTRE CCCXXIII.

A M. LE MARÉCHAL DE LUXEMBOURG.

Yverdun, le 29 juin 1762.

N'ayant plus à Paris d'autre correspondance que la vôtre, M. le maréchal, je me trouve forcé de vous importuner de mes commissions, puisque je ne puis m'adresser pour cela qu'à vous seul. Je crois qu'on a sauvé quelques exemplaires de mon dernier livre. M. le bailli d'Yverdun, qui m'a fait l'accueil le plus obligeant, a le plus grand empressement de voir cet ouvrage; et moi j'ai le plus grand désir et le plus grand intérêt de lui complaire. J'en ai promis aussi un à mon hôte et ami M. Roguin. Il s'agiroit donc d'en faire empaqueter deux exemplaires, de les faire porter chez M. Rougemont, rue Beaubourg, en lui faisant marquer sur une carte qu'il est prié par M. D. Roguin de les lui faire parvenir par la voie la plus courte et la plus sûre, qui est, je pense, le carrosse de

Besançon. Pardon, M. le maréchal; je suis dans un de ces moments qui doivent tout excuser. Mes deux livres viennent d'exciter la plus grande fermentation dans Genève. On dit que la voix publique est pour moi; cependant ils y sont défendus tous les deux. Ainsi mes malheurs sont au comble; il ne peut plus guère m'arriver pis.

J'attends avec grande impatience un mot sur la décision de mademoiselle Le Vasseur, dont le séjour ici ne sera pas sans inconvénient; mais qu'à cela ne tienne, et qu'elle fasse ce qu'elle aimera le mieux.

LETTRE CCCXXIV.

A. MADAME CRAMER DE LON.

2 juillet 1762.

Il y a long-temps, madame, que rien ne m'étonne plus de la part des hommes, pas même le bien quand ils en font. Heureusement je mets toutes les vingt-quatre heures un jour de plus à couvert de leurs caprices; il faudra bientôt qu'ils se dépêchent s'ils veulent me rendre la victime de leurs jeux d'enfants.

LETTRE CCCXXV.

A MADAME LA COMTESSE DE BOUFFLERS.

Yverdun, 4 juillet 1762.

Touché de l'intérêt que vous prenez à mon sort, je voulois vous écrire, madame, et je le voudrois plus que jamais; mais ma situation, toujours empirée, me laisse à peine un moment à dérober aux soins les plus indispensables. Peut-être dans deux jours serai-je forcé de partir d'ici; et tandis que j'y reste, je vous réponds qu'on ne m'y laisse pas sans occupation. Il faut attendre que je puisse respirer pour vous rendre compte de moi. Mademoiselle Le Vasseur m'avoit déjà parlé de vos bontés pour elle, et de celles de M. le prince de Conti. J'emporte en mon cœur tous les sentiments qu'elles m'ont inspirés: puissent des jours moins orageux m'en laisser jouir plus à mon aise!

Vous m'étonnez, madame, en me reprochant mon indignation contre le parlement de Paris. Je le regarde comme une troupe d'étourdis qui, dans leurs jeux, font, sans le savoir, beaucoup de mal aux hommes; mais cela n'empêche pas qu'en ne l'accusant envers moi que d'iniquité, je ne me sois servi du mot le plus doux qu'il étoit possible. Puisque vous avez lu le livre, vous savez bien, madame, que le réquisitoire de l'avocat-général n'est qu'un tissu de calomnies qui ne pourroient sauver que par leur bêtise le châtiment dû à l'auteur, quand il ne seroit qu'un particulier. Que doit-ce être d'un homme qui ose employer le sacré caractère de la magistrature à faire le métier qu'il devroit punir?

C'est cependant sur ce libelle qu'on se hâte de me juger dans toute l'Europe, avant que le livre y soit connu; c'est sur ce libelle que, sans m'assigner ni m'entendre, on a commencé par me décréter, à Genève, de prise de corps; et quand enfin mon livre y est arrivé, sa lecture y à causé l'émotion, la fermentation qui y règne encore à tel point, que le magistrat désavoue son décret, nie même qu'il l'ait porté, et refuse, à la requête même de ma famille, la communication du jugement rendu en Conseil à cette occasion : procédé qui n'eut peut-être jamais d'exemple depuis qu'il existe des tribunaux.

Il est vrai que le crédit de M. de Voltaire a Genève a beaucoup contribué à cette violence et à cette précipitation. C'est à l'instigation de M. de Voltaire qu'on y a vengé, contre moi, la cause de Dieu. Mais à Berne, où le même réquisitoire a été imprimé dans la Gazette, il y a produit un tel effet, que je sais, de M. le bailli même, qu'il attend, peut-être demain, l'ordre de me faire sortir des terres de la république; et je puis dire qu'il le craint. Je sais bien que quand mon livre sera parvenu à Berne, il y excitera la même in[digna]tion qu'à Genève contre l'auteur du réquis[itoire;] mais, en attendant, je serai chassé; l'on ne v[oudra] pas s'en dédire, et quand on le voudroit [il ne] me conviendroit pas de revenir. Ainsi succe[ssive]ment on me refusera partout l'air et l'eau. [Voilà] l'effet de ces procédures si régulières, don[t vous] voulez que j'admire l'équité.

Vous pouvez bien juger, madame, que ces circonstances ne peuvent que me rend[re en]core plus précieuses les offres de madame *[***;] si j'ai l'honneur d'être connu de vous, vous [sau]rez aisément lui faire comprendre à quel [point] j'en suis touché. Mais, madame, où est ce ch[emin?] Faut-il encore faire des voyages, moi qui n[e puis] plus me tenir? Non; dans l'état où je suis, il [ne me] reste qu'à me laisser chasser de frontière en [fron]tière, jusqu'à ce que je ne puisse plus aller [plus;] le dernier fera de moi ce qu'il lui plaira. A l'[égard] de l'Angleterre, vous jugez bien qu'elle est [près,] mais pour moi comme l'autre monde : je [ne la] reverrai de mes jours...

Je devrois maintenant vous parler d[e vos] propres offres, madame, de ma reconnois[sance,] du chevalier de Lorenzi, de miss Becquet [et de] mille autres choses qui, dans vos bontés pou[r moi,] m'importent à vous dire. Mais voilà du mon[de, le] papier me manque, et la poste partira bien[tôt; il] faut finir pour aujourd'hui.

LETTRE CCCXXVI.

A M. MOULTOU.

Yverdun, le 6 juillet 1762.

Je vois bien, cher concitoyen, que tant que je serai malheureux vous ne pourrez vous taire, et cela vraisemblablement m'assure vos soins et votre correspondance pour le reste de mes jours. Plaise à Dieu que toute votre conduite dans cette affaire ne vous fasse pas autant de tort qu'elle vous fera d'honneur! Il ne falloit pas moins, avec votre estime, que celle de quelques vrais pères de la patrie pour tempérer le sentiment de ma misère dans un concours de calamités que je n'ai jamais dû prévoir : la noble fermeté de M. Jalabert ne me surprend point. J'ose croire que son sentiment étoit le plus honorable au Conseil, ainsi que le plus équitable; et pour cela même je lui suis encore plus obligé du courage avec lequel il l'a soutenu. C'est bien des philosophes qui lui ressemblent qu'on peut dire que s'ils gouvernoient les états, les peuples seroient heureux.

Je suis aussi fâché que touché de la démarche des citoyens dont vous me parlez. Ils ont cru, dans cette affaire, avoir leurs propres droits à défendre sans voir qu'ils me faisoient beaucoup de mal. Toutefois, si cette démarche s'est faite avec le décence et le respect convenables, je la trouve plus nuisible que répréhensible. Ce qu'il y a de très-sûr, c'est que je ne l'ai ni sue ni approuvée, non plus que la requête de ma famille, quoique, à dire le vrai, le refus qu'elle a produit soit surprenant et peut-être inouï.

Plus je pèse toutes les considérations, plus je me confirme dans la résolution de garder le plus parfait silence. Car enfin que pourrois-je dire sans renouveler le crime de Cham? Je me tairai, cher Moultou, mais mon livre parlera pour moi; chacun y doit voir avec évidence que l'on m'a jugé sans m'avoir lu.

Donzel est venu chargé du livre de Deluc; mais il ne m'a point dit être envoyé par lui. Ils prennent bien leur temps pour me faire des visites! Les sermons par écrit n'importunent qu'autant qu'on veut; mais que M. Deluc ne m'en vienne pas faire en personne; il s'en retourneroit peu content.

Non seulement j'attendrai le mois de septembre avant d'aller à Genève, mais je ne trouve pas même ce voyage fort nécessaire depuis que le Conseil lui-même désavoue le décret, et je ne suis guère en état d'aller faire pareille corvée. Il faut être fou, dans ma situation, pour courir à de nouveaux désagréments quand le devoir ne l'exige pas. J'aimerai toujours ma patrie, mais je n'en peux plus revoir le séjour avec plaisir.

On a écrit ici à M. le bailli que le sénat de Berne, prévenu par le réquisitoire imprimé dans la Gazette, doit dans peu m'envoyer un ordre de sortir des terres de la république. J'ai peine à croire qu'une pareille délibération soit mise à exécution dans un si sage conseil. Sitôt que je saurai mon sort, j'aurai soin de vous en instruire ; jusque-là, gardez-moi le secret sur ce point.

Ce réquisitoire, ou plutôt ce libelle, me poursuit d'état en état pour me faire interdire partout le feu et l'eau. On vient encore de l'imprimer dans le *Mercure* de Neuchâtel. Est-il possible qu'il ne se trouve pas dans tout le public un seul ami de la justice et de la vérité qui daigne prendre la plume et montrer les calomnies de ce sot libelle, lesquelles ne pourroient que par leur bêtise sauver l'auteur du châtiment qu'il recevroit d'un tribunal équitable, quand il ne seroit qu'un particulier ? Que doit-ce être d'un homme qui ose employer le sacré caractère de la magistrature à faire le métier qu'il devroit punir ? Je vous embrasse de tout mon cœur.

Je dois vous dire que Donzel m'a questionné si curieusement sur mes correspondances, que je l'ai jugé plus espion qu'ami.

LETTRE CCCXXVII.

AU MÊME.

Motiers-Travers, le 11 juillet 1762.

Avant-hier, cher Moulton, je fus averti que le lendemain devoit m'arriver de Berne l'ordre de sortir des terres de la république dans l'espace de quinze jours; et l'on m'apprit aussi que cet ordre avoit été donné à regret, aux pressantes sollicitations du conseil de Genève. Je jugeai qu'il me convenoit de le prévenir; et avant que cet ordre arrivât à Yverdun j'étois hors du territoire de Berne. Je suis ici depuis hier, et j'y prends haleine jusqu'à ce qu'il plaise à messieurs de Voltaire et Tronchin de m'y poursuivre et de m'en faire chasser; ce que je ne doute pas qui n'arrive bientôt. J'ai reçu votre lettre du 7; n'avez-vous pas reçu la mienne du 6? Ma situation me force à consentir que vous écriviez, si vous le jugez à propos, pourvu que ce soit d'une manière convenable à vous et à moi, sans emportements, sans satires, surtout sans éloges, avec douceur et dignité, avec force et sagesse; enfin comme il convient à un ami de la justice encore plus que de l'opprimé. Du reste, je ne veux point voir cet ouvrage; mais je dois vous avertir que si vous l'exécutez comme j'imagine, il immortalisera votre nom (car il faut vous nommer ou ne pas écrire). Mais vous serez un homme perdu. Pensez-y. Adieu, cher Moultou.

Vous pouvez continuer de m'écrire sous le pli de M. Roguin, ou ici directement ; mais écrivez rarement.

LETTRE CCCXXVIII.

A MILORD MARÉCHAL.

Vitam impendere vero.

juillet 1762.

MILORD;

Un pauvre auteur proscrit de France, de sa patrie, du canton de Berne, pour avoir dit ce qu'il pensoit être utile et bon, vient chercher un asile dans les états du roi. Milord, ne me l'accordez pas si je suis coupable, car je ne demande point de grâce et ne crois point en avoir besoin ; mais si je ne suis qu'opprimé, il est digne de vous et de sa majesté de ne pas me refuser le feu et l'eau qu'on veut m'ôter par toute la terre. J'ai cru vous devoir déclarer ma retraite et mon nom trop connu par mes malheurs ; ordonnez de mon sort, je suis soumis à vos ordres; mais si vous m'ordonnez aussi de partir dans l'état où je suis, obéir m'est impossible, et je ne saurois plus où fuir.

Daignez, milord, agréer les assurances de mon profond respect.

LETTRE CCCXXIX.

AU ROI DE PRUSSE.

A Motiers-Travers, juillet 1762.

J'ai dit beaucoup de mal de vous, j'en dirai peut-être encore; cependant, chassé de France, de Genève, du canton de Berne, je viens chercher un asile dans vos états. Ma faute est peut-être de n'avoir pas commencé par-là : cet éloge est de ceux dont vous êtes digne. Sire, je n'ai mérité de vous aucune grâce, et je n'en demande pas; mais j'ai cru devoir déclarer à votre majesté que j'étois en son pouvoir, et que j'y voulois être : elle peut disposer de moi comme il lui plaira.

LETTRE CCCXXX.

A M. MOULTOU.

Motiers-Travers, le 15 juillet 1762.

Votre dernière lettre m'afflige fort, cher Moultou. J'ai tort dans les termes, je le sens bien; mais ceux d'un ami doivent-ils être si durement interprétés, et ne deviez-vous pas vous dire à vous-même : S'il dit mal, il ne pense pas ainsi?

Quand j'ai demandé s'il ne se trouveroit pas un ami de la justice et de la vérité pour prendre ma défense contre le réquisitoire, j'imaginois si peu que ce discours eût quelque trait à vous, que quand vous m'avez proposé de vous charger de ce soin, j'en ai été effrayé pour vous, comme vous l'aurez pu voir dans ma précédente. Il ne m'est pas même venu dans l'esprit qu'une pareille entreprise vous fût praticable en cette occasion, et d'autant moins que mes défenseurs, si jamais j'en ai, ne doivent point être anonymes. Mais sachant que vous voyez et connoissez des gens de lettres, j'ai pensé que vous pourriez exciter ou encourager en quelqu'un d'eux l'idée de faire ce que, sans imprudence, vous ne pouvez faire vous-même; et que si le projet étoit bien exécuté, il vous remercieroit quelque jour peut-être de le lui avoir suggéré.

Cependant, comme personne ne connoit mieux que vous votre situation et vos risques, que d'ailleurs cette entreprise est belle et honnête, et que je ne connois personne au monde qui puisse mieux que vous s'en tirer et s'en faire honneur, si vous avez le courage de la tenter après l'avoir bien examinée, je ne m'y oppose pas, persuadé que, selon l'état des choses, que je ne connois point et que vous pouvez connoître, elle peut vous être plus glorieuse que périlleuse. C'est à vous de bien peser tout avant que de vous résoudre. Mais comme c'est votre avis que vous devez dire, et non pas le mien, je persiste dans la résolution de ne pas me mêler de votre ouvrage, et de ne le voir qu'avec le public.

Ce que M. de Voltaire a dit à madame d'Anville sur la délibération du sénat de Berne à mon sujet n'est rien moins que vrai, et il le savoit mieux que personne. Le 9 de ce mois, M. le bailli d'Yverdun, homme d'un mérite rare, et que j'ai vu s'attendrir sur mon sort jusqu'aux larmes, m'avoua qu'il devoit recevoir le lendemain et me signifier le même jour l'ordre de sortir dans quinze jours des terres de la république. Mais il est vrai que cet avis n'a pas passé sans contradiction ni sans murmure, et qu'il y a eu peu d'approbateurs dans les Deux-cents, et aucun dans le pays. Je partis le même jour 9, et le lendemain j'arrivai ici, où, malgré l'accueil qu'on m'y fait, j'aurois tort de me croire plus en sûreté qu'ailleurs. Milord Maréchal attend à mon sujet des ordres du roi, et, en attendant, m'a écrit la réponse la plus obligeante.

Comment pouvez-vous penser que ce soit par rapport à moi que je veux suspendre notre correspondance? Jugez-vous que j'aie trop de consolations pour vouloir encore m'ôter les vôtres? Si vous ne craignez rien pour vous, écrivez, je ne demande pas mieux; et surtout n'allez pas sans cesse interprétant si mal les sentiments de votre ami. Donnez mon adresse à M. Usteri. Je ne me cache point; on m'écrit même, et l'on peut m'écrire ici directement sans enveloppe; je souhaite seulement que tous les désœuvrés ne se mettent pas à écrire comme auparavant: aussi bien ne répondrai-je qu'à mes amis, et je ne puis être exact même avec eux. Adieu; aimez-moi comme je vous aime, et de grâce, ne m'affligez plus.

Remerciez pour moi M. Usteri, je vous prie. Je ne rejette point ses offres; nous en pourrons reparler.

LETTRE CCCXXXI.

A M. DE GINGINS DE MOIRY.

Motiers, 21 juillet 1762.

J'use, monsieur, de la permission que vous m'avez donnée de rappeler à vôtre souvenir un homme dont le cœur plein de vous et de vos bontés conservera toujours chèrement les sentiments que vous lui avez inspirés. Tous mes malheurs me viennent d'avoir trop bien pensé des hommes. Ils me font sentir combien je m'étois trompé. J'avois besoin, monsieur, de vous connoître, vous et le petit nombre de ceux qui vous ressemblent, pour ne pas me reprocher une erreur qui m'a coûté si cher. Je savois qu'on ne pouvoit dire impunément la vérité dans ce siècle, ni peut-être dans aucun autre; je m'attendois à souffrir pour la cause de Dieu; mais je ne m'attendois pas, je l'avoue, aux traitements inouïs que je viens d'éprouver. De tous les maux de la vie humaine, l'opprobre et les affronts sont les seuls auxquels l'honnête homme n'est point préparé. Tant de barbarie et d'acharnement m'ont surpris au dépourvu. Calomnié publiquement par des hommes établis pour venger l'innocence, traité comme un malfaiteur dans mon propre pays que j'ai tâché d'honorer, poursuivi, chassé d'asile en asile, sentant à la fois mes propres maux et la honte de ma patrie, j'avois l'ame émue et troublée, j'étois découragé sans vous. Homme illustre et respectable, vos consolations m'ont fait oublier ma misère, vos discours ont élevé mon cœur, votre estime m'a mis en état d'en demeurer toujours digne : j'ai plus gagné par votre bienveillance que je n'ai perdu par mes malheurs. Vous me la conserverez, monsieur, je l'espère, malgré les hurlements du fanatisme et les adroites noirceurs de l'impiété. Vous êtes trop vertueux pour me haïr d'oser croire en Dieu, et trop sage pour me punir d'user de la raison qu'il m'a donnée.

LETTRE CCCXXXII.

A M......[1].

Motiers, juillet 1762.

J'ai rempli ma mission, monsieur, j'ai dit tout ce que j'avois à dire; je regarde ma carrière comme finie; il ne me reste plus qu'à souffrir et à mourir : le lieu où cela doit se faire est assez indifférent. Il importoit peut-être que parmi tant d'auteurs men-

[1] * L'alinéa qui termine cette lettre fait juger que celui à qui elle est adressée étoit un des membres de la Société économique de Berne.

teurs et lâches il en existât un d'une autre e
qui osât dire aux hommes les vérités utiles q
roient leur bonheur s'ils savoient les écouter
il n'importoit pas que cet homme ne fût
persécuté; au contraire, on m'accuseroit peu
d'avoir calomnié mon siècle, si mon histoire
n'en disoit plus que mes écrits; et je suis pr
obligé à mes contemporains de la peine
prennent à justifier mon mépris pour eux.
lira mes écrits avec plus de confiance. On
même, et j'en suis fâché, que j'ai souvent
bien pensé des hommes. Quand je sortis de F
je voulus honorer de ma retraite l'état de l'E
pour lequel j'avois le plus d'estime, et j'eus l
plicité de croire être remercié de ce choix.
suis trompé; n'en parlons plus. Vous vous
ginez bien que je ne suis pas, après cette épr
tenté de me croire ici plus solidement étab
veux rendre encore cet honneur à votre pa
penser que la sûreté que je n'y ai pas tr
ne se trouvera pour moi nulle part. Ainsi, si
voulez que nous nous voyions ici, venez t
qu'on m'y laisse; je serai charmé de vous
brasser.

Quant à vous, monsieur, et à votre estin
société, je suis toujours à votre égard dar
mêmes dispositions où je vous écrivis de Mor
rency[1]. Je prendrai toujours un véritable in

[1] * Voyez ci-devant la lettre du 29 avril 1762.

au succès de votre entreprise ; et si je n'avois formé l'inébranlable résolution de ne plus écrire, à moins que la furie de mes persécuteurs ne me force à reprendre enfin la plume pour ma défense, je me ferois un honneur et un plaisir d'y contribuer ; mais, monsieur, les maux et l'adversité ont achevé de m'ôter le peu de vigueur d'esprit qui m'étoit resté ; je ne suis plus qu'un être végétatif, une machine ambulante ; il ne me reste qu'un peu de chaleur dans le cœur pour aimer mes amis et ceux qui méritent de l'être : j'eusse été bien réjoui d'avoir à ce titre le plaisir de vous embrasser.

LETTRE CCCXXXIII.

A MADAME LA MARÉCHALE DE LUXEMBOURG.

Motiers-Travers, le 21 juillet 1762.

Je me hâte de vous apprendre, madame la maréchale, que mademoiselle Le Vasseur est arrivée ici hier en assez bonne santé, et le cœur plein de nouveaux sentiments qu'elle m'auroit communiqués si les miens pour vous étoient susceptibles d'augmentation, et si vos bontés et celles de M. le maréchal n'avoient pas dès longtemps atteint la mesure où les augmentations n'ajoutent plus rien. Elle m'a apporté un reçu de

M. de Rougemont d'un somme trop considérable pour être fort bien en règle, puisqu'entre autres articles, M. de La Roche rembourse en entier les six cents francs que je lui remis au voyage de Pâques, sans faire aucune déduction des déboursés qu'il a faits pour mes habits d'Arménien; erreur sur laquelle j'attends éclaircissement et redressement.

Vous avez su, madame la maréchale, que, pour prévenir l'ordre qui venoit de m'être signifié de sortir du canton de Berne sous quinzaine, je suis venu, avant l'intimation de cet ordre, me réfugier dans les états du roi de Prusse, où milord Maréchal d'Écosse, gouverneur du pays, m'a accordé, avec toutes sortes d'honnêtetés, la permission de demeurer jusqu'à la réception des ordres du roi, auquel il a donné avis de mon arrivée. En attendant, voici le second ménage dont je commence l'établissement : si l'on me chasse de celui-ci je ne sais plus où aller, et je dois m'attendre qu'on me refusera le feu et l'eau par toute la terre. L'équitable et judicieux réquisitoire de M. Joly de Fleuri a produit tous ses effets : il a donné une telle horreur pour mon livre, qu'on ne peut se résoudre à le lire, et qu'on n'a rien de plus pressé à faire que de proscrire l'auteur comme le dernier des scélérats. Quand enfin quelque téméraire ose faire cette abominable lecture et en parler, tout surpris de ce qu'on trouve et de ce qu'on a fait, on s'en repent., comme il est arrivé à Genève, et comme il arrive actuellement à Berne; on maudit le réquisitoire et son fat auteur; mais l'infortuné n'en demeure pas moins proscrit : et vous savez que la maxime la plus fondamentale de tout gouvernement est de ne jamais revenir des sottises qu'il a faites. Du reste, c'est le polichinelle Voltaire et le compère Tronchin, qui, tout doucement, et derrière la toile, ont mis en jeu toutes les autres marionnettes de Genève et de Berne; celles de Paris sont menées aussi, mais plus adroitement encore, par un autre arlequin que vous connoissez bien. Reste à savoir s'il y a aussi des marionnettes à Berlin. Je vous demande pardon de mes folies; mais, dans l'état où je suis, il faut s'égayer ou s'égorger.

J'ai envoyé ci-devant à M. le maréchal copie d'une lettre d'un membre de notre conseil des Deux-cents au sujet de mon *Contrat social*. Cette lettre ayant fait beaucoup de bruit, l'auteur a pris noblement le parti de la reconnoître par-devant nos quatre syndics; aussitôt l'affaire est devenue criminelle, et l'on est maintenant occupé et embarrassé peut-être à former un tribunal pour la juger. Trop intéressé dans tout cela, je suis suspect en jugeant mes juges; mais j'avoue que les Génevois me paroissent devenus fous. Quoi qu'il en soit, qu'on fasse tout ce qu'on voudra, je ne dirai rien, je n'écrirai point, je resterai tranquille:

tout ceci me paroît trop violent pour pouvoir durer.

Excusez, madame la maréchale, mes longues jérémiades. Avec qui épancherois-je mon cœur, si ce n'étoit avec vous? Je n'ai pas peur qu'elles vous ennuient, mais qu'elles ne vous chagrinent: encore un coup ceci ne sauroit durer. Après les peines vient le repos; cette alternative n'a jamais manqué dans ma vie; et il me reste un espoir très-solide, c'est que mon sort ne peut plus changer qu'en mieux, à moins que vous ne vinssiez à m'oublier; malheur que j'ai d'autant moins à craindre que je ne l'endurerois pas long-temps. Après vos bontés et celles de M. le maréchal, rien n'a tant pénétré mon ame que celles que M. le prince de Conti a daigné étendre jusqu'à mademoiselle Le Vasseur. Pour madame la comtesse de Boufflers, il faut l'adorer. Eh! pourquoi me plaindre de mes malheurs? ils m'étoient nécessaires pour sentir tout le prix des biens qui m'étoient laissés.

On peut m'écrire en droiture à Motiers-Travers, sous mon nom, ou, si l'on aime mieux, sous le couvert de M. le major Girardier; mais il faut que les lettres soient affranchies jusqu'à Pontarlier. Il ne m'est encore arrivé aucune malle.

[1] Quand M. de La Tour a voulu faire graver mon portrait, je m'y suis opposé; j'y consens maintenant si vous le jugez à propos, pourvu

---

[1] * Sur le dos de la lettre.

qu'au lieu d'y mettre mon nom l'on n'y mette que ma devise : ce sera assez me nommer.

Le nom de ma demeure doit être écrit ainsi:

A Motiers-Travers, par Pontarlier.

LETTRE CCCXXXIV.

A M. MOULTOU.

Motiers, le 24 juillet 1761.

La lettre ci-jointe, mon bon ami, a été occasionée par une de M. Marcet, dans laquelle il me rapporte celle qu'il a écrite à Genève au sujet du tribunal légal qu'on dit devoir être formé contre M. Pictet. Comme depuis fort long-temps je n'ai eu nulle correspondance avec M. Marcet, et que j'ignore quelle est aujourd'hui sa manière de penser, j'ai cru devoir vous adresser la lettre que je lui écris, pour être envoyée ou supprimée, comme vous le jugerez à propos. Au reste, ne soyez pas surpris de me voir changer de ton ; mon expulsion du canton de Berne, laquelle vient certainement de Genève, a comblé la mesure. Un état dans lequel le poète et le jongleur règnent ne m'est plus rien ; il vaut mieux que j'y sois étranger qu'ennemi. Que la crainte de nuire à mes intérêts dans ce pays-là ne vous empêche donc pas d'envoyer la lettre, si vous n'avez nulle autre raison pour la supprimer. Je jugerai désormais de sang-froid toutes les folies qu'ils vont faire, et je les jugerai comme s'il n'étoit pas question de moi.

Si vous persistez dans le projet que vous aviez formé, je vous recommande sur toute chose le réquisitoire de Paris, fabriqué à Montmorency par deux prêtres déguisés, qui font la Gazette ecclésiastique, et qui m'ont pris en haine parce que je n'ai pas voulu me faire janséniste. Il ne faut pourtant pas dire tout cela, du moins ouvertement; mais en montrant combien ce libelle est calomnieux et méchant, il n'est pas défendu de montrer combien il est bête. Du reste, parlez peu de Genève et de ce qui s'y est fait, de même qu'à Berne et même à Neuchâtel, où l'on vient aussi de défendre mon livre. Il faut avouer que les prêtres papistes ont chez les réformés des recors bien zélés.

Je n'aimerois pas trop que votre ouvrage fût imprimé à Zurich, ou du moins qu'il ne le fût que là; car ce seroit le moyen qu'il ne fût connu qu'en Suisse et à Genève. J'aimerois bien mieux qu'il se répandît en France et en Angleterre, où je suis un peu plus en honneur. Ne pourriez-vous pas vous adresser à Rey, surtout si vous vous nommez? car, si vous gardez l'anonyme, il ne faudroit peut-être pas vous servir de lui, de peur qu'on ne crût que l'ouvrage vient de moi. Du reste, travaillez avec confiance, et n'allez pas vous figurer que vous manquez de talent; vous en avez plus que vous ne pensez. D'ailleurs l'amour du bien, la vertu, la générosité, vous éléveront l'ame. Vous songerez que vous défendez l'opprimé; que vous écrivez pour la vérité et pour votre ami; vous traiterez un sujet dont vous êtes digne; et je suis bien trompé dans mon espérance si vous n'effacez votre client. Surtout ne vous battez pas les flancs pour faire. Soyez simple, et aimez-moi. Adieu.

Convenons que nous ne parlerons plus de cet écrit dans nos lettres, de peur qu'elles ne soient vues; car je crois qu'il faut du secret.

Après un long silence, je viens de recevoir de M. Vernes une lettre de bavardage et de cafardise, qui m'achève de dévoiler le pauvre homme. Je m'étois bien trompé sur son compte. Ses directeurs l'ont chargé de me tirer, comme on dit, les vers du nez. Vous vous doutez bien qu'il n'aura pas de réponse.

LETTRE CCCXXXV.

A M. MARCET.

Vitam impendere vero.

Votre lettre, monsieur, sur l'affaire de M. Pictet est judicieuse; elle va très-bien au fait. Permettez-moi d'y ajouter quelques idées pour achever de déterminer l'état de la question.

1. La doctrine de la Profession de foi du vicaire savoyard est-elle si évidemment contraire à la religion établie à Genève, que cela n'ait pas même pu faire une question, et que le Conseil, quand il s'agissoit de l'honneur et du sort d'un citoyen, ait dû sur cet article ne pas même consulter les théologiens?

2. Supposé que cette doctrine y soit contraire, est-il bien sûr que J. J. Rousseau en soit l'auteur? L'est-il même qu'il soit l'auteur du livre qui porte son nom? ne peut-on pas faussement imprimer le nom d'un homme à la tête d'un livre qui n'est pas de lui? Ne convenoit-il pas de commencer par avoir ou des preuves ou la déclaration de l'accusé, avant de procéder contre sa personne? On diroit qu'on s'est hâté de le décréter sans l'entendre, de peur de le trouver innocent.

3. Le cas du parlement de Paris est tout-à-fait

différent, et n'autorise point la procédure du Conseil de Genève. Le parlement ayant prétendu, je ne sais sur quel fondement, que le livre étoit imprimé dans le royaume sans approbation ni permission, avoit ou croyoit avoir à ce titre inspection sur le livre et sur l'auteur. Cependant tout le monde convient qu'il a commis une irrégularité choquante en décrétant d'abord de prise de corps celui qu'il devoit premièrement assigner pour être ouï. Si cette procédure étoit légitime, la liberté de tout honnête homme seroit toujours à la merci du premier imprimeur. On dira que la voix publique est unanime, et que celui à qui l'on attribue le livre ne le désavoue pas. Mais, encore une fois, avant que de flétrir l'honneur d'un homme irréprochable, avant que d'attenter à la liberté d'un citoyen, il faudroit quelque preuve positive : or la voix publique n'en est pas une ; et nul n'est tenu de répondre lorsqu'il n'est pas interrogé. Si donc la procédure du parlement de Paris est irrégulière en ce point, comme il est incontestable, que dirons-nous de celle du Conseil de Genève, qui n'a pas le moindre prétexte pour la fonder? Quelquefois on se hâte de décréter légèrement un accusé qu'on peut saisir, de peur qu'il ne s'échappe ; mais pourquoi le décréter absent, à moins que le délit ne soit de la dernière évidence? Ce procédé violent est sans prétexte ainsi que sans raison. Quand le public juge avec étourderie, il est d'autant moins permis aux tribunaux de l'imiter que le public se rétracte comme il juge; au lieu que la première maxime de tous les gouvernements du monde est d'entasser plutôt sottise sur sottise que de convenir jamais qu'ils en ont fait une, encore moins de la réparer.

4. Maintenant supposons le livre bien reconnu pour être de l'auteur dont il porte le nom : il s'agit ensuite de savoir si la Profession de foi en est aussi. Autre preuve positive et juridique indispensable en cette occasion : car enfin, l'auteur du livre ne s'y donne point pour celui de la Profession de foi; il déclare que c'est un écrit qu'il transcrit dans son livre; et cet écrit, dans le préambule, paroît lui être adressé par un de ses concitoyens. Voilà tout ce qu'on peut inférer de l'ouvrage même; aller plus loin c'est deviner; et si l'on se mêle une fois de deviner dans les tribunaux, que deviendront les particuliers qui n'auront pas le bonheur de plaire aux magistrats ? Si donc celui qui est nommé à la tête du livre où se trouve la Profession de foi doit être puni pour l'avoir publiée, c'est comme éditeur et non comme auteur; on n'a nul droit de regarder la doctrine qu'elle contient comme étant la sienne, surtout après la déclaration qu'il fait lui-même qu'il ne donne point cette profession de foi pour règle des sentiments qu'on doit suivre en matière de religion, et il dit pourquoi il la donne. Mais on imprime

tous les jours dans Genève des livres catholiques, même de controverse, sans que le Conseil cherche querelle aux éditeurs. Par quelle injuste partialité punit-on l'éditeur genevois d'un ouvrage prétendu hétérodoxe, imprimé en pays étranger, sans rien dire aux éditeurs genevois d'ouvrages incontestablement hétérodoxes, imprimés dans Genève même ?

5. A l'égard du *Contrat social*, l'auteur de cet écrit prétend qu'une religion est toujours nécessaire à la bonne constitution d'un état. Ce sentiment peut bien déplaire au poëte Voltaire, au jongleur Tronchin, et à leurs satellites ; mais ce n'est pas par-là qu'ils oseront attaquer le livre en public. L'auteur examine ensuite quelle est la religion civile sans laquelle nul état ne peut être bien constitué. Il semble, il est vrai, ne pas croire que le christianisme, du moins celui d'aujourd'hui, soit cette religion civile indispensable à toute bonne législation : et en effet beaucoup de gens ont regardé jusqu'ici les républiques de Sparte et de Rome comme bien constituées, quoiqu'elles ne crussent pas en Jésus-Christ. Supposons toutefois qu'en cela l'auteur se soit trompé : il aura fait une erreur en politique ; car il n'est pas ici question d'autre chose. Je ne vois point où sera l'hérésie, encore moins le crime à punir.

6. Quant aux principes de gouvernement établis dans cet ouvrage, ils se réduisent à ces deux principaux : le premier, que légitimement la

souveraineté appartient toujours au peuple ; le second, que le gouvernement aristocratique est le meilleur de tous. Peut-être importeroit-il beaucoup au peuple de Genève, et même à ses magistrats, de savoir précisément en quoi quelqu'un d'eux trouve ce livre blâmable et son auteur criminel. Si j'étois procureur général de la république de Genève, et qu'un bourgeois, quel qu'il fût, osât condamner les principes établis dans cet ouvrage, je l'obligerois à s'expliquer avec clarté, ou je le poursuivrois criminellement comme traître à la patrie et criminel de lèse-majesté.

On s'obstine cependant à dire qu'il y a un décret secret du Conseil contre J. J. Rousseau, et même que sa famille ayant par requête demandé communication de ce décret, elle lui a été refusée. Cette manière ténébreuse de procéder est effrayante ; elle est inouïe dans tous les tribunaux du monde, excepté celui des inquisiteurs d'état à Venise. Si jamais elle s'établissoit à Genève, il vaudroit mieux être né Turc que Génevois.

Au reste, je ne puis croire qu'on érige contre M. Pictet le tribunal dont vous parlez. En tout cas, ce sera fournir à un homme ferme, qui a du sens, de la santé, des lumières, l'occasion de jouer un très-beau rôle, et de donner à ses concitoyens de grandes leçons.

Celui qui vous écrit ces remarques vous aime et vous salue de tout son cœur.

LETTRE CCCXXXVI.

A MADAME LA COMTESSE DE BOUFFLERS.

A Motiers-Travers, le 27 juillet 1762.

J'ai enfin le plaisir, madame, d'avoir ici mademoiselle Le Vasseur, et j'apprends d'elle à combien de nouveaux titres je dois être pénétré de reconnoissance pour les bienfaits que M. le prince de Conti a versés sur cette pauvre fille, pour les soins bien plus précieux dont il a daigné l'honorer, et surtout, madame, pour tout ce que vous avez fait pour elle et pour moi dans ces moments si tristes et si peu prévus. Pourquoi faut-il que la détresse et l'oppression qui resserrent mon cœur le ferment encore à l'effusion des sentiments dont il est pénétré? Tout est encore en-dedans, madame; mais tout y est, et vous m'avez fait encore plus de bien que vous ne pensez.

La réponse du roi n'est point encore venue sur l'asile que j'ai cherché dans ses états, et j'ignore quels seront ses ordres à mon égard. Après ce qui vient de m'arriver à Berne, je ne dois me croire en sûreté nulle part; et j'avoue que, sans la nécessité qui m'y force, ce n'est pas ici que je le serois venu chercher, quelque plaisir que me fasse mademoiselle Le Vasseur. Surcroît d'embarras s'il faut fuir encore; et moi qui ne sais plus ni où ni comment, il ne me reste qu'à m'abandonner à la Providence et à me jeter tête baissée dans mon destin. L'argent ne me manquera pas par le soin que l'on a pris de ma bourse et par ce qu'on a mis dans la sienne. Mais l'indigence pourroit augmenter mes infortunes, sans que l'argent les puisse adoucir, et je n'ai jamais été si misérable que quand j'ai été le plus riche. J'ai toujours ouï dire que l'or étoit bon à tout, sans l'avoir jamais trouvé bon à rien.

Vous ne sauriez concevoir à quel point le réquisitoire de ce Fleuri a effarouché tous nos ministres; et eeux-ci sont les plus remuants de tous. Ils ne me voient qu'avec horreur : ils prennent beaucoup sur eux pour me souffrir dans les temples. Spinosa, Diderot, Voltaire, Helvétius, sont des saints auprès de moi. Il y a presque un raccommodement avec le parti philosophique pour me poursuivre de concert : les dévots ouvertement ; les philosophes en secret, par leurs intrigues, toujours en gémissant tout haut sur mon sort. Le poète Voltaire et le jongleur Tronchin ont admirablement joué leur rôle à Genève et à Berne. Nous verrons si je prévois juste, mais j'ai peine à croire qu'on me laisse tranquille où je suis. Cependant milord Maréchal paroît m'y voir de bon œil. J'ai reçu hier, sous la date et le timbre de Metz, d'un prétendu baron de *Corval,* une lettre à mourir de rire, laquelle sent son Voltaire à pleine gorge. Je ne puis résister, madame, à l'envie de vous transcrire quelques articles de la lettre de M. le baron; j'espère qu'elle vous amusera.

« Je voudrois pouvoir vous adresser, sans frais,
« deux de mes ouvrages. Le premier est un plan
« d'éducation tel que je l'ai conçu. Il n'approche
« pas de l'excellence du vôtre, mais jusqu'à vous
« j'étois le seul qui pût se flatter d'approcher le
« but de plus près. Le second est votre *Héloïse*,
« dont j'ai fait une comédie en trois actes, en
« prose, le mois de décembre dernier. Je l'ai com-
« muniquée à gens d'esprit, surtout aux premiers
« acteurs de notre théâtre messin. Tous l'on trou-
« vée digne de celui de Paris : elle est de sentiment,
« dans le goût de celles de feu M. de La Chaussée.
« Je l'ai adressée à M. Dubois, premier commis en
« chef des bureaux de l'artillerie et du génie, il y
« a trois mois, sans que j'en reçoive de réponse,
« je ne sais pourquoi. Si j'eusse connu l'excellence
« de votre cœur comme à présent, et que j'eusse
« su votre adresse à Paris, je vous l'aurois adressée
« pour la corriger et la faire recevoir aux François,
« à mon profit.

« J'ai une proposition à vous faire. Je vous de-
« mande le même service que vous avez reçu du
« vicaire savoyard, c'est-à-dire de me recevoir
« chez vous, sans pension, pour deux ans; me lo-

« ger, nourrir, éclairer, et chauffer. Vous êtes le
« seul qui puissiez me conduire de toute façon à
« la félicité, et m'apprendre à mourir. Mon excès
« d'humanité, inséparable de la pitié, m'a engagé
« à cautionner un militaire pour 3,200 livres. En
« établissant mes enfants, je ne me suis réservé
« qu'une pension de 1,500 livres : la voilà plus
« qu'absorbée pour deux ans ; c'est ce qui me force
« à partager votre pain pendant cet intervalle.
« Vous n'aurez pas sujet de vous plaindre de moi :
« je suis très-sobre ; je n'aime que les légumes, et
« fort peu la viande ; je renchéris sur la soupe, à
« laquelle je suis habitué deux fois par jour ; je
« mange de tout, mais jamais de ragoûts faits dans
« le cuivre, ni de ces ragoûts raffinés qui empoi-
« sonnent.

« Je vous préviens que la suite d'une chute m'a
« rendu sourd ; cependant j'entends très-bien de
« l'oreille gauche, sans qu'on hausse la voix,
« pourvu qu'on me parle doucement et de près
« à cette oreille. De loin j'entends avec la plus
« grande facilité par des signes très-faciles que je
« vous apprendrai, ainsi qu'à vos amis. Je ne suis
« point curieux ; je ne questionne jamais ; j'attends
« qu'on ait la bonté de me faire part de la con-
« versation. »

Toute la lettre est sur le même ton. Vous me
direz qu'il n'y a là qu'une folle plaisanterie. J'en
conviens ; mais je vois qu'en plaisantant, cet hon-

nête homme s'occupe de moi continuellement, et, madame, cela ne vaut rien. Je suis convaincu qu'on ne me laissera vivre en paix sur la terre que quand il m'aura oublié.

Depuis quinze jours je me mets souvent en devoir d'écrire au chevalier (de Lorenzi), et toujours quelque soin pressant m'en empêche; et même à présent que je voulois vous parler de vous, madame, de madame la maréchale, voilà qu'on vient m'arracher à moi-même et aux bienfaisantes divinités que mon cœur adore, pour aller, en vrai manichéen, servir celles qui peuvent me nuire, sans pouvoir me faire aucun bien.

LETTRE CCCXXXVII.

A M. MOULTOU.

Motiers, 3 août 1762.

Je soupçonne, ami, que nos lettres sont interceptées, ou du moins ouvertes; car la dernière que vous m'avez envoyée de notre ami, avec un mot de vous au dos d'une autre lettre timbrée de Metz, ne m'est parvenue que six jours après sa date. Marquez-moi, je vous prie, si vous avez reçu celle que je vous écrivis il y a huit ou dix jours, avec une réponse à un citoyen de Genève qui m'avoit écrit au sujet de l'affaire de M. Pictet. Je vous laissois le maître d'envoyer cette réponse à son adresse, ou de la supprimer si vous le jugiez à propos.

Vous aviez raison de croire que quelqu'un qui m'écriroit à Genève ne seroit pas fort au fait de ma situation. Mais la lettre que vous m'avez envoyée, quoique datée et timbrée de Metz, sent son Voltaire à pleine gorge ; et je ne doute point qu'elle ne soit de ce glorieux souverain de Genève, qui, tout occupé de ses noirceurs, ne néglige pas pour cela les plaisanteries ; son génie universel suffit à tout. Laissez donc au rebut les lettres qu'on m'écrit à Genève ; mes amis savent bien que ce n'est pas là qu'il faut me chercher désormais.

Je viens de recevoir l'arrêt du parlement qui me concerne, apostillé par un anonyme que j'ai lieu de soupçonner être un évêque. Quoi qu'il en soit, les notes sont bien faites et de bonne main, et je n'attends, pour vous faire passer ce papier, que de savoir si mes paquets et lettres vous parviennent sûrement et dans leur temps. C'est par la même défiance que je n'écris point à notre ami, que je ne veux pas compromettre ; car, pour vous, il est désormais trop tard : vous êtes noté d'amitié pour moi, et c'est à Genève un crime irrémissible. Adieu.

Réponse aussitôt, je vous prie, si cette lettre

vous parvient. Cachetez les vôtres avec un peu plus de soin, afin que je puisse juger si elles ont été ouvertes.

LETTRE CCCXXXVIII.

AU MÊME.

Motiers, ce 10 août 1762.

J'ai reçu hier au soir votre lettre du 7 : ainsi, à quelques petits retards près, notre correspondance est en règle; et si l'on n'ouvre pas nos lettres à Genève, on ne les ouvre sûrement pas en Suisse. De sorte qu'à moins d'affaires plus importantes à traiter, et malgré les voies intermédiaires qu'on pourra vous proposer, je suis d'avis que nous continuions à nous écrire directement l'un à l'autre.

Si notre ami lisoit dans mon cœur, il ne seroit pas en peine de mon silence. Dites-lui que, s'il peut me tenir parole sans se compromettre et sans qu'on sache où il va, j'aimerois bien mieux l'embrasser que lui écrire. Son projet de me réfuter est excellent, et peut même m'être très-utile et très-honorable. Il est bon qu'on voie qu'il me combat et qu'il m'aime; il est bon qu'on sache que mes amis ne me sont point attachés par esprit de parti, mais par un sincère amour pour la vérité, lequel nous unit tous.

L'arrêt est si volumineux que j'ai mieux aimé vous transcrire les notes. Attachez-vous surtout à la huitième. Quelle doctrine abominable que celle de ce réquisitoire, qui détruit tout principe commun de société entre les fidèles et les autres hommes! Conséquemment à cette doctrine il faut nécessairement poursuivre et massacrer comme des loups tous ceux qui ne sont pas jansénistes : car si la loi naturelle est criminelle, il faut brûler ceux qui la suivent et rouer ceux qui ne la suivent pas. Ce que vous a mandé M. C.... ne doit point vous retenir; car, outre que je n'ai pas grand'foi à ses almanachs, vous devez toujours parler du parlement avec le plus grand respect, et même avec considération de l'avocat-général. Le tort de ce magistrat est très-grand, sans doute, d'avoir adopté ce réquisitoire sans avoir lu le livre; mais il seroit bien plus grand encore s'il en étoit lui-même l'auteur. Ainsi séparez toujours le tribunal et l'homme du libelle; et tombez sur cet horrible écrit comme il le mérite. C'est un vrai service à rendre au genre humain d'attirer sur cet écrit toute l'exécration qui lui est due; nul ménagement pour votre ami ne doit l'emporter sur cette considération.

Je souhaiterois que l'écrit de notre ami fût imprimé en France, et même le vôtre; car il est bon qu'ils y paroissent, et s'ils sont imprimés dehors on ne les y laissera pas entrer. Je pense encore qu'il ne trouvera nulle part ailleurs un certain profit de son ouvrage, et il faut un peu faire ce qu'il ne fera pas, c'est-à-dire songer à ses intérêts. Si vous jugez à propos de me confier ce soin, je tâcherai de le remplir. Cependant je crois que l'homme dont je vous ai parlé ci-devant pourroit également se charger de cette affaire. Mais, comme je n'ai point de ses nouvelles, je ne me soucie pas de lui écrire le premier. A l'égard de la Suisse et de Genève, j'ai cessé de prendre intérêt à ce qu'on y pensoit de moi. Ces gens-là sont si cafards, ou si faux, ou si bêtes, qu'il faut renoncer à les éclairer.

Plus je médite sur votre entreprise, plus je la trouve grande et belle. Jamais plus noble sujet ne put être plus dignement traité. Votre état même vous permet et vous prescrit de mettre dans vos discours une certaine élévation qui ne siéroit pas à tout autre. Quelle touchante voix que celle du chrétien relevant les fautes de son ami, et quel spectacle aussi de le voir couvrir l'opprimé de l'égide de l'Évangile! Ministre du Très-Haut, faites tomber à vos pieds tous ces misérables: sinon jetez la plume, et courez vous cacher; vous ne ferez jamais rien.

Il est certain qu'il y a des gens de mauvaise humeur à Neuchâtel, qui meurent d'envie d'imiter les autres, et de me chercher chicane à leur tour; mais outre qu'ils sont retenus par d'autres gens plus sensés, que peuvent-ils me faire? Ce n'est pas sous leur protection que je me suis mis, c'est sous celle du roi de Prusse; il faut attendre ses ordres pour disposer de moi : en attendant, il ne paroît pas que milord Maréchal soit d'avis de retirer la protection qu'il m'a accordée, et que probablement ils n'oseront pas violer. Au reste, comme l'expérience m'apprend à tout mettre au pis, il ne peut plus rien m'arriver de désagréable à quoi je ne sois préparé. Il est vrai cependant que dans cette affaire-ci j'ai trouvé la stupidité publique plus grande que je ne l'aurois attendu; car quoi de plus plaisant que de voir les dévots se faire les satellites de Voltaire et du parti philosophique, bien plus vivement ulcéré qu'eux, et les ministres protestants se faire, à ma poursuite, les archers des prêtres? La méchanceté ne me surprend plus; mais je vous avoue que la bêtise, poussée à ce point, m'étonne encore. Adieu, ami; je vous embrasse.

LETTRE CCCXXXIX.

A MADAME LA MARÉCHALE DE LUXEMBOURG.

Motiers-Travers, le 14 août 1762.

Voici, madame la maréchale, une troisième lettre depuis mon arrivée à Motiers. Je vous supplie de ne pas vous rebuter de mon importunité; il est difficile de n'être pas un peu plus inquiet d'un long silence à un si grand éloignement que si l'on étoit plus à portée. Quand je vous écris, madame, vous m'êtes présente; c'est en quelque sorte comme si vous m'écriviez. Il faut se dédommager comme on peut de ce qu'on désire et qu'on ne sauroit avoir. D'ailleurs M. le maréchal m'a marqué qu'il croyoit que vous m'aviez écrit; et, pour savoir si les lettres se perdent, il faut accuser ce qu'on reçoit, et aviser de ce qu'on ne reçoit pas.

LETTRE CCCXL.

A MADAME LA COMTESSE DE BOUFFLERS.

Motiers-Travers, août 1762.

J'ai reçu dans leur temps, madame, vos deux lettres des 21 et 31 juillet, avec l'extrait par duplicata d'un *P. S.* de M. Hume, que vous y avez joint. L'estime de cet homme unique efface tous les outrages dont on m'accable. M. Hume étoit l'homme selon mon cœur, même avant que j'eusse le bonheur de vous connoître, et vos sentiments sur son compte ont encore augmenté les miens. Il est le plus vrai philosophe que je connoisse, et le seul historien qui jamais ait écrit avec impartialité. Il n'a pas plus aimé la vérité que moi, j'ose le croire; mais j'ai mis de la passion dans sa recherche, et lui n'y a mis que ses lumières et son beau génie. L'amour-propre m'a souvent égaré par mon aversion même pour le mensonge; j'ai haï le despotisme en républicain, et l'intolérance en théiste. M. Hume a dit : Voilà ce que fait l'intolérance et ce que fait le despotisme. Il a vu par toutes ses faces l'objet que la passion ne m'a laissé voir que par un côté. Il a mesuré, calculé les erreurs des hommes en être au-dessus de l'humanité. J'ai cent fois désiré et je désire encore voir l'Angleterre, soit pour elle-même, soit pour y converser avec lui, et cultiver son amitié, dont je ne me crois pas indigne. Mais ce projet devient de jour en jour moins praticable; et le grand éloignement des lieux suffiroit seul pour le rendre tel, surtout à cause du tour qu'il faudroit faire, ne pouvant plus passer par la France.

Quoi! madame, moi qui ne puis plus, sans horreur, souffrir l'aspect d'une rue; moi qui mourrai de tristesse lorsque je cesserai de voir des prés, des buissons, des arbres devant ma fenêtre, irai-je maintenant habiter la ville de Londres? irai-je, à mon âge, et dans mon état, chercher fortune à la cour, et me fourrer parmi la valetaille qui entoure les ministres? Non, madame; je puis être embarrassé des restes d'une vie plus longue que je n'ai compté; mais ces restes, quoi qu'il arrive, ne seront point si mal employés. Je ne me suis que trop montré pour mon repos; je ne commencerai vraiment à jouir de moi que quand on ne saura plus que j'existe : or je ne vois pas, dans cette manière de penser, comment le séjour de l'Angleterre me seroit possible; car si je n'en tire pas mes ressources, il m'en faudra bien plus là qu'ailleurs. Il est de plus très-douteux que j'y vécusse dans mon indépendance aussi agréablement que vous le supposez. J'ai pris sur la nation angloise une liberté qu'elle ne pardonne à personne, et surtout aux étrangers, c'est d'en dire le mal ainsi que le bien; et vous savez qu'il faut être buse pour aller vivre en Angleterre mal voulu du peuple anglois. Je ne doute pas que mon dernier livre ne m'y fasse détester, ne fût-ce qu'à cause de ma note sur le *Good natured people*. Vous m'obligerez, madame, si vous pouvez vous informer de ce qu'il en est, et m'en instruire.

Quant à l'édition générale de mes écrits à faire à Londres, c'est une très-bonne idée; surtout si ce projet peut s'exécuter en mon absence. Cependant, comme l'impression coûte beaucoup en Angleterre, à moins que l'édition ne fût magnifique et ne se fît par souscription, elle seroit difficile à faire, et j'en tirerois peu de profit.

Le château de Schleyden, étant moins éloigné, seroit plus à ma portée, et l'avantage de vivre à bon marché, que je n'ai pas ici, seroit dans mon état une grande raison de préférence; mais je ne connois pas assez monsieur et madame de la Mare pour savoir s'il me convient de leur avoir cette obligation; c'est à vous, madame, et à madame la maréchale à me décider là-dessus. A l'égard de la situation, je ne connois aucun séjour triste et vilain avec de la verdure; mais s'il n'y a que des sables et des rochers tout nus, n'en parlons pas. J'entends peu ce que c'est qu'aller par corvées, mais, sur le seul mot, s'il n'y a pas d'autre moyen d'arriver au château, je n'irai jamais. Quant au troisième asile dont vous me parlez, madame, je suis très-reconnoissant de cette offre, mais très-déterminé à n'en pas profiter. Au reste, il y a du temps pour délibérer sur les autres ; car je ne suis point maintenant en état de voyager; et, quoique les hivers soient ici longs et rudes, je suis forcé d'y passer celui-ci à tout risque, ne présumant pas que le roi de Prusse, dont la réponse n'est point venue, me refuse, en l'état où je suis, l'asile qu'il a souvent accordé à des gens qui ne le méritoient guère.

Voilà, madame, quant à présent, ce que je puis vous dire sur les soins relatifs à moi, dont vous voulez bien vous occuper. Soyez persuadée que mon sort tient bien moins à l'effet de ces mêmes soins qu'à l'intérêt qui vous les inspire. La bonté que vous avez de vous souvenir de mademoiselle Le Vasseur l'autorise à vous assurer de son profond respect. Il n'y a pas de jour qu'elle ne m'attendrisse en me parlant de vous et de vos bontés, madame. Je bénirois un malheur qui m'a si bien appris à vous connoître, s'il ne m'eût en même temps éloigné de vous.

LETTRE CCCXLI.

A MILORD MARÉCHAL.

Motiers-Travers, août 1762.

Milord,

Il est bien juste que je vous doive la permission que le roi me donne d'habiter dans ses états, car c'est vous qui me la rendez précieuse; et si elle m'eût été refusée, vous auriez pu vous reprocher d'avoir changé mon départ en exil. Quant à l'engagement que j'ai pris avec moi de ne plus écrire, ce n'est pas, j'espère, une condition que sa majesté entend mettre à l'asile qu'elle veut bien m'accorder. Je m'engage seulement, et de très-bon cœur, envers elle et votre excellence, à respecter comme j'ai toujours fait, dans mes écrits et dans ma conduite, les lois, le prince, les honnêtes gens, et tous les devoirs de l'hospitalité. En général, j'estime peu de rois, et je n'aime pas le gouvernement monarchique; mais j'ai suivi la règle des Bohémiens, qui, dans leurs excursions, épargnent toujours la maison qu'ils habitent. Tandis que j'ai vécu en France, Louis XV n'a pas eu de meilleur sujet que moi, et sûrement on ne me verra pas moins de fidélité pour un prince d'une autre étoffe.

Mais, quant à ma manière de penser en général, sur quelque matière que ce puisse être, elle est à moi, né républicain et libre; et tant que je ne la divulgue pas dans l'état où j'habite, je n'en dois aucun compte au souverain; car il n'est pas juge compétent de ce qui se fait hors de chez lui par un homme qui n'est pas né son sujet. Voilà mes sentiments, milord, et mes règles. Je ne m'en suis jamais départi, et je ne m'en départirai jamais. J'ai dit tout ce que j'avois à dire, et je n'aime pas à rabâcher. Ainsi je me suis promis et je me promets de ne plus écrire; mais encore une fois je ne l'ai promis qu'à moi.

Non, milord, je n'ai pas besoin que les agréables de Motiers m'en chassent pour désirer d'habiter la tour carrée; et si je l'habitois, ce ne seroit sûrement pas pour m'y rendre invisible; car il vaut mieux être homme et votre semblable, que le *Tien* du vulgaire et *Dalaï-Lama*. Mais j'ai commencé à m'arranger dans mon habitation, et je ne saurois en changer avant l'hiver, sans une incommodité qui effarouche, même pour vous. Si mes pèlerinages ne vous sont pas importuns, je ferai de mon temps un partage très-agréable, à peu près comme vous le marquez au roi. Ici, je ferai des lacets avec les femmes; à Colombier, j'irai penser avec vous.

LETTRE CCCXLII.

A MADAME LATOUR.

Motiers-Travers, le 20 août 1762.

J'ai reçu, madame, vos trois lettres en leur temps; j'ai tort de ne vous avoir pas à l'instant accusé la réception de celle que vous avez envoyée à madame de Luxembourg, et sur laquelle vous jugez si mal d'une personne dont le cœur m'a fait oublier le rang. J'avois cru que ma situation vous feroit excuser des retards auxquels vous deviez être accoutumée, et que vous m'accuseriez plutôt de négligence que madame de Luxembourg d'infidélité. Je m'efforcerai d'oublier que je me suis trompé. Du reste, puisque, même dans la circonstance présente, vous ne savez que gronder avec moi, ni m'écrire que des reproches, contentez-vous, madame, si cela vous amuse : je m'en complairai peut-être un peu moins à vous répondre : mais cela n'empêchera pas que je ne reçoive vos lettres avec plaisir, et que votre amitié ne me soit toujours chère. Vous pouvez m'écrire en droiture ici, en ajoutant, *par Pontarlier;* mais il faut faire affranchir jusqu'à Pontarlier, sans quoi les lettres ne passent pas la frontière.

LETTRE CCCXLIII.

A M. DE MONTMOLLIN.

Motiers, le 24 août 1762.

Monsieur,

Le respect que je vous porte, et mon devoir, comme votre paroissien, m'oblige, avant d'approcher de la sainte table, de vous faire de mes sentiments en matière de foi une déclaration, devenue nécessaire par l'étrange préjugé pris contre un de mes écrits, sur un réquisitoire calomnieux dont on n'aperçoit pas les principes détestables.

Il est fâcheux que les ministres de l'Évangile se fassent en cette occasion les vengeurs de l'Église romaine, dont les dogmes intolérants et sanguinaires sont seuls attaqués et détruits dans mon livre; suivant ainsi sans examen une autorité suspecte, faute d'avoir voulu m'entendre, ou faute même de m'avoir lu. Comme vous n'êtes pas, monsieur, dans ce cas-là, j'attends de vous un jugement plus équitable. Quoi qu'il en soit, l'ouvrage porte en soi tous ses éclaircissements; et comme je ne pourrois l'expliquer que par lui-même, je l'abandonne tel qu'il est au blâme ou à l'approbation des sages, sans vouloir le défendre ni le désavouer.

Me bornant donc à ce qui regarde ma personne, je vous déclare, monsieur, avec respect que depuis ma réunion à l'Église dans laquelle je suis né j'ai toujours fait de la religion chrétienne réformée une profession d'autant moins suspecte, qu'on n'exigeoit de moi dans le pays où j'ai vécu que de garder le silence, et laisser quelques doutes à cet égard, pour jouir des avantages civils dont j'étois exclu par ma religion. Je suis attaché de bonne foi à cette religion véritable et sainte, et je le serai jusqu'à mon dernier soupir. Je désire être toujours uni extérieurement à l'Église comme je le suis dans le fond de mon cœur ; et quelque consolant qu'il soit pour moi de participer à la communion des fidèles, je le désire, je vous proteste, autant pour leur édification et pour l'honneur du culte que pour mon propre avantage ; car il n'est pas bon qu'on pense qu'un homme de bonne foi qui raisonne ne peut être un membre de Jésus-Christ.

J'irai, monsieur, recevoir de vous une réponse verbale, et vous consulter sur la manière dont je dois me conduire en cette occasion, pour ne donner ni surprise au pasteur que j'honore, ni scandale au troupeau que je voudrois édifier.

Agréez, monsieur, je vous supplie, les assurances de tout mon respect.

LETTRE CCCXLIV.

A M. JACOB VERNET.

Motiers-Travers, le 31 août 1762.

Je crois, monsieur, devoir vous envoyer la lettre ci-jointe que je viens de recevoir dans l'enveloppe que je vous envoie aussi. Épuisé en ports de lettres anonymes, j'ai d'abord déchiré celle-ci par dépit sur le bavardage par lequel elle commence ; mais, ayant repris les pièces par un mouvement machinal, j'ai pensé qu'il pouvoit vous importer de connoître quels sont les misérables qui passent leur temps à écrire ou dicter de pareilles bêtises. Nous avons, monsieur, des ennemis communs qui cherchent à brouiller deux hommes d'honneur qui s'estiment : je vous réponds, de mon côté, qu'ils auront beau faire, ils ne parviendront pas à m'ôter la confiance que je vous ai vouée et qui ne se démentira jamais, et j'espère bien aussi conserver les mêmes bontés dont vous m'avez honoré et que je ne mériterai point de perdre. J'apprends avec grand plaisir que non seulement vous ne dédaignez pas de prendre la plume pour me combattre, mais que même vous me faites l'honneur de m'adresser la parole. Je suis très-persuadé que, sans me ménager lorsque vous jugez que je me trompe, vous pouvez faire beaucoup plus de bien à vous, à moi, et à la cause commune, que si vous écriviez pour ma défense, tant je crois avoir bien saisi d'avance l'esprit de votre réfutation. Sur cette idée, je ne feindrai point, monsieur, de vous demander quelques exemplaires de votre ouvrage pour en distribuer dans ce pays-ci. Je me propose aussi d'en prévenir mes amis en France aussitôt que le titre m'en sera connu, persuadé qu'il suffira de l'y faire connoître pour l'y faire bientôt rechercher.

Je crois devoir vous prévenir que sur une lettre que j'ai écrite à M. de Montmollin, pasteur de Motiers, et dont je vous enverrai copie si vous le souhaitez, au cas qu'elle ne vous parvienne pas d'ailleurs, il a non seulement consenti, mais désiré que je m'approchasse de la sainte table, comme j'ai fait avec la plus grande consolation dimanche dernier. Je me flatte, monsieur, que vous voudrez bien ne pas désapprouver ce qu'a fait en cette occasion l'un de messieurs vos collègues, ni me traiter dans votre écrit comme séparé de l'Église réformée, à laquelle m'étant réuni sincèrement et de tout mon cœur, j'ai, depuis ce temps, demeuré constamment attaché, et le serai jusqu'à la fin de ma vie. Recevez, monsieur, les assurances inviolables de tout mon attachement et de tout mon respect.

FIN DU DEUXIÈME VOLUME DE LA CORRESPONDANCE.

TABLE ANALYTIQUE

DES LETTRES CONTENUES DANS CE VOLUME.

Lettre CLXII, à madame d'Houdetot. — Plaintes touchantes sur son silence.........................Page 3

Note de Rousseau sur les accusations dont il étoit l'objet...Ibid.

Lettre CLXIII, à M. Vernes. — Sur l'immortalité de l'ame. En quoi consiste la vraie religion............ 6

Lettre CLXIV, à un jeune homme. — Il le détourne du projet de vivre dans la solitude, et l'exhorte à suivre l'état où l'ont placé ses parents....................... 10

Lettre CLXV, à madame d'Épinay. — Explications et reproches.. 12

Lettre CLXVI, à Diderot. — Explication sur sa conduite, ses sentiments, ses défauts..................... 14

Lettre CLXVII, à M. Coindet. — Reproches sur son empressement mal calculé............................. 18

Lettre CLXVIII, à madame d'Houdetot. — Reproches sur son indifférence................................. 21

Lettre CLXIX, à M. Vernes. — Besoin de l'amitié. Éloge de l'Évangile.................................. 25

Lettre CLXX, au même. — Suite de la discussion sur l'Évangile.. 27

Lettre CLXXI, à M. Romilly. — Critique de son ode. Il l'engage à suivre la profession d'horloger....... 30

Lettre CLXXII, à M. d'Alembert. — Motifs pour lesquels il a réfuté son article *Genève*, de l'Encyclopédie.... 32

Lettre CLXXIII, à M. Vernes. — Sur l'impression faite à son insu de l'article *Économie* : annonce de sa lettre à M. d'Alembert : explication laconique sur madame d'Épinay : sur la nouvelle Héloïse............ 33

LETTRE CLXXIV, à Sophie.—Il lui pardonne sa froideur en faveur de sa franchise. 36
NOTE sur Sophie .... Ibid.
LETTRE CLXXV, à M. Deleyre.—Il l'exhorte à se défier de son penchant à la satire, à respecter la religion. 38
LETTRE CLXXVI, à M. Jacob Vernet. — Explication sur la lettre à d'Alembert..................... 41
LETTRE CLXXVIII, à madame de Créqui. — Sur sa dévotion : singulier paradoxe sur l'amitié. 43
LETTRE CLXXVIII, à M. Vernes. — Sur sa lettre à d'Alembert. Le livre de l'*Esprit*. 46
LETTRE CLXXIX, à M. Le Roi.—Il le remercie de lui avoir signalé une erreur qu'il avoit commise............. 49
LETTRE CLXXX, à M. Vernes. — Excuse son silence : ne répond pas aux critiques. 51
LETTRE CLXXXI, à M. Tronchin. — Détails intéressants sur l'éducation des artisans, à Genève............. 53
LETTRE CLXXXII, à M. Moultou.—Il le loue avec enthousiasme : il est flatté du suffrage d'Abauzit. 56
LETTRE CLXXXIII, à M. Vernes. — Il le félicite sur son mariage : lui promet un morceau tiré de Platon..... 58
LETTRE CLXXXIV, à madame de Créqui.—Il la gronde sur les présents qu'elle lui fait. Lui demande ses idées sur l'éducation............................ 60
LETTRE CLXXXV, à M. le comte de Saint-Florentin. — Il lui adresse un mémoire relatif au *Devin du village*. ... 63
LETTRE CLXXXVI, à M. Lenieps.—Détails curieux sur ce que lui ont produit ses ouvrages.................. 68
LETTRE CLXXXVII, à M. le maréchal de Luxembourg. — Embarras qu'il éprouve pour lui tenir la promesse qu'il lui a faite.................................. 81
LETTRE CLXXXVIII, à madame la maréchale de Luxembourg. —Il la remercie du logement qu'elle lui donne dans son parc...................................... 84
LETTRE CLXXXIX, au chevalier de Lorenzi. — Sentiments qu'il éprouve. Il ne veut faire sa cour à personne..... 85
LETTRE CXC, à M. le maréchal de Luxembourg.—Le prie

TABLE ANALYTIQUE. 397

de n'être pas son patron, et lui promet de n'être point
son flatteur. 87

Lettre cxci, à madame la maréchale de Luxembourg.
— Remerciements et félicitations. 90

Lettre cxcii, à M. Vernes. — Motifs qui l'empêchent
d'aller à Genève. 91

Lettre cxciii, à M. Cartier. — Il le persifle sur son tu-
toiement, n'étant pas connu de lui 93

Lettre cxciv, à M. le maréchal de Luxembourg. — Il le
félicite à l'occasion d'une faveur que le roi lui avoit
accordée. 94

Lettre cxcv, à madame la maréchale de Luxembourg.
— Il la gronde sur les présents qu'elle fait à Thérèse. . 95

Lettre cxcvi, à la même. — Il se plaint de son silence.
Copie de la Nouvelle Héloïse. 96

Lettre cxcvii, à M. le maréchal de Luxembourg. — Il le
presse de revenir à Montmorency. 98

Lettre cxcviii, à M. Deleyre. — Persiflage sur sa maîtresse. . . . . Ibid.

Lettre cxcix, à madame la maréchale de Luxembourg.
— S'inquiète de son silence. 102

Lettre cc, à M. Vernes. — Il a traduit un livre de Tacite.
Sur l'Histoire de Genève. 103

Lettre cci, à M. de Bastide. — Lui adresse les extraits
sur les ouvrages de l'abbé de Saint-Pierre. 105

Lettre ccii, à M. le maréchal de Luxembourg. — Condo-
léance sur la mort de la duchesse de Villeroy. 107

Lettre cciii, à madame la maréchale de Luxembourg.
— Se justifie de sa lenteur à copier la Nouvelle Héloïse. 108

Lettre cciv, à M. Moultou. — Réflexions piquantes sur
le luxe des riches. Progrès de la corruption 109

Lettre ccv, à M. le maréchal de Luxembourg. — Réflexions charmantes sur la mesure du temps. 112

Lettre ccvi, à M. Vernes. — Sur la mort de sa femme.
La manière la plus cruelle de perdre un objet cher,
c'est d'avoir à le pleurer vivant. 113

LETTRE CCVII, à madame d'Houdetot.—État de son ame. Commission.................................. 114
LETTRE CCVIII, à madame la maréchale de Luxembourg. — Nouvelles excuses sur sa lenteur à copier. La presse de revenir à Montmorency..................... 116
LETTRE CCIX, à la même.—Inquiétudes sur la santé de M. le duc de Montmorency...................... 117
LETTRE CCX, à M. de Malesherbes.—Au sujet des épreuves de la Nouvelle Héloïse........................ 118
LETTRE CCXI, au même.—Réclame un paquet d'épreuves. 120
LETTRE CCXII, à M. Duchesne. — Action généreuse de Rousseau.................................... 121
LETTRE CCXIII, à M. de Bastide.—Il a reçu ce qu'il lui a envoyé par Duclos. Sur la liberté des Anglois...... 122
LETTRE CCXIV, à M. de Voltaire.—Explication sur l'impression d'une de ses lettres publiée à son insu. Déclaration franche de sa haine et de son admiration pour lui... 123
LETTRE CCXV, à madame la maréchale de Luxembourg.— Envoi de la copie d'une portion de la Nouvelle Héloïse. 127
LETTRE CCXVI, à la même. — Regrets sur la perte de son chien.. 128
LETTRE CCXVII, à la même. — Sollicite son intérêt pour l'abbé Morellet qui est à la Bastille............... 129
LETTRE CCXVIII, à la même. — Remerciements pour la délivrance de l'abbé Morellet................... 131
NOTE à ce sujet................................. Ibid.
LETTRE CCXIX, à M.***.—Ne peut encore discuter avec lui sur la religion. Éclaircissement sur la sienne.... 132
LETTRE CCXX, à madame la maréchale de Luxembourg. —Il lui fait hommage de la visite du prince de Conti. 134
LETTRE CCXXI, à M. le maréchal de Luxembourg. — Partage ses inquiétudes sur la santé de madame de Robeck....................................... 135
LETTRE CCXXII, à M. de La Live.—Il le remercie des gravures qu'il lui a envoyées....................... 137

TABLE ANALYTIQUE.

Lettre CCXXIII, à madame de Boufflers. — Plainte sur des envois de gibier du prince de Conti. Il se reproche sa grossièreté. 138

Lettre CCXXIV, à M. le chevalier de Lorenzi. — Ses craintes pour l'hiver. 140

Lettre CCXXV, à M.***. — Sur la Nouvelle Héloïse. . . . 142

Lettre CCXXVI, à M. de Lorenzi. — Réflexions sur les liaisons de condition inégale. 145

Lettre CCXXVII, à M. de Malesherbes. — Observations sur le droit des gens. Scrupules. 148

Lettre CCXXVIII, au même. — Explication sur les épreuves de la Nouvelle Héloïse. 156

Lettre CCXXIX, au même. — Sur la Nouvelle Héloïse. . . 158

Lettre CCXXX, à M. Duclos. — Observations sur la Nouvelle Héloïse. 160

Lettre CCXXXI, à M. J. Vernet. — Sur les attaques de Voltaire. Craintes sur les effets du luxe. 162

Lettre CCXXXII, à madame la maréchale de Luxembourg. — Sur Émile et la Nouvelle Héloïse. 166

Lettre CCXXXIII, à M. Guérin. — Sur la Nouvelle Héloïse. Il est mécontent du libraire Pissot. Sur l'édition générale de ses œuvres. 169

Lettre CCXXXIV, à M. Moultou. — Sur Émile. 171

Lettre CCXXXV, à M. de Malesherbes. — Plaintes sur une contrefaçon de la Nouvelle Héloïse. 176

Lettre CCXXXVI, à madame de Créqui. — Condoléances sur la mort d'un ami. 177

Lettre CCXXXVII, à la même. — Il blâme l'intolérance et l'impiété. Susceptibilité de Marmontel. 178

Lettre CCXXXVIII, à madame d'Az...... — Remerciement pour son portrait. 181

Lettre CCXXXIX, à M. de Malesherbes. — Remerciement. 182

Lettre CCXL, à madame C***. — Sur la Nouvelle Héloïse. 183

Lettre CCXLI, à M.***. — Sur le même ouvrage. 184

Lettre CCXLII, à M. d'Alembert. — Il le remercie de sa critique de la Nouvelle Héloïse. 185

Lettre CCXLIII, à M. Panckoucke. — Il désire le connoître d'après la lettre qu'il en a reçue. 186
Lettre CCXLIV, à madame la maréchale de Luxembourg. — Sur la Nouvelle Héloïse. . . . . Ibid.
Lettre CCXLV, à M. de***. — Sur le même ouvrage. . . 188
Lettre CCXLVI, à madame la duchesse de Montmorency. — Sur le même ouvrage. 189
Lettre CCXLVII, à madame de Créqui. — Il excuse son inexactitude. 190
Lettre CCXLVIII, à madame Bourette. — Il la remercie de ses vers, de son invitation, et la persifle 191
Lettre CCXLIX, à M. Moultou. — Il a intéressé le maréchal de Luxembourg à la personne qu'il lui recommande. . 192
Lettre CCL, à madame la maréchale de Luxembourg. — Sur la Nouvelle Héloïse. 194
Lettre CCLI, à M. Moultou. — Projet d'une édition générale de ses ouvrages. 195
Lettre CCLII, à madame la maréchale de Luxembourg. — Il lui recommande Thérèse et désire qu'on fasse des recherches sur ses enfants. 198
Lettre CCLIII, à M. Vernes. — But qu'il s'est proposé dans la Nouvelle Héloïse. 203
Lettre CCLIV, à M. Mollet. — Il le remercie de la relation qu'il lui a envoyée d'une fête militaire. 205
Lettre CCLV, à Jacqueline Danet sa nourrice. — Expression de sa reconnoissance. 207
Lettre CCLVI, à M. Moultou. — Il prépare les matériaux pour l'édition générale de ses œuvres. Se plaint de l'indiscrétion de M. Mollet. 208
Lettre CCLVII, à madame la maréchale de Luxembourg. — Il la remercie des soins qu'elle se donne pour réparer ses fautes (l'abandon de ses enfants). 210
Lettre CCLVIII, à la même. — Il ne veut plus avoir recours aux médecins. 212
Lettre CCLIX, à la même. — Il lui envoie une traduction de la Nouvelle Héloïse, en anglois. 213
Lettre CCLX, à la même. — Il la remercie. 214

Lettre CCLXI, à madame Latour. — Elle a excité toute sa curiosité par sa lettre................ 215
Lettre CCLXII, à M. d'Offreville.—Sur cette question, *S'il y a une morale démontrée ou non*.......... 217
Lettre CCLXIII, à madame la maréchale de Luxembourg. — Il lui envoie la quatrième partie de la Nouvelle Héloïse. Souhait singulier pour la maréchale...... 226
Lettre CCLXIV, à madame de Latour.— Soupçons sur son manège. Effet de ses lettres sur son imagination.... 227
Lettre CCLXV, aux inséparables. — Il exige qu'elles se fassent connoître................. 231
Lettre CCLXVI, à madame la maréchale de Luxembourg. — Reproche sur la rareté de ses lettres........ 232
Lettre CCLXVII, à M. R. — Conseil sur la conduite que doivent tenir les protestants............. 233
Lettre CCLXVIII, à madame la maréchale de Luxembourg. — Il est allé inutilement au-devant d'elle........ 236
Lettre CCLXIX, à la même.—Réponse à des reproches non mérités.................... 237
Lettre CCLXX, à Julie (madame Latour). — Ses doutes sont dissipés. Éloge du frère Côme.......... 238
Lettre CCLXXI, à M. le maréchal de Luxembourg. — Chagrin que lui cause le silence de la maréchale.... 241
Lettre CCLXXII, à Julie. — Il craint de *trop perdre* en la connoissant. Indices qu'il tire de son écriture..... Ibid.
Lettre CCLXXIII, à madame Latour.—Inquiétudes sur sa santé. Déclamation contre la saignée......... 248
Lettre CCLXXIV, à l'abbé de Jodelh.—Refus d'entrer en discussion.................... 249
Lettre CCLXXV, à Julie.—Il la gronde d'exiger de l'exactitude de sa part................... 250
Lettre CCLXXVI, à M. le maréchal de Luxembourg. —Il le remercie de sa lettre................ 253
Lettre CCLXXVII, à madame la maréchale de Luxembourg. —Explications provoquées............. 254
Lettre CCLXXVIII, à Julie. — Réponse à des reproches non mérités.................... 255

Lettre CCLXXIX, à M. Moultou.—Détails sur l'impression d'Émile. Inquiétudes, etc.................. 256
Lettre CCLXXX, à madame la maréchale de Luxembourg. —Craintes sur Émile. Soupçons contre les jésuites... 265
Lettre CCLXXXI, à Julie. — Il lui est impossible d'être exact. Il va renoncer à correspondre............ 266
Lettre CCLXXXII, à M. Moultou. — Remords pour d'injustes soupçons. Envoi de la profession du vicaire.... 267
Lettre CCLXXXIII, à M. Roustan. — Inconvénients de la gloire.. 271
Lettre CCLXXXIV, à M. Coindet.—Sur l'Émile.......... 274
Lettre CCLXXXV, à M. de Malesherbes.—Remords causés par ses soupçons injustes à l'occasion d'Émile...... 276
Lettre CCLXXXVI, à M. Huber. — Il le remercie de ses idylles... 277
Lettre CCLXXXVII, à madame la maréchale de Luxembourg. Regrets pour l'injustice de ses soupçons...... 279
Lettre CCLXXXVIII, à madame Latour.—Réflexions piquantes.. 280
Lettre CCLXXXIX, à la même.—Nouveaux reproches... 281
Lettre CCXC, à M. de Malesherbes. — Observations sur l'impression d'Émile........................... 282
Lettre CCXCI, à M. Moultou.—Vouloir se mettre à l'abri de l'injustice, c'est l'impossible................. 285
Lettre CCXCII, à madame la maréchale de Luxembourg. — Nouvelles inquiétudes sur l'Émile. Il ne veut pas qu'on le mutile.................................. 288
Lettre CCXCIII, à la même.—Sur le même sujet. Il la remercie des soins qu'elle se donne pour retrouver son chien... 290
Lettre CCXCIV, à la même.—Inquiétudes sur la cause du silence du maréchal........................... 292
Lettre CCXCV, à madame Latour.—Il la prie de ne pas exiger tant d'exactitude........................... 293
Lettre CCXCVI, à la même.—Sur le même sujet....... 294
Lettre CCXCVII, à M. Moultou.—Sur la profession de foi : sur l'Émile, le Contrat social.................. 295

Lettre CCXCVIII, à MM. les membres de la société économique de Berne.—Éloge et critique de leur plan. Revue de plusieurs questions proposées par eux........ 299
Lettre CCXCIX, à M. de Malesherbes. — Éloge du libraire Rey.. 303
Lettre CCC, à madame la maréchale de Luxembourg. — Publication d'Émile. Distribution de cet ouvrage..... 305
Lettre CCCI, à madame Latour. — *Quiproquo* de lettres. Questions sur les sociétés qu'elle fréquente........... 306
Lettre CCCII, à madame la maréchale de Luxembourg. — Sur une contrefaçon d'Émile.................... 308
Lettre CCCIII, à M. de Sartine.—Sur le même sujet... 309
Lettre CCCIV, à madame Latour.—Explications...... 310
Lettre CCCV, à M. Moultou.—Refus de faire une chanson pour un prince. Émile paroît. Il cherche une occasion pour lui en faire passer des exemplaires............. 311
Lettre CCCVI, à madame de Créqui. Il se réjouit de la visite qu'elle promet de lui faire................... 314
Lettre CCCVII, à madame Latour.—On dit Émile arrêté. 316
Lettre CCCVIII, à la même.—Il la prie de lui permettre de la nommer à madame de Luxembourg............ 317
Lettre CCCIX, à M. Néaulme.—Explication sur Émile... 319
Lettre CCCX, à M. Moultou. — Bruits répandus pour l'alarmer.. 321
Lettre CCCXI, à madame de Créqui. — Remerciements de ses craintes. *Il ne sait point se cacher*............. 324
Lettre CCCXII, à madame Latour. — Il l'exhorte à se tranquilliser..Ibid.
Lettre CCCXIII, à M. de la Poplinière. — Ses intentions en écrivant... 325
Lettre CCCXIV, à M. Moultou.—Détails sur sa fuite...... 326
Lettre CCCXV, à M. le maréchal de Luxembourg.—Il annonce son arrivée et lui donne son adresse.......... 328
Lettre CCCXVI, à M. le prince de Conti.—Il le remercie de son intérêt.. 329
Lettre CCCXVII, à madame la maréchale de Luxembourg. —Il annonce son arrivée........................... 330

Lettre CCCXVIII, à M. le maréchal de Luxembourg. — Arrangements pour Thérèse........................ 332
Lettre CCCXIX, à mademoiselle Le Vasseur. — Il attend sa décision pour se fixer, et l'exhorte à se réconcilier avec ceux avec lesquels elle étoit brouillée.......... 335
Lettre CCCXX, à M. Moultou. — Surprise que lui cause sa condamnation à Genève......................... 339
Lettre CCCXXI, à M. de Gingins de Moiry. — Il lui fait part du décret lancé contre lui. Le consulte pour savoir s'il doit rester dans le canton de Berne........... 342
Lettre CCCXXII, à M. Moultou. — Conseils sur sa conduite à son occasion................................... 343
Lettre CCCXXIII, à M. le maréchal de Luxembourg. — Il le prie de lui envoyer des exemplaires d'Émile....... 344
Lettre CCCXXIV, à madame Cramer de Lon. — Il ne s'étonne plus de rien............................. 345
Lettre CCCXXV, à madame la comtesse de Boufflers. — Irrégularité de la procédure faite contre lui.......... 346
Lettre CCCXXVI, à M. Moultou. — Il désapprouve les démarches qu'on fait en sa faveur. Émile parlera pour lui. 349
Lettre CCCXXVII, au même. — Il lui rend compte de son arrivée à Motiers. Il consent à ce qu'il le défende, à condition qu'il ne le louera point et qu'il évitera la satire et l'emportement............................ 352
Lettre CCCXXVIII, à milord Maréchal. — Il met son sort à sa disposition.................................... 353
Lettre CCCXXIX, au roi de Prusse. — Il lui déclare qu'après avoir dit du mal de lui il se réfugie dans ses états, qu'il ne demande point de grâce, et qu'il est en son pouvoir.. 354
Lettre CCCXXX, à M. Moultou. — Explications amicales. 355
Lettre CCCXXXI, à M. de Gingins de Moiry. — Il le remercie de son intérêt.................................. 358
Lettre CCCXXXII, à M.***. — Ses résolutions dans la circonstance où il se trouve........................... 369
Lettre CCCXXXIII, à madame la maréchale de Luxembourg.

— Arrivée de Thérèse. Détails sur sa sortie d'Yverdun, sur le réquisitoire de M. de Fleuri.................. 361

Lettre CCCXXXIV, à M. Moultou.— Avis sur le mémoire justificatif qu'il projette. Conjectures sur les auteurs du réquisitoire................................... 365

Lettre CCCXXXV, à M. Marcet.—Exposé de sa doctrine. Marche différente que devoient suivre, pour le juger, le parlement et le conseil de Genève................ 368

Lettre CCCXXXVI, à madame la comtesse de Boufflers.— Détails sur sa situation, sur les suites du réquisitoire, sur une mystification qu'on vient de lui faire......... 373

Lettre CCCXXXVII, à M. Moultou.—Précautions à prendre pour leur correspondance. Il a reçu l'arrêt du parlement avec des *notes de bonne main*................. 377

Lettre CCCXXXVIII, au même.—Conseils pour sa défense. Il doit parler du parlement avec respect, et de l'avocat général avec considération..................... 379

Lettre CCCXXXIX, à madame la maréchale de Luxembourg. —Il se plaint de son silence...................... 383

Lettre CCCXL, à madame la comtesse de Boufflers.—Discussion sur les retraites qui lui sont offertes. Éloge de David Hume...................................... 384

Lettre CCCXLI, à milord Maréchal. — Remerciements. Son respect pour les lois et le prince................ 388

Lettre CCCXLII, à madame Latour. — Quoiqu'elle le gronde, toujours ses lettres lui font plaisir.......... 390

Lettre CCCXLIII, à M. de Montmollin.—Il lui fait sa profession de foi....................................... 391

Lettre CCCXLIV, à M. Jacob Vernet. — Apprenant qu'il doit le réfuter, il lui demande des exemplaires de son mémoire.. 393

FIN DE LA TABLE.

www.ingramcontent.com/pod-product-compliance
Lightning Source LLC
Chambersburg PA
CBHW071909230426
43671CB00010B/1541